国家社科基金
后期资助项目
GUOJIA SHEKE JIJIN HOUQI ZIZHU XIANGMU

行政法学视野下的公法权利理论问题研究

Public Law Right Theory from the Perspective of
Administrative Law

徐以祥　著

中国人民大学出版社
·北京·

图书在版编目（CIP）数据

行政法学视野下的公法权利理论问题研究/徐以祥著．—北京：中国人民大学出版社，2014.9
（国家社科基金后期资助项目）
ISBN 978-7-300-19767-8

Ⅰ.①行… Ⅱ.①徐… Ⅲ.①公法-权利-研究-中国 Ⅳ.①D920.0

中国版本图书馆 CIP 数据核字（2014）第 195536 号

国家社科基金后期资助项目
行政法学视野下的公法权利理论问题研究
徐以祥　著
Xinzheng Faxue Shiye xia de Gongfa Quanli Lilun Wenti Yanjiu

出版发行	中国人民大学出版社		
社　　址	北京中关村大街 31 号	邮政编码	100080
电　　话	010 - 62511242（总编室）	010 - 62511770（质管部）	
	010 - 82501766（邮购部）	010 - 62514148（门市部）	
	010 - 62515195（发行公司）	010 - 62515275（盗版举报）	
网　　址	http://www.crup.com.cn		
	http://www.ttrnet.com(人大教研网)		
经　　销	新华书店		
印　　刷	涿州市星河印刷有限公司		
规　　格	165 mm×238 mm　16 开本	版　　次	2014 年 9 月第 1 版
印　　张	15 插页 2	印　　次	2014 年 9 月第 1 次印刷
字　　数	255 000	定　　价	45.00 元

国家社科基金后期资助项目
出版说明

后期资助项目是国家社科基金设立的一类重要项目，旨在鼓励广大社科研究者潜心治学，支持基础研究多出优秀成果。它是经过严格评审，从接近完成的科研成果中遴选立项的。为扩大后期资助项目的影响，更好地推动学术发展，促进成果转化，全国哲学社会科学规划办公室按照"统一设计、统一标识、统一版式、形成系列"的总体要求，组织出版国家社科基金后期资助项目成果。

全国哲学社会科学规划办公室

目　录

第一章 导论

第一节 问题的提出——建构行政法的一般权利理论的必要性和所要解决的问题

一、建构行政法的一般权利理论的必要性

（一）建构行政法的一般权利理论是权利理论研究深化和具体化的需要

权利是法学最重要也是最具有争议性的范畴。如何界定和解释"权利"一词，在法理学上是一个难题。① 正如康德所言，问一位法学家什么是权利就像问一位逻辑学家什么是真理那样会让他感到为难。② 权利一词难于界定与这一词语的过度和广泛使用有关，更重要的是，各国的法学家从不同的理论视角出发，必然会对权利这一概念作出不同的定义。法学研究权利的理论流派很多，几乎每种法理学流派都会有着自己独特的阐释和定义权利的理论，比较重要的权利理论流派有权利的价值理论、权利的分析实证理论、权利的社会理论、权利的经济分析理论等。费因伯格甚至认为，给权利下一个"正规的定义"是不可能的，应该把权利看做一个"简单的、不可定义、不可分析的概念"③。

从一般法理学的角度界定和解释"权利"一词是一个难题，在此问题上要达成共识也非常难。在部门法中，由于讨论的是更为具体的问题，如果人们在讨论中使用共同的分析方法，在部门法理论上更容易在权利的一般理论上达成共识。在宪法的基本权利理论、民法的民事权利理论、公司

---

① ② 参见夏勇主编：《法理讲义：关于法律的道理和学问》，北京，北京大学出版社，2010，第 329 页。

③ Joel Feinberg, "The Nature and Values of Rights", *Journal of Value Inquiry*, Vol. 4, 1970, pp. 243 - 260.

法的股权理论、诉讼法的诉讼权利理论等方面，我国已经形成了相对成形的部门法权利理论，这些权利理论不仅构成了部门法一般理论体系必不可少的组成部分，而且在立法和司法实践中具有重要的实践意义。

　　与宪法的基本权利理论、民法的民事权利理论等其他部门法学的一般权利理论相比，我国还没有形成成形的行政法的一般权利理论。在行政法学的研究中，研究各种具体的行政法权利类型的文章很多，许多学者对公法环境权、平等权、财产权、社会保障权等的行政法问题进行了研究。研究涉及行政法权利的专著主要有方世荣的《论行政相对人》和孙琬钟、江必新主编的《论行政相对人的权益保护》。这两部著作对行政法的权利理论进行了探讨，作出了重要的贡献。然而，从行政法的一般权利理论的角度来看，前者部分地涉及行政法的一般权利的理论问题，而后者主要是从行政法具体制度（如行政许可与行政相对人权益保护、行政处罚与行政相对人权益保护）的角度对行政相对人合法权益保护问题去展开研究。总之，从我国行政法领域对权利问题的研究可以看出，虽然在各种具体的权利研究中取得了丰硕的研究成果。但缺乏对具体权利研究的成果进行归纳总结的体系化的研究成果。与宪法、民法、公司法等部门法学的权利理论相比，行政法的一般权利理论的研究还需进一步深入和系统化。

（二）建构行政法的一般权利理论对行政法学理论体系完善的重要意义

　　行政法学是一门处理行政法律关系之学问，此点与民法学以民事法律关系为研究对象相同。法律关系是一种权利义务关系，行政法律关系是行政法主体之间的权利义务关系，其涉及行政主体与行政活动的法律关系。行政法律关系是行政法学一般理论中的一个重要的枢纽性概念，现代行政法学的三大重要理论支柱都与此概念有着密切的关联：第一，行政法主体理论。欲研究行政法律关系，行政法主体的研究是必不可缺的重要环节。行政法主体是指与行政活动有关之主体，包括将各种行政决定或作用统合为一整体的行政主体，以及行政决定或活动所涉及的私人（个人或法人）。[①] 行政主体理论的重点是行政组织理论，如何设计和建构一个国家科学化、民主化的管理体制和组织体系，是一国行政法学理论重要的组成部分。第二，行政活动的形式理论和行政过程理论。引起行政法律关系的

---

　　① 参见赖恒盈：《行政法律关系论之研究——行政法学方法论评析》，台北，元照出版公司，2003，第163页以下。

发生、变更与消亡最主要的法律原因是行政活动，因此需要对行政活动进行静态和动态的综合研究。行政活动的形式理论是大陆法系传统行政法学最重要的理论。这一理论通过类型化的方法，将行政活动的形式分为具体行政行为（相当于德国法中的 Verwaltungsakt，我国台湾地区的行政处分行为）、行政合同行为、行政允诺行为、行政计划行为、行政立法行为等，分别研究各种类型行政活动的合法性条件，从而建构起行政活动合法性的标准。在静态、抽象的行政行为形式理论的基础上，当代行政法进一步通过行政过程及行政程序理论对各种行政行为形式展开统合的、动态的研究。第三，行政法的权利义务理论。这一理论具体对作为行政法律关系内容的权利和义务展开研究，研究各种权利义务关系的类型、特征、实现机制、适用条件等。行政法的权利义务关系可以分为两大类型：一是行政权力—私人义务关系，二是私人权利—行政机关义务关系。在这些关系中，行政法的权利理论扮演着核心的角色。现代行政的理念是责任行政、民主行政、法治行政、服务行政，这些理念都强调公民的主人翁地位和政府的义务，因此，在现代行政法的权利义务关系研究中，对私人的权利是其重心所在。正因为如此，权利理论又被称为狭义的行政法律关系理论。①

虽然行政法的权利理论不是行政法权利义务关系的全部，但不可否认的是，行政法的权利理论是当代行政法权利义务理论的重心和关键所在。通过行政法的一般权利理论的研究，能够充实和发展我国的行政法权利义务理论，并推动我国行政法律关系理论的发展和深化。这些年来，我国行政法的主体理论取得了许多突破性的进展，围绕着行政管理体制改革，行政组织理论的研究取得了丰富的研究成果。在行政活动的形式理论方面，研究成果可谓汗牛充栋，不仅对作为传统的行政活动的典型形态的具体行政行为展开了深入研究，而且针对行政合同行为、行政计划行为、行政立法行为、行政允诺行为、行政指导行为等各种新兴的行政活动形式也展开了深入的研究，取得了丰硕的研究成果。行政过程和行政程序的研究成果更是不胜枚举。相比行政法主体理论和行政活动形式及过程理论，作为行政法律关系理论第三大支柱的行政法的权利义务理论的研究显得比较薄弱，特别是作为其重中之重的权利理论，尚存在许多不足之处，在行政法学的一般权利理论的系统化研究方面更是需要弥补。

① 参见赖恒盈：《行政法律关系论之研究——行政法学方法论评析》，台北，元照出版公司，2003，第183页。

二、建构行政法的一般权利理论所面临的挑战和问题

"权利话语"自20世纪80年代已来逐渐成为中国法学界的主流话语。法学学者们习惯于从权利的角度理解、思考和解决社会问题。"'为权利而呼唤，为权利而论证，为权利而斗争'已成为学者们的首要的学术使命并构成'权利时代的理论景象'"，权利理论也成为中国近年来法学领域影响最为深远的理论之一。从法理学到具体的部门法，以某某权作研究论题的论文和著作不计其数。① 与权利理论的蓬勃发展相适应，立法的发展也在不断地确认、细化和发展着权利的具体内容和具体规则。

然而，针对"权利话语"在法学界的主流地位，从来都不乏批评之声。首先，权利话语往往导致一种权利的绝对化幻象，忽视权利的相互性，当他们主张要保护一种权利的时候，通常会忘记如果一种权利的保护走向极致的话，那么不久就会卷入与其他权利的冲突之中。② 权利话语往往从权利的正当性出发来提出解决问题的方案，但如果各种权利都具有正当性时如何应对就成为一个难题。权利的位阶理论面对复杂的权利冲突现象往往显得单薄而力不从心，而所谓的个案中的利益衡量如果没有社会科学和经验性事实的支持则很可能成为主观臆断的一种遮掩。其次，"权利话语"往往忽视权利的条件性，其论证的逻辑是——某某权利是正当的，因此要建立某种权利的保护制度，却忽视了权利保护的约束条件，所以权利话语虽然能够提供一个规范性的检验标准，却无法取代一个个具体的操作性目标。③ 再次，权利话语用修辞来支持论点，而不是严密的、以数据和经验性事实为支撑的论证。其惯用的表达方式："某某权利是天生的，不言而喻的"；"保护某某权利是现代法治社会的基本原则，是符合现代法治精神的"；西方各国广泛确认了某某权利，所以中国也应当确认和保护某某权利。④

尽管批评之声不绝于耳，"权利话语"在中国法理学中的显学地位仍然不可撼动。毕竟，与西方公民的各种法律权利已经系统、全面地建立起来的事实相比，中国公民的权利体系的建构任务还远远没有完成。虽然"权利话语"在某个特定社会问题的制度性建议方面的功能会受到一定限

---

① ③ ④　参见桑本谦：《理论法学的迷雾：以轰动案例为素材》，北京，法律出版社，2009，第10页。
② 　参见〔美〕玛丽·安·格伦敦：《权利话语——穷途末路的政治言辞》，周威译，北京，北京大学出版社，2006，第59页。

制，但权利话语在推动中国公民权利体系的建构和法治进步方面的功能是不可否认的。而且，在公民的权利保护体系建构任务尚未完成的当今中国，权利话语仍将发挥其重要的功能。科学主义的法学研究并不能完全取代权利话语，与之相反，科学主义的法学研究可以从经验性事实和数据的角度为权利保护制度提供更客观和严密的论证。因而，与其说是中国的权利话语和权利理论应当抛弃，还不如说权利话语和权利论证应当更多地引入科学主义的方法。

　　权利话语和权利理论在一般法理学上面临的挑战主要是论证方法的挑战，并非权利理论和权利话语应当被"淡出"中国法理学。然而，权利理论在中国行政法理论中却正在面临被边缘化的巨大挑战。这种挑战主要来自合法性理论和规制理论。合法性理论是近年来在我国行政法学界逐渐占据统治地位的一种理论。这种理论的核心观点是：在司法对行政的审查中，核心的任务是合法性审查。合法性包括实质合法性和形式合法性两个维度。在合法性审查作为司法审查的核心任务的理论框架下，公法权利在司法审查的实体阶段已经被合法性审查所吸收或变得并不重要，公法权利主要在案件受理阶段有一定意义（即看行政行为是否与当事人的合法权益相关，此时采用的是一种可能性理论）。在这一框架中，行政诉讼的主要功能是监督行政机关依法行政。在西方的行政诉讼理论中，这种行政诉讼模式又被称为以客观诉讼模式为主的诉讼模式。

　　合法性理论对行政法学中的权利理论的冲击只是将后者包含在内并淡化之，而规制理论则对权利分析路径在行政法中的运用进行了釜底抽薪式的批评。对权利分析路径在行政法中的运用的批评主要集中在以下几点[1]：其一，行政法学中的权利理论强调对行政权的防范和对市场力量的放任而忽略了政府在矫正市场失灵和保障公平等方面的积极作用。其二，权利理论以私人利益保护为宗旨，忽视了现代行政法通过制度建构来提升行政效能和促进公共利益的实现的功能。其三，以私人利益为中心，忽视了行政的利益协调特点和行政法在现代社会的风险管理功能。在现代社会的风险管理中，行政须在不确定的情形下采取规制行动，这种规制行动的选择很难简单地从公民和法人的私人权利角度进行论证。

　　尽管公法权利理论在行政法中有其局限性和面临着新课题的挑战，但

---

[1]　参见〔美〕凯斯·R·桑斯坦：《权利革命之后：重塑规制国》，钟瑞华译，北京，中国人民大学出版社，2008，第13页。

笔者认为，公法权利在我国行政法中并未走到穷途末路，公法权利理论在我国行政法中的理论意义还未得到足够的挖掘，其实践意义也没有得到充分的实现。首先，从司法审查的角度来看，公法权利在西方各国的司法审查中扮演着重要的角色。在英美和德国，对个体权利的保护是司法对行政审查的核心和基础性任务，即使在有着独特的行政法院传统的法国，也很难得出其行政诉讼是客观诉讼的结论。总之，公法权利在司法审查中的角色，是行政法理论的一个重要问题，而我国行政法学界对于这一问题的认识并不清晰，在对相关问题没有厘清之前，也就不能简单地用合法性理论替代或包含它。其次，现代行政国家承担着纷繁复杂的行政任务，行政法的主要任务在于促进公共利益的最大化，促成善治，然而，善治和公共利益的最大化需以不损害个体的利益实现为基本出发点，公法权利理论正好可以起到一种"底线防御"的作用，即确保规制行动能够不偏离基本的方向。再次，由于近年来公众参与运动的发展，参与权已经成为行政法中重要的公法权利，公民或民间组织被赋予行政参与权，已经不以与其利益相关为要件，因此，公法权利从传统的以权利主体私人利益为核心要素的学说中破茧而出，公法权利的赋予和行使在某些情形下只是为了公共利益，而与私人利益无关。比如，许多社会团体被赋予了行政参与的权利，请求公开相关行政信息的权利，这些权利不以与其利益相关为要件。在这种新型的公法权利中，公法权利的行使和保护本身已经具备了促进公共利益实现的功能。

公法权利理论在我国行政法中并没有走到穷途末路，也不会走到穷途末路。然而，我国行政法学的公法权利理论需要解决实践和理论中提出的课题，来积极地应对公法权利在行政法中所面临的挑战和困境。第一，公法权利的基本理论问题并没有厘清。宪法基本权利的保障和实现的机制和框架在西方宪政国家已经基本成形，在我国却还有很远的路要走。作为宪法具体化的行政法，在基本权利的保障和实现中承当着重要的角色。实际上，行政机关是公民基本权利最大的威胁者，而大部分的基本权利救济在西方国家是通过行政诉讼去实现的，只有在行政诉讼的救济渠道和其他救济渠道不能实现基本权利救济时，方诉诸宪法诉讼。从法律规范基础的角度看，宪法基本权利和行政法权利是公法权利的两种主要形态，这两种公法权利的关系究竟如何，其在行政诉讼中如何适用？第二，国内学者在司法对行政活动审查的目标这一问题上莫衷一是，但不可否认的是，对公民的公法权利提供救济和保护应当是司法审查的最基本的目标，只有在对公民的公法权利提供保护的基础上，才谈得上其他目标的实现。综观各国的司法对行政活动的审查制度（或称行政诉讼制度），对公民的公法权利提供救济和保护是其共同的一个目标。我国的行政诉讼制度如何实现对公法权利提供无漏洞的、有效的救济和保护是我国行政法制的一个重要议题。对此议题的讨论，我国行政法学界从诉讼法角度或从某种具体的实体权利角度讨论的研究较多，但贯穿和打通行政实体法和诉讼制度构架进行体系研究还进行得不够。行政诉讼制度要在对公法权利的无漏洞的、有效的保护中扮演好角色，首先需要从理论上厘清公法权利在行政法上赋予权利主体哪些权利功能，而行政诉讼制度只有为所有这些权利功能的实现提供有效的、无漏洞的渠道，方能在实践中真正实现对公法权利的无漏洞的、有效的保护和救济。因而，在行政法学的视野中从权利功能的角度对公法权利展开研究并把这种研究和行政诉讼制度的构架结合起来以对公法权利提供无漏洞的、有效的保护，也是我国公法权利研究需要完成的一个重要议题。第三，公法权利理论最薄弱之处和最大的硬伤在于对以公共利益最大化为目标的规制分析的失语，以及面对现实生活中复杂的权利利益冲突情形的解释力的不足，因此，中国的公法权利理论需要整合规制理论及科学主义的相关资源，挖掘出公法权利理论在规制分析中的规范价值指引功能和为权利利益冲突提供更具有说服力的解释框架。

虽然起步较晚，但经过数代行政法学者的努力和贡献，我国行政法基本理论的体系已经粗具雏形。从异彩纷呈的各种行政法基本理论模式到具有理论和实际解释力的行政法独有的众多基本原则，从行政主体制度到行政行为制度，从行政监督制度到行政诉讼制度，从传统的行政法教义学理论到最新的规制理论，我国行政法学理论充分发挥了后发优势，在积极学习和借鉴西方各国行政法理论的基础上，建构了我国行政法学理论的基本体系。我国行政法学理论的体系化中，最重要和最成功之处在于借鉴了大陆法系民法行为类型化的方法，建构了类似于民法中的民事法律行为概念的具体行政行为概念。具体行政行为概念的建立，使行政法得以在纷繁复杂的具体行政法律法规之中，抽象出共通的法律规则并依此建立起合法性审查的共通标准，其对行政法的理论和实践意义是毋庸置疑的。在具体行政行为之外，我国行政法学已经建构和正在试图建构包括行政契约、行政计划、行政指导等的各种类型行政活动方式的行为规则和标准。

然而，在我国的行政法学理论体系中，关于公法权利的基本理论是一个有待进一步体系化和深入研究的领域。虽然公法权利理论在行政法学理论中的重要性和地位不可与民事权利理论在民法理论体系中的重要性和地位相类比，但不可否认的是：公法权利理论是研究众多行政法问题和范畴绕不开的一个基本领域。目前国内对公法权利的理论研究主要以宪法理论层面的基本权利理论研究为重点，形成了大量的科研成果。基本权利的司法审查也在近年成为理论和实践中的一个热点问题，在此领域出版了大量的专著。但是，行政法学理论体系中的公法权利理论建构这一课题，还有许多工作要做，面对上述的一系列新出现的困境和问题，行政法的一般权利理论需要发展和创新，对这些新出现的困境和问题进行积极回应。

第二节　行政法学视野下的公法权利理论——行政法的一般权利理论的界定

本研究的目的是从行政法的角度，对公法权利理论的基本问题展开系统化的研究，以建构行政法学的一般权利理论框架。本小节对此研究所涉及的研究范围及术语进行说明和界定。

（一）行政法理论体系下的一般权利理论的研究对象

行政法学理论体系下的一般权利理论的研究对象不仅包括行政法律法规所确认的行政法权利，而且包括宪法规范所确认的基本权利。基本权利和行政法权利都属于公法权利的范畴。这涉及三个基本的概念：公法权利、基本权利和行政法权利。本书主要从实证法的角度对这三个概念进行界定。

公法权利是指私人个体根据公法规范所享有的，针对国家公权力机关的权利。公法权利除了基本权利之外，还包括由具体的公法规范所确认的具体公法权利。这些具体公法权利包括由各种诉讼法律确认的公民在诉讼程序中享有的权利（如作为狭义诉权的起诉权、答辩权、质证权等），由行政法律法规确认的行政法权利等。与行政法有关的公法权利包括基本权利和行政法律法规确认的行政法权利两种权利类型。从实证法的角度看，基本权利是指个体（包括自然人或法人）根据宪法规定能够向国家公权力机关所为的，要求国家公权力机关为或不为一定行为的，受国家宪法保障机制保障的请求。行政法权利，或称行政法上的权利，是指由个体（包括公民、法人及其他非法人组织）根据行政法律法规的规定能够向国家行政机关所为的，要求国家行政机关为或不为一定行为的，受司法保护机制保障的请求。

行政法学作为公法学的重要分支，其权利理论的研究对象是公法权利。公法权利是一个包含丰富内容的范畴，并非所有的公法权利都属于行政法的一般权利理论的研究对象。比较狭窄的一种界定行政法的一般权利理论的研究对象的方法，是将其限定为行政法权利，就如同民法权利理论的研究对象是民法（民事）权利一样。然而，这种界定行政法的权利理论研究对象的方法忽略了行政法与民法最重要的区别。行政法作为公法最重要的分支，与宪法有着根深蒂固的关联，其被认为是宪法的具体化。从权利理论的角度来看，一方面，行政法权利是宪法基本权利的具体化；另一方面，宪法基本权利条款直接约束作为重要的公权力机构的行政机构及组织，这在各国公法理论中都已得到广泛认可。与基本权利条款在私法领域的间接效力不同，基本权利条款在行政法领域具有直接的法律效力。因此，行政法的一般权利理论的研究对象，不仅涉及行政法权利，而且要从行政法的角度把基本权利也纳入其研究范围，研究基本权利在行政法权利解释和发展中的功能以及在何种条件下适用、如何具体适用等。当然，那些与行政法无关的公法权利，如诉讼程序中的一系列程序性公法权利，不属于行政法学权利理论的研究对象。综上所述，不能以行政法权利理论来简单代替行政法的一般权利理论，因为行政法权利理论的研究对象仅限于行政法权利，而行政法的一般权利理论的研究对象不仅包括行政法权利，而且包括基本权利。

（二）行政法的一般权利理论所涉及的权利主体范围

在我国行政法学界，被广为使用的一个概念是行政相对人（或行政管理相对人）。行政相对人有广义和狭义两种界定方法。狭义的行政相对人是指直接的行政相对人，即作为行政活动所直接指向的主体对象的公民和法人；而广义的行政相对人则不仅包括直接的行政相对人，还包括受行政活动影响的第三人及其他个人或组织。[①] 但是，即使是广义的行政相对人概念，也不能囊括行政法的权利理论所涉及的权利主体的全部。随着人权观念在当代社会的勃兴，权利主体的范围不断扩展，不仅仅在行政组织与行政相对人的外部关系中行政相对人享有公法权利，在行政组织与其内部成员的内部关系以及行政组织之间的关系中，也并非当然排除公法权利的适用。因此，虽然广义行政相对人是行政法的权利理论的最主要的主体，

---

① 参见方世荣：《论行政相对人》，北京，中国政法大学出版社，2000，第16页。

但不能以广义行政相对人代表行政法领域的全部权利主体，也不能以行政相对人公法权利理论替代行政法的（一般）权利理论。

（三）行政法的一般权利理论的研究视角

行政法的权利理论的研究对象是基本权利和行政法权利。作为行政法律规范所确认的权利，行政法权利是行政法的权利理论主要的和当然的研究对象自不待言。基本权利一般被认为是宪法学的研究对象，将其纳入行政法学的研究，是否会与宪法研究相重合？这里并无重合。本研究虽然把基本权利也纳入研究范围，但与宪法学对基本权利的研究有所区别。本书将从行政法学的角度研究基本权利在行政法权利解释和发展中的功能以及在行政法中于何种条件下适用、如何具体适用等问题。具体而言，将研究行政规制中基本权利的功能、行政诉讼中基本权利条款的适用等问题，对宪法学所研究的宪法基本权利诉愿程序及违宪审查程序中基本权利的审查等宪法学的问题并不涉及。

第三节　研究的方法、思路和框架

本研究将从行政法学的理论视角，对公法权利进行实证法的、系统的研究，基本研究方法和框架如下：

一、研究方法

对权利问题的研究可以从权利的价值理论、权利的实证分析理论、权利的历史理论、权利的社会理论等多种研究路径展开。本书是从行政法学的理论视角对公法权利展开研究，目的在于构建行政法的一般权利理论。这一研究的对象和目的决定了实证分析的方法为本研究最重要的方法。另外，由于本研究还要回应公共政策分析中的公法权利理论问题，所以也需要运用权利的社会理论中的研究方法展开研究。

（一）实证分析的方法

实证分析是法学研究，特别是部门法学研究最重要的方法。实证分析法学这一术语来源于英美法系，然而，用实证分析的方法来研究法学及权利问题并非英美法系的专利。大陆法系法学家建构了体系严密的法学概念和理论体系，是另一种路径的实证分析方法的运用。要完成建构行政法的一般权利理论的任务，必然要求对行政法中涉及的各种权利概念和类别进行体系化、逻辑严密的分析、归纳和综合。

（二）法解释学的方法

解释学的方法是实证分析必不可少的工具。在大陆法系国家，实证分析应当以对现行法的解释为基本素材和出发点。研究行政法视野下的公法权利问题，需通过文义解释、体系解释、历史解释、目的解释等多种解释方法，对法律规范的内容进行解释，在此基础上抽象和归纳出行政法的一般权利理论。

（三）公共政策学的研究方法

在行政承担着越来越重要的公共政策角色的今天，仅仅运用传统的法学规范分析的方法来研究行政法的权利问题已经无法回应现实的需要。因此，需要借鉴其他学科的研究方法，特别是公共政策学中的经济分析、政治分析、社会分析等研究方法，来对权利问题展开多角度的研究，以补充和进一步发展法学的规范分析方法。

二、研究思路和框架

本书从三个重要的方面对行政法学视野中的公法权利理论问题展开研究，首先对行政法学理论视野下的公法权利的相关术语进行分析并进行类型化的分类研究。然后，对行政法学的权利理论所要回应的两大现实领域的权利理论问题，即司法对行政活动审查中的公法权利问题和规制分析中的公法权利问题展开系统研究。全书除导论外分五章。其主要的研究框架如下：

第二章：公法权利的界定、历史渊源、确认和功能。

这一章将首先阐述行政法学视野下的公法权利的含义，重点分析基本权利和行政法权利两种权利的实证法特征，并厘清公法权利、基本权利、行政法权利、行政诉权、行政权力等诸多术语之间的关系；其次，本章将对公法权利理论的历史渊源和发展路径进行梳理；再次，本章将重点讨论公法权利不同于其他实证法权利的难题，即在法律没有明确赋权时公法权利的确认问题；最后，本章将对公法权利的功能展开研究。

第三章：公法权利的类型构造。

这一章用类型化的方法，从不同的角度对行政法学视野下的公法权利的内部构造进行剖析。将分别分析基本权利和行政法权利、基础性公法权利和功能性公法权利、实体性公法权利和程序性公法权利三组公法权利的关系。首先，从规范基础的角度，将行政法所涉及的公法权利分为宪法基本权利和行政法权利，分析基本权利对行政法权利的形成和解释的重要意义，探讨宪法基本权利在行政法中的直接适用，并研究了行政法权利的发展对宪法基本权利的解释和发展可能产生的影响。其次，本章将借鉴民法基础性权利和功能性权利的区分思路分别从基础性权利和功能性权利的角度对公法权利展开分析，把自由权、受益权（社会权）、参与权和平等权归属为基础性权利，而把请求权、支配权、形成权和抵抗权归属为功能性权利。在以上分析的基础上，重点对行政法权利体系中具有枢纽性重要地位的行政法请求权展开专门性的研究，并总结出行政法上的请求权体系。最后，本章将讨论程序性权利和实体性权利的区分及其关系。

第四章：公法权利与司法对行政活动的审查。

这一章研究司法对行政活动进行审查的理念和目标问题，论证以对公法权利的无漏洞和有效保护作为重要的司法审查理念和目标对我国行政司法审查的意义。在比较分析两种不同类型的司法审查模式（英美的事实问题和法律问题区分模式，大陆法系国家的行政诉讼类型化模式）的基础上，分析公法权利无漏洞和有效保护原则的制度实现问题。

第五章：公法权利与行政规制的最佳性分析。

本章分析公法权利在规制分析中的角色和地位。首先对规制分析的各种观点进行梳理，把规制分析限定在行政最佳性分析上；其次，阐述了公法权利在行政最佳性分析中的角色和地位，并就规制分析如何更好地促进公法权利实现进行了探讨；最后，比较分析公法权利的相关原则在司法审查（行政合法性审查）和规制分析（行政最佳性分析）中的不同运用。

第二章 公法权利的界定、历史渊源、确认和功能

第一节 公法权利的界定

一、类型和概念的区分

公法权利是一种权利类型，而不是单指一种权利概念。在对公法权利进行界定之前，需要对类型和概念进行区分。概念（Concept）与类型（Type）的区别在于："概念是对特定事实内在典型因素进行准确、全面的概括，在适用时，被适用对象必须与概念的外延和内涵完全对应；而类型则是一种比较松散的认识模型，在使用时只要求所指对象满足其基本的要素或部分要素，而不一定是全称对应。"[1] 德国著名法学家拉伦茨认为，概念可以被定义，而类型不能进行定义，只能进行描述。[2] 通过定义，概念可以被确定："当且仅当"该定义的全部要素在具体事件或案件事实全部重现时，概念才能适用于此。[3] 这一严格的要求并不适用于类型，具体案件的事实是否属于某一种类型，并非视其是否包含该类型通常具备之全部因素，而是看这些典型因素在数量及强度上的结合程度，是否足以使该案件事实"整体上来看"符合类型的形象表现。[4]

权利类型就是一种关于权利种类的模型，在功能上与权利概念有所不同。权利概念的界定是为了立法和法律适用的需要，具有直接的制度指向，某种法律权利指向某种具体的法律规则的适用，因此，法律权利的概

---

[1] 姚建宗等：《新兴权利研究》，北京，中国人民大学出版社，2011，第99页。

[2][3][4] 参见〔德〕卡尔·拉伦茨：《法学方法论》，陈爱娥译，北京，商务印书馆，2005，第100页。

念应当清晰、准确、规范和统一。① 而权利类型一般不能直接作为适用法律的参照系，其主要功能是为其权利类型统摄下的具体子项权利提供理论的解释和制度的指引，因此，其往往是松散的权利束和权利的集合，是一种开放的结构或宏观的框架，是为解释和理解具体的公法权利概念服务的。权利类型的存在不仅为散乱的具体权利概念提供了恰当统一的解释，而且为具体权利的解释提供理念指导。②

二、作为一种权利类型的公法权利

权利类型可以按不同的因素进行划分，可以从权利客体、权利主体、规范基础等角度进行类型化。公法权利作为一种权利类型，主要是从权利的规范基础进行的一种权利类型划分。公法权利，是指私人个体根据公法规范所享有的，针对国家公权力机关的权利。公法权利的两种主要形态是宪法基本权利和其他公法规范确认的权利。宪法所确认的基本权利是最重要的公法权利，这种基本权利不仅是其他公法规范所确认的公法权利的母权利，而且对私法中权利的适用也具有重要的影响。③ 公法权利除了基本权利之外，还包括由具体的公法规范所确认的具体公法权利，这些具体公法权利包括由各种诉讼法律确认的公民在诉讼程序中享有的权利（如作为狭义诉权的起诉权、答辩权、质证权等），由行政法律法规确认的行政法权利等。

在英美法国家，因为没有公私法的二元划分的理论模型和实践体系，公法权利这一概念很少使用。在作为大陆法系国家典型代表的德国，公法权利被称为主观公权利（subjektive oeffentliche Rechte），这一概念在我国台湾地区也被使用。实际上，德国之所以使用主观公权利这一概念，与"Recht"这一词在德语中的双重含义是密切相关的。在德语中，"Recht"既用来指有效的规范系统（即法律），也用来指授予法

---

① ② 姚建宗等：《新兴权利研究》，北京，中国人民大学出版社，2011，第 99 页。
③ 我国学界有一种观点认为，宪法是母法，其他具体的法律是子法，依此原理，所有由具体法律法规确认的权利都是宪法基本权利的具体化。笔者认为，宪法是规范公民与国家关系基本构架的法律，其规范对私法规范具有重要的影响，因为司法裁判中适用私法规范的法院本身就是一个公权力机构。但根据政治国家与市民社会二分的原理，不能简单地认为私法中权利是宪法基本权利的具体化，而其他公法规范承担着将宪法基本权利具体化的任务的原理则是成立的。

律主体的权利。① 为了保证法律概念的规范与严格，德国人在使用 Recht 一词时往往在其前加上"客观的"（objektive）或"主观的"修饰。② Subjektivöffentliche Rechte 一词指公法中的私人个体（包括自然人和法人）所享有的权利，其含义类似于英语中的 Right 和汉语中的权利。在汉语中，权利一词本身在法律上就特指主体所享有的被法律赋予的权利，和法律规范是相区别的，所以在汉语中不需要采用主观公权利这一容易引起歧义和误解的概念，直接使用公法权利更清晰。

　　在我国，经常被广泛使用的一个术语是公权。然而，公权是一个不清晰的术语。众所周知，在现代的法律体系中，公权力机关所享有的公共职权和公民、法人所享有的公权利是两种性质不同的法权。因而，为避免和公权力相混淆，用全称"公法权利"较为合理，而不能用"公权"这一术语进行替代。因为不容易弄清公权究竟何指，其可能指向国家公权力机关的公权力（行政权力、司法权力、立法权力），也可能指向公民个体拥有的、针对国家公权力机关的权利，而这两者在公法上是性质完全不同的，前者是一种权限，也是一种职责；而后者是一种代表着权利主体自由意志的权利。

　　与公法权利相对应的概念是私法权利，是指私人主体针对与之平等的私人主体所享有的权利。私法权利也不应当简称为私权利或私权，因为我国的语境中使用私权或私权利这两个用语，会被误解为私人所享有的权利，而私人所享有的权利实际上包括公法上的权利和私法上的权利。公法上的权利和私法上的权利的权利主体都是私人（包括自然人和法人），所不同的是：公法上的权利的规范基础是公法，义务主体是公权力机关；而私法上的权利的规范基础是私法，义务主体是与权利主体居于平等地位的另一私法主体（当公权力机关以私法主体的身份进行民事活动时，也可成为私法中的权利主体或义务人）。按照规范基础，私法权利主要包括民法权利（或称民事权利）和商法权利（或称商事权利）两种类型。根据政治国家和市民社会的二分法，公法权利所要解决的是政治国家中公民和国家权力机构之间的关系问题，而私法权利所要解决的是市民社会中市民之间的关系问题。

---

　　① Arno Scherzberg，Subjektivöffentliche Rechte，in Erichsen/Ehlers（Hrg.），Allgmeines Verwaltungsrecht，13. Auflage，2005，S. 332；另外请参见 Robert Alexy：《作为主观权利与客观规范之基本权》，程明修译，载《宪政时代》，第 24 卷第 4 期。

　　② 参见张翔：《基本权利的双重性质》，载《法学研究》，2005（3）。

三、公法权利的主要子类型

公法权利是一个包含内容非常丰富的权利类型，其不仅包括基本权利，还包括由诉讼法规范确认的在诉讼过程中的权利，由选举法和各种国家机构组织法等规范确认的在政治组织过程中公民的政治参与权（选举权、被选举权、担任公职权、发表意见权等），由行政法律规范确认的行政法权利等。但并非所有公法权利都与行政法的理论有关。从行政法的角度来看，行政法涉及的公法权利有两种子类型，即基本权利和行政法律法规确认的行政法权利，其他不属于行政法律规范所确认的具体公法权利，不在本书的讨论范围。

（一）宪法基本权利

宪法基本权利，简称基本权利，是公法权利中的和行政法权利并列的另一种权利形态。基本权利在从属于权利特征的前提下，又具有自己的特征。人权或公民权的范围很广，而宪法只确认和规定最重要、最基本的权利，这些权利称基本权利。① 从实证法的角度看，一种法律权利要具有特定的权利主体、义务主体、内容、法律规范基础和相应的保护机制。按以上五个要素，对基本权利可以作以下界定：其一，基本权利的享有主体是个人或法人②，某些基本权利只能由一个国家的公民所享有，如选举权；但某些基本权利也可为非本国公民所享有，如生命权。除自然人可为基本权利的主体外，法人可以成为某些基本权利的主体，如财产权。其二，基本权利首先是针对国家公权力机关行使的权利，国家公权力机关是其无可争议的义务主体，基本权利直接的约束对象是作为国家公权力机关的立法机关、行政机关和司法机关。私人是否是基本权利的义务主体是一个充满争议的话题，我国对此问题意见并不一致。③ 其三，与其他权利一样，基本权利的内容是权利主体要求义务主体为或者不为一定行为的请求。其四，基本权利的规范基础是宪法。其五，从理论上讲，基本权利作为实证

---

① 参见韩大元：《宪法学基础理论》，北京，中国政法大学出版社，2008，第136页。

② 参见韩大元：《宪法学基础理论》，北京，中国政法大学出版社，2008，第209页以下。

③ 例如，于飞和薛军就提出了两种不同的观点，于飞认为须通过政府行为理论的解释运用来解决宪法在私法中的适用问题，而薛军则支持宪法对私法的调整效力。笔者认为，宪法基本权利的义务主体是国家公权力机关，但这并不能否认宪法基本权利在私法案件中的适用，因为法院作为公权力机关在审理私法案件时也应当受基本权利的约束。于飞和薛军观点的具体阐述请参见于飞：《基本权利与民事权利的区分及宪法对民法的影响》，载《法学研究》，2008（5）；薛军：《私法立宪主义论》，载《法学研究》，2008（4）。

法上的法律权利应当由国家宪法保护机制来保障其实现，当权利受到侵犯时，权利主体能够启动宪法的保护机制来实现。这种国家宪法保护机制在多数国家是通过赋予权利主体诉权的方式来实现的，但不局限于此种形式。综合以上特征，从实证法的角度看，基本权利是指个体（包括自然人或法人）根据宪法规定能够向国家公权力机关所为的，要求国家公权力机关为或不为一定行为的，受国家宪法保护机制保障的请求。

在某些特定情形下，人权和自然权利可以和宪法基本权利互换和通用，因为当人权或自然权利被写入宪法条文时，它们也就成了宪法基本权利。公民权既可能是一个实证法的概念，也可能是一个应然性的概念，当公民权作为一个实证法概念使用时，其并不能与宪法基本权利等同，如上文所述，某些宪法基本权利还可能为非本国公民所享有。我国《宪法》第33条第2款规定，"国家尊重和保护人权"，人权在我国也成为一个实证法上的概念，通过有权机关的解释可以把那些未列举的基本权利纳入我国的宪法基本权利体系，使我国的基本权利体系具有开放性。

（二）行政法权利

1. 行政法权利的界定

权利是法律的核心概念，却也是一个充满争议的概念。关于权利的本质，学术界有资格说、主张说、自由说、利益说、法力说、可能说、规范说和选择说八种重要的学说[①]，这八种学说从不同的侧面界定了权利这一法律概念的丰富性和多面性的内涵。对这些学说之间的关系，笔者不对这一问题展开讨论，本书对行政法权利的界定采用的是一种实证法的路径。

本书中的行政法权利是一个实证法的权利类型，行政法权利，或称行政法上的权利，是指由个体（包括自然人或法人）根据行政法律法规的规定能够向国家行政机关所为的，要求国家行政机关为或不为一定行为的，受司法保护机制保障的请求。在我国的文献中，这种权利也被称为行政相对人（方）权利。[②] 实际上，行政法权利与行政相对人权利并不能等同，由于宪法基本权利可以在行政法中直接适用，所以行政相对人的权利应当包括行政法权利和宪法基本权利两个权利系统。行政法权利只是行政相对人公法权利的一个组成部分。因此，根据行政法规范所享有的权利，应当称为行政法权利，其与行政相对人或行政相对方权利并不能完全等同。具

---

① 参见张文显：《法学基本范畴》，北京，中国政法大学出版社，2001，第300页以下。
② 参见方世荣：《论行政相对人》，北京，中国政法大学出版社，2000，第62页以下。

体而言，行政法权利的含义可以从以下几个方面来理解：其一，行政法权利的权利主体是包括作为直接的行政相对人或第三人的自然人、法人或其他组织。自然人或法人以直接的行政相对人身份出现时，是行政法权利的当然主体，但行政相对人的概念在我国被认为不仅仅局限于直接的行政相对人，行政活动的第三人也被纳入广义的行政相对人的范畴之内①，所以行政法权利的主体包括直接的行政相对人和第三人。其二，行政法权利的义务主体是国家行政机关。其三，行政法权利的内容是权利主体要求义务主体为或者不为一定行为的请求。其四，行政法权利的规范基础是行政法律法规。其五，这种权利受到司法保护机制的保障，当权利受到行政机关的侵犯时，权利主体能够诉诸法院来实现自己的权利。

2. 行政法权利的特征

所谓行政法权利的特征是指行政法权利作为一种实证法权利不同于其他实证法权利的特殊性，具体而言，行政法权利的特征主要表现为：

第一，行政法权利是以行政法律规范为基础的、具体的权利。行政法所确认的权利，是在其他法律部门中已经有规定的权利，但行政法的确认，使该项权利在行政法领域具有了独特的内容和实现方式。如对于合同之债中公民的债权，首先由民法设定，因而往往被认为是一项私法权利；但基于行政合同法律制度的确认，私人主体也有权要求行政主体支付报酬、兑现相应的优惠或照顾、赔偿或弥补相对方的损害等，但这些权利并不是单纯的债权，而是转化为私人在行政法上的"受益权"或称"获得行政给付的权利"。行政法所确认的权利，有些是宪法规定的基本权利，比如人身权、自由权和财产权等。但行政法所确认的这些权利不等同于基本权利，只是基本权利，在行政法领域的具体化和转化形式。

第二，行政法权利是一种实体法权利。与行政诉权不同，行政法权利不是提起诉讼和在诉讼程序中所享有的权利，而是在行政活动过程中，以行政实体法为依据的实体法权利。这种实体法权利包括在行政程序中享有的程序性权利，但与诉权和在诉讼程序中所享有的权利有着本质区别。

从以上阐述可以看出，宪法基本权利与行政法权利同为公法权利，在权利主体、义务主体等方面均有共同和类似的特征，两者之间也有着密切的关联性。宪法基本权利与行政法权利的主要区别为两者的法律规范基础不同，前者以宪法为规范基础，而后者以行政法律法规为规范基础。

---

① 参见方世荣：《论行政相对人》，北京，中国政法大学出版社，2000，第16页。

四、公法权利和相关术语的辨析

(一) 公法权利和行政权 (权力)

行政权与行政法权利具有不同的性质及内容。"行政权由于系从统治权延伸而来，代表公共利益"①，"具体指行政主体实施国家行政管理活动的资格及其权能；进一步又可具体化为各项行政职权，并被依法律、按任务、据层阶 (职务) 而分配给各级各类行政机关及其公务员"②。而行政法视野下的公法权利是公民和法人在行政管理中享有的、以行政法律规范和宪法规范为基础的权利，它们是公民或法人在行政管理中所享有的权利体系。行政权和公法权利具有以下两点重要不同之处：其一，两者的法律解释规则有着本质的区别。行政权力的解释实行法定主义原则，即法不授权不可为的原则，而公法权利的解释适用法不禁止即自由的权利推定原则。例如，行政法权利的解释中，行政管理所涉及的日常生活领域，所有未被法律、法规所明确划定为行政职权管理范围的事务，推定为公民或法人的剩余权利；而且，在解释行政法权利时，在行政法律法规无赋权性规范时，可以类推适用民法中的相关权利规范来对行政法权利提供支持，法官在特定情形下可以通过对法律原则的解释或惯例的尊重创设新型的行政法权利。而在行政权的解释活动中，原则上只能采用法定主义的原则，不能用类推或推定的办法来对行政权的内容和范围进行解释。"故针对于行政权行使者：凡是法律、法规未明文规定即授权的，都不得去做，否则将构成违法、越权。除非是在职权范围内应行政相对方所求的诸如兴利、除弊、授益、给付等事宜。"③其二，行政权在赋予行政机关相应行政权力的同时也意味着要求其履行行政职责，即行政机关具有按照法律规范的要求履行行政职权的义务，不能放弃或转让其行政权。而公法权利是体现权利主体自身的意志、利益、自由的范畴，权利主体并不承担必须行使其权利的义务。当然，因为行政法权利多具有身份性的特征，原则上不能进行转让。

(二) 公法权利和行政诉权

公法权利被理解为一种实体法的权利 (materiell-rechtliche Berechtigung)，其可通过法律保护来获得实现。公法权利和诉权是两个不同的概

---

①②③　罗豪才、崔卓兰：《论行政权、行政相对方权利及相互关系》，载《中国法学》，1998 (3)。

念，它们之间的关系需厘清。

第一，诉权指的是诉诸司法机关进行法律保护的资格，而公法权利是法律规范授予主体的一种实体权利[①]，通过这一实体权利的行使将法律规范的内容有效付诸实施。因此，诉诸法院而进行法律保护不是公法权利的内容，而是实现其内容的法律技术手段。由于公法权利具有法律的可实施性，所以赋予公法权利主体以诉讼资格，是公法权利的必然法律效果。[②]如果实体法上授予了公法权利而并不给予其相应的诉讼的权利，则相当于将一只手所赋予的权利用另一只手再次剥夺。[③]

第二，公法权利的含义要求权利主体被赋予诉讼主体资格，然而，被赋予诉讼主体资格的，并非都享有实体的公法权利。[④] 在行政规范审查诉讼中，具有提起诉讼的主体资格的并非都是公法权利受到侵害的主体。再比如，根据德国《自然保护区法》的规定，环保团体可进行诉讼，即使它们实体的公法权利并没有受到损害。[⑤]

（三）公法权利和私法（民法）权利

公法权利和民法权利同属于私人所享有的权利，然而，这两种权利除了在法律规范基础和行使规则上存在区别外，公法权利和作为私法权利在民法权利在本质和目的上也有着重要的区别。

德国现代公法权利理论的集大成者——奥托马·比勒尔（Ottmar Bühler）曾经对公法权利下过一个著名的定义："公法权利指公民基于法律行为或以保障其个人利益为目的而制定之强行性法规，得援引该法规向国家为某种请求或为某种行为之法律地位。"[⑥] 这一定义一度成为德国公法学界的经典定义，而个人利益也被认为是公法权利的核心要素。公法权利作为私人所享有的、以公权力机关为义务主体的权利，其核心要义在于对公民个体利益的维护，这种个体利益或表现为个体的自由空间，或表现为由国家公权力机关对公民个体的给付，或表现为以个体利益为主导的政

[①②] *Arno Scherzberg*，Subjektivöffentliche Rechte，in *Erichsen/Ehlers*（Hrg.），Allgmeines Verwaltungsrecht，13. Auflage，2005，SS. 342 - 343.

[③] 参见〔德〕艾博尔特·斯密特·阿斯曼（*Eberhard Schmidt-Assmann*）等：《德国行政法读本》，于安等译，北京，高等教育出版社，2006，第 312 页。

[④] *Arno Scherzberg*，Subjektivöffentliche Rechte，in *Erichsen/Ehlers*（Hrg.），Allgmeines Verwaltungsrecht，13. Auflage，2005，SS. 342 - 343.

[⑤] § 61 Abs. 1 S. 1 BNatSchG（Gesetz über Naturschutz und Landschaftspflege）.

[⑥] *Ottmar Bühler*，Die subjektiven öffentlichen Rechte und ihr Schutz in der deutschen Verwaltungsrechtsprechung，Berlin〔u. a.〕：Kohlhammer 1914，S. 224.

治实践和政治参与。然而，这种以自由主义和个人主义为理论基础的公法权利观，近年来在理论和实践层面都受到了挑战。在理论层面，社群主义对近代以来西方片面强调个人利益的思想和实践进行了一系列的批评，认为普遍的善始终优先于个人的权利，公共利益必须优先于个人利益。① 而共和主义则强调通过公民公共精神的培养和制度的构造来消解个体之间、个体利益与公共利益之间的对立冲突，以达到个体利益和公共利益的和谐共存和良性互动。② 理论的纷争异彩纷呈，法律实践却早已超越以个体或私人利益为核心要义的公法权利观，不以私人利益为要义的公法权利形态已经在法律实践中迅速发展。德国法以个体私人利益为核心要义的传统（主观）公法权利理论没有在欧盟法中被采纳，欧盟法中的公法权利是法律规范赋予个体的一种法律地位，根据此法律地位，个体能够请求公权力机关履行其义务（作为、不作为），并能够最终诉诸法院的司法保护使公权力机关履行其义务。③ 这种公法权利不以私人利益为必不可少的核心要素，因为赋予个体公法权利这一法律决策不一定是出于保护私人利益的目的，促进联盟公共利益的实现也可能是赋予个体公法权利的主要目的所在。在欧盟的法律规范中，一些公法权利赋权条款试图通过激发私人的法律保护积极性来推动成员国切实履行欧盟法所规定的客观义务，从而促进欧盟的一体化和联盟的利益，而不是为了保护权利主体的私人利益。④ 伴随着公民社会的积极发展和公众行政参与运动的兴起，包括听证权、信息公开请求权等在内的行政法领域中的参与权在越来越多的国家的行政立法中得到确认，这些行政参与权的赋予和享有，并不以个体或私人利益为前提和目的。而大量民间社会团体行政参与公法权利的赋予，更是超越了公法权利以私人或个体利益为要义的传统公法权利理论。即使在强调个体公法权利的私人利益目的的德国，近年来受欧盟法影响，也已经突破了传统的公法权利观。例如，德国《环境信息法》第 3 条第 1 款规定了"获得环境信息的请求权"："每个人都有权根据法律的标准通过获得本法第 2 条第 1 款规定的义务主体所掌控的环境信息，不必证明对此信息具有法律的利益。"⑤ 此类不以个体或私人利益为前提和目的的公法请求权的赋予，为

---

①② 参见曹海军：《论公民身份的二重性》，载《学海》，2008（3）。

③④ *Martin Nettesheim*，Subjektive Rechte im Unionrecht，Archiv des öffentlichen Rechts，Band 132（2007），S. 345.

⑤ *Arno Scherzberg*，Subjektivöffentliche Rechte，in *Erichsen/Ehlers*（Hrg.），Allgemeines Verwaltungsrecht，13. Auflage，2005，S. 334.

公民的公共精神和公共美德的发展创造了积极的制度条件，是促进个体利益和公共利益协调和良性互动、实现善治的重要举措。

总而言之，在私法中，个体是以市民的身份出现的，所以个体私法权利的目的和要义在于维护个体的私人利益。而在公法中，个体是以公民的身份出现的，公民并非不维护个体的私人利益，但一个具有美德的公民不应当仅仅为了私人利益而斗争，他同时应当具有公共精神，积极参与到公共治理和公共利益的维护中。因此，作为一种公法权利的行政法权利虽然是一种个人权利，但行政法权利并不一定为了个人利益，也不等于与公共利益相冲突的私人利益。

(四) 公法权利与合法权益

我国《行政诉讼法》第 2 条规定，公民、法人或者其他组织的合法权益受到侵犯的，可以诉诸法院进行救济，可见我国法律中行政诉讼可诉的对象包括合法的权利和利益。但权利和利益具有密切的相关性，因为从利益法学的观点来看，所有权利的本质是其中保护的利益因素，这种利益可以表现为权利主体的物质利益、人身利益以及其他精神性利益。有学者认为，"权益包括权利和利益，前者是法定的利益，后者是法律没有规定的单纯性的事实性利益。一旦行政行为处理了事实性利益，该利益即进入了法律利益即权利的范畴"①。这种观点实际上把所有法律利益都界定为权利，与德国公法权利的观点一致，但与我国行政诉讼法的规定并不一致。我国行政诉讼法规定的合法权益中的合法权利所保护的对象并不能包括所有的法律利益，而只是用某某权利来命名的那部分法律利益，而其他不能以某某权利来命名的受法律保护的事实上的利益，我国把它们纳入其他合法利益的范畴。这与德国法上把所有法律保护的利益都归属于主观公权利的范畴下的做法并不相同。我国行政诉讼法中的合法权益的概念，实际上包括了权利和不能以权利命名，但受法律保护的事实性利益两个层面。并非所有的事实性利益都属于合法利益，只有受法律保护的事实性利益才属于合法权益的范畴。

第二节　公法权利理论的历史渊源和发展路径

在普通法系国家，因为没有公私法的二元划分，所以不存在公法权利

---

① 高家伟：《论行政诉讼原告资格》，载《法商研究》，1997 (1)，第 67 页。

和私法权利两种不同的权利谱系。公法权利和私法权利的两种权利谱系的划分，发源于德国，并伴随着德国法学思想的传播和移植而在日本、我国台湾地区等国家和地区落地生根。因而，梳理德国公法权利范畴的发展历史，即可把握公法权利理论的发展脉络。正是基于上述考虑，本节主要梳理德国的公法权利理论的发展史。

一、公法权利理论的确立

相对于私法权利理论，公法权利理论的成熟较晚，而且时至今日还充满争议。现代意义上的公法权利概念的建立，通说认为始于卡尔·弗里德希·冯格贝尔（Carl Friedrich von Gerber）在 1815 年所著的《公权论》（Über öffentliche Rechte）一书。[①] 这一公法权利的概念后来经过 G. Jellinnek 提出的身份地位进行发展，并通过比勒尔的系统阐释而最终确立，至今其仍然影响学说、实务关于公法权利存在与否的判断标准。

（一）冯格贝尔（v. Gerber）对公法权利的阐释

在冯格贝尔之前，虽然有类似公权利的概念，但当时所谓的公权利，意指领主和家臣间基于一定的身份关系所产生的权利与义务，强调相互间特权与既得权的维护。[②] 与现代意义的公法权利的本质相去甚远。冯格贝尔的公法权利思想，是现代德国公法权利思想的开端。其认为：公法权利是个人作为民族共同体或国家的构成部分时，所享有的权利。根据他的阐释，公法权利仅仅在"与整体相结合之范围内"才享有公权利，其所指的公权利，主要是参政权。基于其对公法权利的限定，他认为自由权不是公法权利，而只是国家权力的客观法而已。自由权的规范，是对君主和国家主权进行限制的一种客观法，不是公民的主观权利。[③] 其所界定的公法权利有三种类型，即君主的权利、官吏的权利和臣民的权利，而且只有君主之权利方为完全的个人权利。虽然其所论述的公法权利，其本质只是界定国家权力行使的客观的、抽象的规范体系而已，并未建立起可通过国家法律保护来实现的公法权利[④]；但他的理论已经打破视国家为先天绝对权威的国家观念，最早体系地、纯粹地从公法观点出发来研究个体公法权利。

---

① *Carl Friedrich von Gerber*，Über öffentliche Rechte，Tübingen：Laupp 1852.
② 参见王和雄：《论行政不作为之权利保护》，台北，三民书局股份有限公司，1994，第 19 页。
③ 参见王和雄：《论行政不作为之权利保护》，台北，三民书局股份有限公司，1994，第 26 页。
④ 参见王和雄：《论行政不作为之权利保护》，台北，三民书局股份有限公司，1994，第 27 页以下。

(二) 耶里内克 (G. Jellinek) 对公法权利的阐释

耶里内克论证公法权利成为可能的理论支撑主要有两点。其一，国家是一个具有法律人格的组织。① 根据基尔克 (Gierke) 所总结的团体人格思想，耶里内克把法律人格赋予国家，通过法律人格的赋予，国家成为一个法律的主体。② 法律主体都需要具有意志能力，通过其去实现法律利益。国家法律人格的意志力量与个体的意志力量不同，是一种统一的、多数人所追求的、体现多数人共同目的意志能力，其法律人格的基础是公共事务和公共利益。③ 其二，国家通过立法受到法律的自我约束（Sebstverpflichtung)。④

在回答了公法权利可能性的理论问题之后，耶里内克讨论了公法权利的一系列基本理论问题。他把公法权利界定为由法律规范所确认和保护的、以特定的利益为目的的人的意志力，其中，意志力被视为公法权利的形式，而利益才是公法权利的实体因素。⑤ 他的界定融合了黑格尔的法哲学思想和耶林的利益法学的内核。但这一界定还无法把公法权利区别于私法权利的特殊性阐发出来。耶里内克认为，私法权利属于自然行为自由的范围，而公法权利涉及的是一种法律的"能够"，而不是属于自然行为自由的范围。所以公法权利的赋予被认为是扩展了法律主体的法律人格的空间。"全部法律的能够创造了人格"⑥，所以在耶里内克的理论体系中，法律人格并非仅仅是一个静态的主体概念，还被理解为主体的一种法律能力，公法权利的赋予和剥夺会导致这种特定能力的变化。⑦ 私法权利是以另一个平等主体为对象的，私法权利的增加和减少对主体的人格不产生影响，所以私法权利原则上可以自由转让；与此不同，公法权利是一种基于公民和国家特殊稳定关系被赋予的一种能力，公法权利的赋予或限制、剥夺会对主体的人格产生影响，所以公法权利被赋予后，只有在符合特定条

---

① *Georg Jellinek*，System der subjektiven öffentlichen Recht，Neudruck der 2. Auflage Tübingen 1919，Scientia Verlag Aalen 1964，SS. 28 - 29.

②③ *Georg Jellinek*，System der subjektiven öffentlichen Recht，Neudruck der 2. Auflage Tübingen 1919，Scientia Verlag Aalen 1964，S. 29.

④ *Georg Jellinek*，System der subjektiven öffentlichen Recht，Neudruck der 2. Auflage Tübingen 1919，Scientia Verlag Aalen 1964，S. 222.

⑤ *Georg Jellinek*，System der subjektiven öffentlichen Recht，Neudruck der 2. Auflage Tübingen 1919，Scientia Verlag Aalen 1964，S. 44 - 45.

⑥⑦ *Georg Jellinek*，System der subjektiven öffentlichen Recht，Neudruck der 2. Auflage Tübingen 1919，Scientia Verlag Aalen 1964，S. 52.

件的前提下才能被限制或剥夺，自由转让在原则上是不成立的。① 比如选举权作为一种公法权利，其不是自然状态下所具有的行为，而是被法律所赋予的一种新的行为自由，是一种法律的"能够"；这种权利也不能和法律主体相分离，而是构成主体特殊人格的一个成分。

作为实现某种利益的意志能力（Wollenkönnen），私法权利往往具体地体现为私法的请求权，公法权利也与此类似。私法的请求权来源于特定的法律状态或法律地位，以此类推，公法请求权也产生于特定的法律状态（Rechtliche Zustände）。法律地位或状态既是公法请求权的基础，也是请求权本身所要服务和保障的目的所在。在私法中，要求某人交付某物的请求权可能来源于债权的法律地位，也可能来源于物权的法律地位，他认为这种原理可运用到公法中。② 耶里内克把公法中作为请求权基础的状态称为法律关系，认为这种法律关系体现了公民与国家关系中不同的法律地位（Status）。这四种法律地位分别是被动地位、消极地位、主动地位、参与地位，前一种地位赋予了国家权力和公民义务，而后三种法律地位则赋予了公民三种类型的公法权利，即自由防御权、给付请求权和参政权。

（三）比勒尔（Bühler）对公法权利的阐释

奥托马·比勒尔（Ottmar Bühler）在其 1914 年的教授资格论文《公法权利及其在德国行政裁判上之保护》（Die subjektiven öffentlichen Rechte und ihr Schutz in der deutschen Verwaltungsrechtsprechung）中提出了至今仍然发挥重要影响的公法权利定义："公法权利指人民基于法律行为或以保障其个人利益为目的而制定之强行性法规，得援引该法规向国家为某种请求或为某种行为之法律地位。"③根据这一定义，公权利的取得有两种途径，其一为基于法律行为而取得公法权利，如通过行政合同。其二为通过法规的规定，此为公法权利的主要形态。比勒尔提出了公法权利三原则，此三原则是判断公法权利的基本标准：第一，法规的强行性要素。客观法乃是主观权利存在的先决条件，如果没有强制性客观法的存在，也就没有公法权利产生的余地。第二，私益的保护性要素。当行政机关因强

---

① *Georg Jellinek*, System der subjektiven öffentlichen Recht, Neudruck der 2. Auflage Tübingen 1919, Scientia Verlag Aalen 1964, S. 55.

② *Walter Pauly und Martin Stebinger*, Staat und Individuum. Georg Jellineks Statuslehre, in: *Andreas Anter*（Hrsg.）, Die normative Kraft des Faktischen: Das Staatsverständnis Georg Jellineks, Nomos Verlag 2004, SS. 146 - 147.

③ *Ottmar Bühler*, Die subjektiven öffentlichen Rechte und ihr Schutz in der deutschen Verwaltungsrechsprechung, Berlin [u. a.]: Kohlhammer 1914, S. 224.

行性法规负有义务时，尚不能当然认为人民因此而享有公法权利，必须该法益非仅为维护一般公众之利益，而且具有保护个人利益时，该个人之公法权利始有可能。第三，赋予对国家请求为一定作为或不作为的法律上之力的要素，指法规援引的可能性或由法规赋予特定人请求国家为一定作为或不作为的效力。[①]

(四) 巴霍夫（Bachhof）对比勒尔三原则的修正

巴霍夫基本上继受了比勒尔的公法权利学说，并对比勒尔的公法权利成立的三原则提出了修正：第一，关于强行法规性这一要件，巴霍夫认为，即使在法规赋予行政机关裁量权或规定有不确定法律概念时，也不可否认法规的强行性，因为裁量的行使和不确定法律概念的使用也要恰当无误，因而，公民可享有无瑕疵裁量的请求权；第二，关于私益的保护性要素，巴霍夫认为其意义在于探求规范目的是否有私益保护性，但法规目的的解释不能局限于最初立法者原来意思的解释，而要根据客观情势进行解释，在有疑义时，推定有私益保护的目的；第三，关于赋予对国家请求为一定作为或不作为的法律上之力的要素，巴霍夫认为，由于基本法第19条第4项的规定概括性地赋予了请求国家保护的救济途径，而且这一要素与起诉可能性有所重复，因而此一要素的独立性存有疑义。[②]

二、德国法学界公法权利的新阐释

针对德国传统的以保护规范理论为核心的公法权利理论，若干学者提出了各种批评，并提出了各种修正方案或直接尝试跳出传统的理论框架。比较有影响的公法权利的新理论有：

(一) 跳出保护规范理论对公法权利的阐释

一些学者尝试从新的角度对公法权利提出阐释。例如 Hans Heinrich Rupp 认为，作为通说的保护规范理论，混同了法规的私益保护性与意思力（援用可能性），主张意思力属于以诉讼诉求的请求权，而法律上保护的利益则为该请求权的母体，因此应当区分地位与请求权，通说所谓的法所保护的利益仅为一种法律地位，并非公法权利。只有在行政机关违反其

[①] 参见王和雄：《论行政不作为之权利保护》，台北，三民书局股份有限公司，1994，第27页以下。

[②] 参见〔德〕艾博尔尔特·斯密特·阿斯曼（Eberhard Schmidt-Assmann）等：《德国行政法读本》，于安等译，北京，高等教育出版社，2006，第295页以下。另参见赖恒盈：《行政法律关系论之研究——行政法学方法论评析》，台北，元照出版公司，2003，第102～103页。

自我约束义务，而侵害公民的法律地位时方成立请求权，这一请求权即公法权利。① Wilhelm Henke 主张，应当自规范行政之法律（行政法律规范）本身导出请求权，并据以架构实体法层次之公法权利。因为，个人自由只有在法律上为了与公共福祉相调整以维持统一性的条件下，才能够进行限制。上述限制自由的条件即为法律的条件，如果有违反，即成立个人对国家的主观权利。②

H. Bauer 认为，应当从法律关系网络中来解释公法权利，基本法下的国家与市民之关系，是相互间以权利义务为要素的具体权利义务关系，所谓公法权利，是此种具体法律关系的重要构成要素之一，也就是说，公权并非单纯孤立的权利形态或请求地位，而是要在整体的法律关系中进行把握；因而，H. Bauer 所谓的公法权利，是一个具有开放性的框架概念，本身需要经过充填，这一具有多样化形态的公法权利概念，需要在具体法律关系中进行认定。③

（二）对保护规范理论进行修正解释的理论

一些学者则在采纳传统解释公法权利的保护规范理论的同时提出了修正性的解释路径。例如，Rupert Scholz 主张，在解释一个规范是否具有保护私人利益的规范目的时，不应当受限于立法者的意思，但也不应当只根据事实进行解释，而忽略立法者的意思，基于上述理由，他提出了解释公法权利时不仅应当采用主观目的论的解释，而且还应当采用功能的解释方法，即应当统合目的性解释和法效果解释来探求。④ 按照这一合目的性与合功能性相结合的解释方法，公法权利的成立，应当区分以下两种情况进行解释：第一，一般法规范有保护私人利益的目的并且事实上对个人授予利益时，可以认定为公法权利。第二，如果仅仅有事实上的授益，则需要援用上位法来进行解释，其中最重要的上位法就是宪法基本权的规定。在事实的授益的内容形成基本权的核心内容的情况下，行政机关拒绝该事实的利益时，即发生作为防御权的公法权利与作为分配权的公法权利。在

---

① 参见赖恒盈：《行政法律关系论之研究——行政法学方法论评析》，台北，元照出版公司，2003，第108～109页。

② 参见赖恒盈：《行政法律关系论之研究——行政法学方法论评析》，台北，元照出版公司，2003，第108～110页。

③ 参见赖恒盈：《行政法律关系论之研究——行政法学方法论评析》，台北，元照出版公司，2003，第113～116页。

④ 参见赖恒盈：《行政法律关系论之研究——行政法学方法论评析》，台北，元照出版公司，2003，第111～112页。

其他情形，如果该事实上的私人利益可援用基本权之价值判断，并且该内容为该法规追求公共利益的典型代表时，即赋予成立公法权利的机会。①

在对保护规范理论进行修正的诸多理论中，Schmidt-Assmann 所提出的新保护规范理论是近年来不可忽略的有影响的重要公法权利理论。Schmidt-Assmann 公法权利思想的要点如下：第一，分配行政需要公法权利的反向制约机制以保障个人的自由、尊严和个性。现代行政的重要形态是分配行政，在分配行政的时代，个人对行政的从属性和感受性都得以增强。国家在满足了保障个人基本需求的基础性给付之后，其任务并非是无限地扩大给付以满足更多需求，而是增加国家决定的可理解性。在分配行政领域，行政法律关系并非单纯的行政机关与私人之间的双面关系，而是涉及三面和多面的复杂关系，传统国家与市民之间的关系需要通过"与行政有关、且于行政之下市民间各种关系"加以补充并进行重新建构。正因为此种公私的法律关系交错的复杂局面，保障自由并维持个体与国家的距离，保障个体之间的差异，用以对抗集团的或团体的生活形态所生的各式各样的强制就具有重要的意义，即保障人格性和个体性作为反向机制的功能。第二，在调整、型塑社会生活中交错复杂的各种利益关系时，立法者负有第一次任务；而解读多重且编码化的权利，则是法解释学的任务，解读的关键在于将客观化的规范目的、规范构造及相关规范结构，依据各方利益之衡量，确定个人的位置与差异。第三，立法者具有扩充权利范围的权能，但限制和缩减权利时则要受到合宪性原则的制约，在通过法律规范解释主观权利时，首先应尊重立法者的意思，当法律明文赋予个别权利时，即存在权利。②

三、公法权利理论的发展趋势

近年来，公法权利的发展呈现出以下两个新的趋势：

（一）公众参与行政的兴起和个人利益作为公法权利内核的突破

根据保护规范理论，只有公法规范在保护公共利益亦同时保护私人利益时，始有个人公法权利的可能。在传统的公法权利界定中，个人利益是

---

① 参见赖恒盈：《行政法律关系论之研究——行政法学方法论评析》，台北，元照出版公司，2003，第 111～112 页。

② 以上参见 Schmidt-Assmann, Das allgemeine Vervaltungsrecht als Ordnungsidee: Grundlagen und Aufgaben der Verwaltungsrechtlichen Systembildung, Springer, 2006, SS. 12 - 16; 74 - 79。

其内核。然而，在实践中，个人利益作为公法权利内核的传统理念已经被公众参与行政过程的兴起所突破。在传统的三权分立权力架构模式下，公众对公共事务的参与主要是通过立法机关和对行政首脑的选举实现的，而近年来在所发展的公众参与浪潮的影响下，公众对行政事务的知情和参与成为新的发展趋势。参与权也不再主要停留在宪法层面而是在行政法层面得以广泛展开。如果行政参与权的赋予和行使一定要加以个体利益的限制，则与参与权的本质相去甚远。在实践中，立法者具有这样的自由裁量权，出于公共利益的需要或第三人的利益需要赋予公民公法权利。① 这一现象在德国近来的立法中可以观察到，特别是受到欧盟行政法影响的公众参与行政领域。比如说，根据《环境信息法》第 3 条第 1 款的规定，每个人都有获取环境信息的公法权利，权利的主张并不以此信息和个人利益相关为前提。公法权利的赋予已经超越了对个体利益的保护。②

（二）第三人公法权利保护的发展

第三人公法权利的保护的探讨，始于建筑法规中建筑许可的发放争议。争议的焦点是：行政机关在发放给土地权利人建筑许可时，如果依此建筑许可修建的建筑对邻居造成不利益，作为邻居的第三人能否享有公法权利以通过行政诉讼撤销此建筑许可。按照传统的理论，因为行政处分的内容直接涉及的是行政相对人，非作为行政相对人的邻居自无通过行政诉讼撤销建筑许可的可能。20 世纪 60 年代后，德国行政法院在判例中发展出行政机关的顾及义务理论，以此理论为解释基础，赋予了邻居公法权利。德国行政法院认为：对土地权利人发放建筑许可，未对第三人的原告利益作必要的斟酌或顾及，即导致发给土地权利人之建筑许可客观上违法。在特定情形下，此一顾及义务的违反，将侵害作为建筑许可的第三人的原告的权利。③ 在承认建筑许可的邻居的公法权利之后，德国行政法院又先后赋予了污染排放许可的第三人公法权利，补贴发放中的第三人公法权利等。第三人公法权利的赋予，大大扩展了公法权利的主体范围，扩展了行政司法审查的空间。

---

① *Masing*, Die Mobilisierung des Bürgers für die Durchsetzung des Rechts，1997，S. 225ff.

② *Arno Scherzberg*, Subjektivöffentliche Rechte, in *Erichsen/Ehlers*（Hrg.），Allgemeines Verwaltungsrecht, 13. Auflage, 2005，334；*Nettesheim*, Subjektive Rechte im Unionrecht, Archiv des öffentlichen Rechts, Band 132（2007），S. 345.

③ 参见王和雄：《论行政不作为之权利保护》，台北，三民书局股份有限公司，1994，第 56 页。

纵观公法权利及其理论的发展历史，公法权利呈现出扩大化的趋势，从以保障自由为特征的传统公法权利，到保障给付为内容的公法权利，再到行政参与权的发展和保障，行政法领域的公法权利在不断地丰富和扩大。在不断丰富和扩大的同时，行政法领域的公法权利也呈现复杂化的趋势，为了回应不断复杂化的公法权利及其冲突，德国学者提出了新保护规范理论以回应需求，甚至提出了其他解决方案。但时至今日，修正后的保护规范理论仍然是德国通行的认定公法权利的基本理论。在适用保护规范理论时，形成了以下两个共识：第一，当法律已经进行明确的赋权时，不需要适用保护规范理论。第二，在行政机关的行为限制或干涉直接行政相对人的自由权或财产权时，其自然享有防御权，这是当然和无争议的。保护规范理论在第三人公法权利的认定中具有更多的适用价值。

第三节　公法权利的权利主体、义务主体和归属确认

一、公法权利的权利主体

（一）公民

公民是行政法权利的权利主体，这是毫无疑问的。问题在于，具有特殊身份或职业的公民在特定的法律关系中是否是权利主体，这些特殊的职业或身份包括学生、公务员、监狱中的服刑人员、部队中的服役人员等。在理论上，否认这些特殊的职业或身份的自然人在特定关系中的权利主体身份的根据是特别权力关系理论。根据这一理论，基于特别的法律原因，为实现公法上的特定目的，行政主体在必要的范围内在内部管理中对相对人具有概括的支配权力，而相对人负有服从义务。① 若处于此种特别权力关系中的公民针对行政主体的措施，即使不服，只要不涉及公务员作为普通公民的地位，其也就不能向法院寻求司法救济。② 特别权力关系理论在德国曾经一度成为通用理论而在司法实践中被采纳以限制基本权利和行政

---

① 参见罗文燕、徐亮亮：《我国公务员权利救济司法化之语境及其进路》，载《甘肃政法学院学报》，2009（6）；胡建淼：《"特别权力关系"理论与中国的行政立法》，载《中国法学》，2005（5）。

② 参见罗文燕、徐亮亮：《我国公务员权利救济司法化之语境及其进路》，《甘肃政法学院学报》，2009（6）。

法权利的适用。然而在公民权利意识不断张扬的今天，这一理论已经被废除，现在德国的理论界普遍认为，内部行政规则也具有法律关系的特征，在内部特殊的权力关系中不能排除基本权利的适用，也不能剥夺自然人权利主体的地位。[①] 这种新的理念在日本和我国台湾地区也得到了贯彻。在我国学界，也普遍认为不应当承认特别权力关系理论，而应广泛确认自然人在特殊权力关系中的权利主体地位，并通过更具体化的行政法律法规完善自然人在特殊的内部管理关系中的权利体系。

（二）法人及其他非法人组织

不仅是自然人，法人及其他非法人组织也可以成为行政法权利的主体。私法法人能成为公法权利的主体，自不待言。即使是依照公法规范设立起来的公法法人，只要这一公法法人的组织是建立在自治的基础上的，而不是直接隶属于政府机关而丧失自治性特征，就可以成为公法权利的当然主体。这样的公法法人包括大学、医院等事业单位法人以基金会为典型的公法财团法人以及各种公法社团法人。

非法人组织也可成为公法权利的主体，只要这一组织具有稳定的组织结构并形成一个组织整体。所有在私法上具有权利能力的非法人组织都可以是公法权利的主体。即使在私法上不具有权利主体资格，只要其具有稳定的组织结构，形成一个组织整体，也可以成为公法权利的主体。

但是，法人和非法人组织所享有的公法权利类型是受到限制的，那些专属于自然人所享有的公法权利，例如健康权、选举权等，法人和非法人组织不能享有。

（三）政府组织及其成员

政府是否可以成为公法权利的主体是一个具有争议性的议题。公法权利的主要目的和价值是赋予公民捍卫自己利益、对抗政府权力的一种法律地位和手段，从这一基本的原理出发，政府部门不应当成为一般公法权利的主体。但是，在某些例外的情形下，政府部门仍然可以成为部分公法权利的主体，例如，享有自治权的地方政府在和上一级政府的关系中即成为自治权这一公法权利的主体。

按照传统的特别权力关系理论，在行政管理内部关系、学校管理关系等关系中，作为被管理对象的公务员和学生等主体不享有公法权利，然而此种传统理论在公法权利不断扩展的今天其适用范围不断缩小。在现代行

---

① 参见胡建淼：《"特别权力关系"理论与中国的行政立法》，载《中国法学》，2005（5）。

政法理论中，公务员和学生也可以在管理关系中成为公法权利的主体。

二、公法权利的义务主体

公法权利是私人主体（包括公民、法人及其他非法人组织）所享有的针对公权力机关的权利类型，其义务主体包括立法机关、行政机关和司法机关。由宪法所确认的基本权利直接约束作为公权力机关的立法机关、行政机关和司法机关，并且社会的所有主体都有尊重宪法基本权利的义务。这是各国公法学理论达成共识的原理。需要讨论的是，由行政法律法规所确认的行政法权利，为何可以约束此三种类型的公权力机关，这需要进行一一论证。

（一）行政机关及其他承担了公共行政职能的机构和组织

由行政法律法规所确认的行政法权利，行政机关是最重要的义务主体。行政机关是直接实施行政法律法规的主体，行政法权利的实现和保障主要依赖于行政机关是否能自觉或根据权利主体的请求进行相应的作为或不作为。伴随着当代行政法的革新，非行政机关的其他组织或机构也通过立法授权或行政委托承担了公共行政的职能，因此，在这种情形下，其他承担了公共行政职能的机构或组织也是公法权利的义务主体，即使是营利性的商业组织或非营利性的社团组织或其他机构，只要其承担了公共行政的相关职能，公法权利都对其具有约束力。公法权利对行政机关及其他承担了公共行政职能的机构或组织的约束效力，涉及行政活动的方方面面，包括行政立法活动和非行政立法活动。

（二）立法机关

立法机关是行政法权利的义务主体，这来源于立法机关的自我约束义务。由立法机关制定的法律所确认的公法权利，在立法机关后续的立法活动和其他活动中，立法机关应当尊重。由立法机关授权行政机关制定的行政法规所确认的公法权利，立法机关也应当尊重，这是由法律体系的协调性和公法权利解释的权利和自由推定原则所决定的，公法权利解释的自由推定原则要求，应当尽可能地以扩大公民公法权利和自由的原则来解释公法的规范，而法律体系协调性原则要求在法律制定中注重法律法规之间的协调。因此，即使是行政机关制定的行政法规所确认的行政法权利，立法机关也应当予以尊重和保障。

（三）司法机关

当公法权利受到侵害，公法权利主体诉诸司法机关时，司法机关承担着救济公法权利的义务，另外，司法机关在进行法律解释及其他司法活动中，承担着尊重和保障公法权利的义务。

虽然立法机关、行政机关及承担行政管理职能的组织都是公法权利的义务主体，但不同规范基础的公法权利对不同义务主体的约束效力是有区别的。由立法机关制定的行政法律所确认的公法权利，对行政机构及承担行政管理职能的组织的约束效力是绝对的；而行政机关自己制定的行政法规所确认的行政法权利，对行政机关的约束效力是相对的。如果立法机关通过新的授权赋予行政机关修改或制定新的行政法规来限制和取消此项公法权利，那么其对行政机关就没有约束效力；但是，在没有新的授权立法之前，此公法权利对行政机关及其他组织和机构仍然具有约束力。同理，行政法权利对立法机关的约束效力也具有相对性。

三、公法权利的确认

作为行政法理论体系中公法权利重要类型的基本权利的确认直接以宪法为基础，一项权利是否属于宪法规定的基本权利直接诉诸宪法文本即可，这主要涉及宪法权利条款的解释问题。但是，作为另一种对行政法具有重要意义的公法权利的行政法权利，其确认却面临着不同于基本权利确认的难题，需要专门进行讨论。在此，德国法理论作出了重要贡献。

（一）行政法权利的确认难题及德国法的应对策略

德国的法律理论认为，法律规范命令具有双重面相：一方面，其构建起一个客观的法律规范系统；另一方面，法律规范命令建立和确定了主体的法律地位，赋予个体权利，去实现客观法所指向的内容。[1] 这种主观化的个体权利，被称为主观权利（Subjektive Rechte）。客观法的主观化（Subjektivierung des objektiven Rechts）的目的在于建立和确定个体（包括法人和自然人）的法律地位。萨维尼在其历史主义的自由理论中建立了个体权利的理论[2]，Winscheids 从行为法的理论角度[3]，von Jherings 从利益法学的角度进一步丰富了主观权利的理论。[4]

---

[1] *Arno Scherzberg*, Subjektivöffentliche Rechte, in *Erichsen/Ehlers*（Hrg.）, Allgmeines Verwaltungsrecht, 13. Auflage, 2005, S. 332.

[2] *Savigny*, System des heutigen Römischen Rechts, 1840, Bd I, 331ff, Bd 2, 2f.

[3] *Winscheid*, Die Actio des römischen Civilrechts vom Standpunkt des heutigen Rechts, 1856, 2ff.

[4] *Jhering*, Der Zweck im Recht, Bd 1, 4. Auf 1904.

　　然而，与民法权利相比，行政法权利的确认面临着其特殊的难题，这是因为私法和行政法两种规范系统性质的不同而造成的。私法规范调整平等的私人主体之间的关系，虽然要兼顾公共利益，但其主要目的是保障个体利益。在私法中，一方的义务往往对应着另一方的权利，因而即使民法在立法文件中只是一种义务性规范，在效果上也同时是授权规范，即赋予了与义务主体相对应的另一方相应的权利来要求义务主体承担义务，这在民法中是没有多大疑问的。债务人的义务直接对应着债权人的权利，而物权人的物权与其他非物权人的不作为义务也是遥相呼应的。行政法权利的情形与私法权利的情形则大相径庭，虽然公法规范并不排斥私人个体利益，但公法规范的主要目标往往在于公共利益。在公法规范中，一方的义务并不总是与另一方的权利相对应，因为如果一公法规范的目的仅仅涉及公共利益，而与个体利益无关时，这一义务规范并未建构起一个公法权利①，因为公共利益的促进主要是通过政治和行政过程去实现，而不是通过个体的公法权利和司法对这一个体公法权利的保护来实现。公法中有着大量的规范，比如国家机关的组织规范中有大量的条款涉及国家权力机关的相应职责，这些职责并不当然地产生相应的公法权利。再比如说，国家的生态保护义务已为许多环境行政法所规范，但一般性的请求国家机关履行保护生态义务的公法请求权并没有得到学理的支持。② 为了应对行政法中公法权利识别的难题，德国公法教义学发展出了"保护规范理论（Schutznormlehre）"，这一理论也成了德国认定公法权利的通行理论。

　　如果在法律文件中有明确的授权用语，如法律规定某法人或自然人"有权……"再如法律规定"应……的请求，……必须……"等明确授予个体公法权利的条文时，公法权利的识别并不成为问题，应用保护规范理论与否对法律的适用不会产生实质影响。但如果依据文义解释还不足以确定是否授予个体公法权利，则需借助保护规范理论。

　　保护规范理论首先区分了一个法律规范的主要目的的作用和在经济上和事实上产生的超出法律原本意愿的作用范围，后者被称为"反射作用"。耶林（Jhering）在《罗马法的精神》一书中对法律规范的反射作用有着精彩的论述："并不是所有保护利益的法律都能赋予利益人以主观意义的

---

① 参见〔德〕艾博尔特·斯密特·阿斯曼（Eberhard Schmidt-Assmann）等：《德国行政法读本》，于安等译，北京，高等教育出版社，2006，第299页。

② Joachim Wolf, Umweltrecht, 2002, S. 131f.

权利，即给予这种保护法律请求权。那种按照一些生产部门的利益引入保护税的法律对于工厂主而言是受益的，它在工厂的经营活动中起到了促进和保护的作用，但却未赋予工厂主们任何权利。这如何能与前面权利就是受法律保护的利益的定义相一致呢？答案是：这里只是一种单纯的反射作用，尽管它与法律有着众多的相似之处，但却必须严格地与法律区分开来。国家实际上是按照自己的利益来颁布法律，在此却客观上与工厂主利益结合了起来。"①

　　保护规范理论正是建立在对法律的主要目的作用和反射作用的区分基础之上，按照这一理论，只有一个公法规范的保护目的涉及可特定化的个体利益时，此公法规范才建立起公法权利，这一公法规范是以保护公共利益和个体利益为目的，而不仅仅以保护公共利益为目的。② 而且，根据法律规范保护的利益和反射利益的区分，如果一法律规范仅仅在反射的意义上涉及个体利益，则这一规范并不具有保护个体利益的目的，是不能支持公法权利的。③ 根据比勒尔的归纳，识别公法权利有以下三个要点：其一，法律规范具有强制性的特点。其二，法律对某一个人或由个人组成的群体授益，它的颁布是为了满足个人的利益，而不仅仅是为了集体或公共的利益。其三，颁布的作用在于利害关系人能够进行引用，使利害关系人能够借助它使国家公权力机关采取一定的作为或不作为。④ 当然，此处所指的个体利益不仅包括有形财产和人身利益，还包括意识形态的利益和其他利益。德国著名的行政法学家毛雷尔则认为，公法权利的成立涉及两个问题：其一，是否存在规定行政机关应当采取特定行为（行政的法律义务）的法律规定？其二，该法律规定是否——至少也——以保护个人利益为目的？⑤ 这一界定把比勒尔的第一个要素和第三个要素合而为一，更容易理解和把握。

---

① 转引自〔德〕艾博尔特·斯密特·阿斯曼（Eberhard Schmidt-Assmann）等：《德国行政法读本》，于安等译，北京，高等教育出版社，2006，第 296 页。

②③ *Bauer*, Altes und Neues zur Schutznormtheorie, AöR 1988, 582ff.

④ 这是奥托马·比勒尔（Ottma Bühler）在其 1914 年出版的《公法权利及其在德国行政裁判上之保护》（Die Subjektiven öffentlichen Rechte und ihr Schutz in der deutschen Verwaltungsrechtsprechung）一书中所作的概括，后被德国的公法文献广为使用。*Ottma Bühler*, Die Subjektiven öffentlichen Rechte und ihr Schutz in der deutschen Verwaltungsrechtsprechung, 1914, S. 9ff.

⑤ 参见〔德〕哈特穆特·毛雷尔：《行政法学总论》，高家伟译，北京，法律出版社，2000，第 155 页。

（二）中国法中行政法权利的确认

对行政法权利的确认问题，我国的文献中鲜有对此议题进行专门讨论。因为我国《行政诉讼法》第 2 条和第 12 条中采用的术语是"合法权益"，所以学者们的讨论主要集中在"合法权益"如何确认上。在我国，合法权益包括合法权利和利益两个方面，所以"合法权益"的确认方法同样适用于行政法权利的确认。当然，在行政法中进行保护的合法权利，不仅仅限于行政法权利，还可能涉及基本权利和民事权利。

孔祥俊认为，合法权益属于具体行政行为法律规范的保护范围的权益，即与具体行政行为有关的法律规范的立法目的或具体规定，是以该利益为指向或将其纳入保护范围的。[①] 沈岿认为，合法权益除了可以由法律明确以某某权的方式规定外，还可以以下方式获得：（1）可以从法律的义务性规定中对应地推演出；（2）可以从法律规定的行政机关必须考虑的因素中推演出；（3）可以从立法目的所欲保护或调整的利益范围中推演出。[②] 孔祥俊先生强调法律规范的目的或具体规定，但究竟何种具体性规定语焉不详。沈岿先生的概括更为全面，在肯定从规范目的可以推导出权益的同时，还列举了其他三种具体可推演出合法权益的情形，实际上起到了把孔祥俊先生所称的"具体规定"明确化的功能。因此二人的观点本质上是相通的。但沈岿的观点仍存在问题：首先，"可以从法律的义务性规定中对应地推演出"和"可以从法律规定的行政机关必须考虑的因素中推演出"本质上没有区别，因为法律规定的行政机关必须考虑相关因素本质上也是一种义务性规定。其次，沈岿先生把每种情形看做可以独立地推导出合法权益的情形，即合法权益的推导只须具备条件之一即可，这种观点与德国、日本和我国台湾地区等大陆法系国家和地区广为采用的保护规范理论不符，在实践中也可能导致一定的问题。公法中有大量的义务性规范并不对应着相应的权利，因为公法的首要任务乃在于公共利益的维护，在公法规范中，一方的义务并不总是与另一方的权利相对应，因为如果一公法规范的目的仅仅涉及公共利益，而与个体利益无关时，这一义务规范并

---

① 参见孔祥俊：《行政行为可诉性、原告资格与司法审查》，北京，人民法院出版社，2005，第 139 页。

② 参见沈岿：《行政诉讼原告资格——司法裁量的空间和限度》，载《中外法学》，2004 (2)。

未建构起一个公法权利①，因为公共利益的促进主要是通过政治和行政过程去实现，而不是通过个体的公法权利和司法对这一个体公法权利的保护来实现。例如，国家机关的组织规范中有大量的条款涉及国家权力机关的相应职责，这些职责并不当然地产生相应的公法权利。再比如说，国家的生态保护义务已为许多环境行政法所规范，但一般性的请求国家机关履行保护生态义务的公法请求权并没有得到学理的支持。② 在此，德国、日本、我国台湾地区等国家和地区采用的保护规范理论具有重要的借鉴意义。根据上文阐述的保护规范理论，在法律没有明确赋权时判定公法权利须同时考虑以下两个条件：其一，法律规范使公权机关负有作成特定行为的义务（强制性义务规范的存在）；其二，该规范必须至少同时具有保护某一可特定化的群体或个体的私人利益目的，这一点对于解释个体是否享有主观公权利至关重要，因为某些行政法规范纯粹是为了维护公共利益而设定的，即使这些规范中给行政机关设定了相应的义务性规范，也不能从中推导出公民个体的主观公权利。所以它们的保护规范理论也可为我国所借鉴，而且，这种结合强制性义务规范和规范目的两个条件来解释合法权益的方式比把每个条件看做可独立推导出合法权益的观点更符合行政法作为一种公法规范中义务规范与权利并不一定直接对应的特征。

结合行政机关义务性规范和规范目的综合考量的保护规范理论，能够承担起解释法律无明确赋权规范时行政法权利的任务，把行政法权利和反射利益进行区分。所谓反射利益是公民个体在事实的偶然关系中所能享受的，但并未被法律规范所保护的利益。例如，根据城市规划的调整，某一著名的中学要进行搬迁，此中学周边的居民的子女便利就学的利益就会因此搬迁而受损，但此种利益不能纳入合法权益的范畴，因为城市规划法的规范是为了城市公共利益而设定的，不具有保护学校周边居民子女就学便利利益的目的，这种便利就学的利益是一种反射利益。通过对行政法义务性规范和规范目的综合考量是否属于合法权益的范围后，凡是那些能够以"某某权"命名的利益属于行政法权利，其他以"某某权"命名的、条件尚不成熟的事实上的利益或其他值得法律保护的利益则归属于合法利益的范畴。

---

① 参见〔德〕艾博尔特·斯密特·阿斯曼（*Eberhard Schmidt-Assmann*）等：《德国行政法读本》，于安等译，北京，高等教育出版社，2006，第 299 页。

② *Joachim Wolf*, Umweltrecht, 2002, S. 131f.

第四节　公法权利的功能

一、行政法学视野中公法权利的一般功能

（一）个体的行政法主体塑造功能

行政法权利确认了个体的主体地位，确保了自由、民主、社会、法治国的基本条件。虽然法治国家原则所包含的法律优位原则和法律保留原则对行政机关履行法律的客观义务作了要求，赋予个体公法权利似乎并未增加行政机关的义务内容，但是赋予个体公法权利对国家和公民之间的关系有着决定性的影响。① 公法权利赋予了个体法律主体的地位和要求国家履行法律义务的权利，使得公民成为独立的、与国家平等的主体，而不是国家活动的仆从和客体，这是现代社会公民区别与近代臣民的根本区别之一。赋予公民公法权利是宪法规定的自由、民主、社会、法治国基本宪法原则的基本条件之一，也是德国《基本法》第 1 条保障人的尊严的宪法条款的基本要求。②

公民的公法权利呈现不断扩张的趋势。在近代社会，自由和财产权是公民的公法权利最主要的形态，公法权利主要担当防御行政权力对公民自由和财产的不当侵犯和干涉的任务。随着给付行政的兴起，行政担当保障公民生存和为公民自由发展创造条件的任务，受益权作为一种重要的公法权利得到了迅猛发展。近年来，随着参与行政的发展，公民的政治参与已经从传统的议会参与拓展到行政参与，因而参与性公法权利成为当代社会一种新的权利现象。公民的公法权利不断扩张，展现了行政相对人权利与行政主体权力已具有的对称性，使行政相对人与行政机关之间的关系走向均衡。这表明行政法主体双方地位总体平等的发展走向，也是行政活动走向法治化、民主化的具体体现。③

（二）启动行政诉讼的功能

尽管各种学说对行政诉讼的功能有不同的理解，但基本上都认同行政

---

① ②　参见〔德〕哈特穆特·毛雷尔：《行政法学总论》，高家伟译，北京，法律出版社，2000，第 153 页。

③　参见方世荣：《对当代行政法主体地位平等的认识——从行政相对人的角度》，载《法商研究》，2002（6）。

诉讼具有保护权利和实现客观的法律秩序两个功能，分歧在于行政诉讼除此两个功能外是否具有其他功能以及其他功能的具体内容。可以说，保护公法权利和实现客观的法律秩序是行政诉讼最重要的两种功能，行政诉讼的客观诉讼模式与主观诉讼模式之分即因此划分。① 所谓主观诉讼模式是指国家设立行政诉讼制度的核心功能在于保障人民的公法权利，而客观法秩序的维护只是在保障人民的公法权利的范围内附带功能的理想模式类型；所谓客观诉讼模式是指国家确立行政诉讼制度的目的是维持行政客观的公法秩序并确保公法实施的有效性，其功能取向在于协助行政创造或重建行政行为的客观合法性。②

我国《行政诉讼法》第 1 条规定："为保证人民法院正确、及时审理行政案件，保护公民、法人和其他组织的合法权益，维护和监督行政机关依法行使行政职权，根据宪法制定本法。"可见，我国目前的行政诉讼模式采取了兼顾客观公法秩序维护和主观公法权利保护两种功能的行政诉讼模式。公法权利的保护和客观公法秩序的维护两种功能之间的关系如何处理是我国行政诉讼制度完善的核心议题之一。有"客观法律秩序维护模式为主，兼顾主观公法权利保护"，"主观公法权利维护为主，兼顾客观公法秩序维护"等解释模式。③ 实际上，这两大功能的关系，不能简单地用以何功能为主来进行解释。主观公法权利保护，应当定位为行政诉讼的最基础、必须要确保的功能目标，这一目标实现是行政诉讼制度应当确保的"底线"，如果连公法权利都不能保护，何谈客观公法秩序的维护。因为公法权利规范本身是客观法律规范的一个组成部分，是客观法律规范中对个体而言最重要的那部分。对（主观）公法权利的保护，确保了个体利益和自由不被行政机关以公共利益的名义违法地进行剥夺，确保了公民参与公共行政的机会不被剥夺。而客观公法秩序的维护，从理论上讲是行政诉讼力图去实现的功能目标，是一种理想的功能目标。近年来，各国行政诉讼改革的方向是不断扩大受案范围和引入各种行政公益诉讼，其目的在于更好地促进行政诉讼客观公法秩序维护功能的实现。但是，综观各国的行政诉讼制度，没有一个国家赋予公民一般性的法律执行请求权和承认普遍的公民或民众诉讼，客观公法秩序的维护到目前为止还只是行政诉讼法律制

---

① ② 参见邓刚宏：《论我国行政诉讼功能模式及其理论价值》，载《中国法学》，2009（5）。
③ 参见曹达全：《行政诉讼制度功能研究》，北京，中国社会科学出版社，2010 年，第 252 页；邓刚宏：《论我国行政诉讼功能模式及其理论价值》，载《中国法学》，2009（5）。

度的一个理想的功能目标。

（三）对行政权力的监督和制约功能

中外学者已间接或直接提出了权利制约行政权的观点，并在各国法治实践中得到体现。行政相对方权利制约行政权的具体运作主要表现为：预防行政权的滥用；抵抗行政权违法行使；促使行政权合法、适当运行；促使违法、不当行使的行政权得以纠正。

而行政的目标和任务在法律上即表现为行政主体的职责义务。如果行政主体总能积极履行法定的职责义务，无疑会促进法律的执行效果，也有利于公共利益的贯彻落实。但实际上，行政机关不作为、行政监管不到位、法律执行亏空的情况是普遍存在的。在宪法并未赋予个人一般的法律执行请求权的前提下，为回应民众对国家行政的期待和要求，推动行政主体积极履行职责义务，一方面要健全国家内部的行政执法监督机制，另一方面，则必须不断充实和发展个人在行政法上的请求权机制。例如在环境保护、安全监管、消费行政、社会保障等与个人的生存和发展密切相关的行政领域，均有承认个人具有一定的权利保护请求权的必要。因为，个人的请求权的确立对行政裁量权具有显著的压缩和限制功能（即行政裁量收缩理论），对行政作为或不作为的合法性具有反向的评价功能。总之，法治国家的行政法不仅是拘束行政活动的客观规则，同时也是私人主观权利的基础和根据，二者相辅相成，不可分割。

（四）价值秩序的建构功能

宪法基本权利的双重效力理论为德国公法学首创，因其强大而具有体系性的理论解释功能而为日本、韩国和我国台湾地区等国家和地区广为借鉴。近年来，这一理论也逐步为我国宪法学界所接受，成为解释和研究宪法基本权利的一种通行的理路。[1] 基本权利的双重效力理论，宪法中的基本权利条款，具有主观和客观的双重面向，即不仅具有赋予个体权利的主观效力，还具有建构客观价值秩序的效力。[2] 所谓基本权利的主观效力，指基本权利条款赋予个人依自己的意志向国家公权力机关提出请求作为或不作为的资格和能力。[3] 基本权利的此种主观效力有两个基本含义：其

---

[1]　参见姜明安主编：《公法理论研究与公法教学》，北京，北京大学出版社，2009，第 112 页。

[2]　参见张翔：《基本权利的规范建构》，北京，高等教育出版社，2008，第 105 页；Pieroth/Schlink, Grundrechte Staatsrechte II, C. F. Mueller, S. 16。

[3]　Pieroth/Schlink, Grundrechte Staatsrechte II, C. F. Mueller, S. 16ff.

一，个人得直接依据宪法上的基本权利条款要求公权力主体为或者不为一定的行为；其二，个人在基本权利受到侵犯或遇到实现障碍时，能够请求司法机关的救济以实现自己的请求。① 所谓基本权利的客观面向，是指基本权利条款确立了一个价值秩序，这一价值秩序要求立法机关、行政机关和司法机关在其公权力活动中，承担尊重、促进和保护基本权利的义务，基本权利规范所确立的价值秩序构成立法机关构建国家各种制度的原则，也构成行政权和司法权在执行和解释法律时的上位指导原则。② 具体而言，公权力机关要承当以下义务：其一，制度性保障，即立法机关要架构和维护基本权利实现的一系列基本的制度；其二，组织和程序保障，因为基本权利只有在一定的组织和程序的保障之下才能实现，从而要求国家提供基本权利实现的相应的组织和程序保障。其三，狭义的保护义务。广义的保护义务指国家在客观价值秩序维护方面的所有义务，而狭义的保护义务指国家公权力机关应当采取相应的措施保护公民的基本权以免受第三方的侵害。③

　　基本权利的双重效力理论已经是广为接受的理论，是否可以将基本权利的双重效力理论推及到所有公法权利？我国学界并无人探讨此问题。笔者认为，不仅仅基本权利具有主观和客观的双重效力，所有公法权利均具有主观和客观的双重效力，所不同的只是效力层次和约束对象有别。宪法所规定的基本权利的双重效力上文已经论述，作为宪法基本权利具体化和进一步发展深化的行政法权利，其同样建构起了一个价值秩序，这一价值秩序是宪法基本权利规范所建构的价值秩序的具体、深化和发展。行政法权利所建构的客观价值秩序具有以下特点：其一，这一价值秩序是以不违反宪法基本权利的价值秩序为前提和导向的，因为宪法的价值秩序是最高的价值秩序。其二，与宪法基本权利规范所建构的客观价值秩序约束所有公权力机关和其社会主体不同，行政法权利所建构的客观价值秩序的最主要的约束对象是行政机关。行政机关在制定公共政策、执行公共政策的过程中，承担着尊重、促进和保护包括基本权利和行政法权利在内的公法权利的义务。

二、行政法权利的特殊功能：宪法基本权利具体化的功能

　　在行政法学理论体系中，基本权利仍然是一种具有法律效力的重要权

---

① ②　Pieroth/Schlink, Grundrechte Staatsrechte II, C. F. Mueller, S. 16ff.
③　参见张翔：《基本权利的规范建构》，北京，高等教育出版社，2008，第 113 页以下。

利类型。由具体的行政法律法规确立的行政法权利，除具备上述公法权利的一般功能外，还具有基本权利具体化的特殊功能。在法治国家下，所有位阶低于宪法的法律法规，都必须与宪法的规定和基本理念相互一致方可。① 所以，不仅仅是行政法，包括规范法院权力的法院组织法、立法权力的立法法、规范各种诉讼程序的诉讼法、涉及人权的法律等，都可视为具体实践宪法的法律。然而，在现代国家中，人民与行政法的关系是最为密切的。因为近代以来，由于行政权的扩张和发展，行政已经深入人民生活的方方面面，在给人民带来全方位服务的同时，也使公民权利受到行政权越来越多的侵犯和威胁。因而，就宪法基本权利的保障这一任务而言，行政法担当着责无旁贷的角色。行政法作为防止和限制行政权、促进公共利益实现的法律，在保障宪法基本权利中的作用越来越重要。德国有两句论述宪法与行政法的关系的名言，一是奥托·麦耶的"宪法消逝，行政法长存"，一是弗立兹·韦纳的"当作是具体化宪法的行政法"。对这两句名言的具体含义的理解在德国颇有争议。② 然而，这两句名言都强调了行政法在保护基本权利中的重要作用，这是它们的共同之处，而且，行政法担当着把宪法基本权利具体化并在行政过程和行政诉讼中予以保护的任务，这已经是一个普适性的结论。

① 参见陈新民：《公法学札记》，北京，中国政法大学出版社，2001，第 19 页。
② 参见陈新民：《公法学札记》，北京，中国政法大学出版社，2001，第 3 页以下。

第三章 公法权利的类型构造

关于行政法权利构成形态的讨论很多，本章不对这些划分进行一一列举。本书将通过三组概念的关系分析对行政法权利的构成形态展开分析，其一为基本权利和行政法权利，其二为基础性公法权利和功能性公法权利，其三为实体性公法权利和程序性公法权利。

第一节 行政法权利和宪法基本权利

一、基本权利对行政法权利的影响

基本权利与行政法权利两者同为公法权利，两种权利之间有着密切的联系。基本权利不仅是直接约束国家立法机关、司法机关和行政机关的权利，而且确立了一个客观的价值体系，需为所有法律主体所尊重。[①] 作为公权力机关的立法者承担着基本权利的保护义务，即通过具体的立法，把宪法基本权利具体化为法律上的权利。行政法权利是承担基本权利具体化任务的最重要的法律权利，因为相对于立法机关和司法机关，行政机关是公民或法人基本权利最直接的威胁者。所以，基本权利对行政法权利具有深远的影响，这种影响主要体现在以下两个方面：其一，由于行政法权利承担着把宪法基本权利具体化的任务，基本权利不仅在价值目标上对行政法权利有着指引的功能，而且为行政法权利的类型划分提供了参考标准，所以基本权利对行政法权利的类型划分会产生影响。其二，由于基本权利作为宪法规范属于法律规范系统的最高层级，是一种客观的价值规范体系，须为包括行政机关、司法机关在内的公权力机关所遵从，对行政权

---

① 参见张翔：《基本权利的双重性质》，载《法学研究》，2005（3）。

利进行合宪性解释就成为法官和行政官员的一种宪法义务，所以基本权利条款在行政法权利相关条款的解释中具有重要意义。

（一）宪法基本权利对行政法权利类型划分的影响

行政法权利承担着把宪法基本权利具体化的任务，基本权利不仅在价值目标上对行政法权利有着指引的功能，而且对行政法权利的类型划分具有直接的参考意义。宪法基本权利和行政法权利是公法的权利系统的核心组成部分，这两种类型的权利不是私法中平行板块的关系。众所周知，在民法中，物权、债权、亲属权、继承权四个平行的板块构建起了民法的权利体系。而在公法中，一个层次是基本权利，另一个层次是行政法中具体化了的，与基本权利价值保持一致的公法权利，两个层次的权利的关系不是民法的平行板块的关系，宪法基本权利是处于高位阶的、抽象的权利，而行政法权利相对于宪法权利而言是处于低位阶的、具体化的权利。行政法权利需在价值目标和功能上符合宪法基本权利的要求，而由于其承担着把宪法权利具体化的任务，故宪法基本权利也可为其类型划分提供一种参考标准。

我国《宪法》第13条和第33条至第50条规定了公民的基本权利，具体包括一般性人权（第33条第3款），一般平等权（第33条第2款），选举权和被选举权（第34条），基本政治自由权（第35条），信仰自由权（第36条），人身自由权（第37条），人格尊严权（第38条），住宅权（第39条），通信自由和秘密权（第40条），监督权（第41条），劳动权（第42条），劳动者休息权（第43条），获得社会保障和救济权（第44、45条），受教育权（第46条），文化活动自由权（第47条），男女平等权（第48条），财产权（第13条），华侨归侨权利（第50条）。许多具体的行政法律法规在具体的立法中确认并把这些基本权利进行了具体化，因而，这些权利类型划分在行政法中也应当是适用的。遗憾的是，我国的行政法权利划分却深受民法权利类型划分的影响，一个典型的例子就是把行政法权利划分为人身权和财产权。根据我国《行政诉讼法》第12条的规定，公民的人身或财产权利受到具体行政行为侵害的，方可诉诸法院，这种把行政法权利作为人身权和财产权集合的立法是深受民事权利类型化影响的体现，但是行政法权利不应当仅仅局限于人身权和财产权，行政法权利的类型也不是人身权和财产权所能囊括的。行政法权利的类型划分不应当采用民法的划分方法和标准，由于行政法权利承担基本权利具体化的任务，如果立法机关充分、全面地行使了其基本权利保护义务的话，宪法各种基本权利类型都应当在行政法权利中有着相应的具体体现。根据基本权利的内容可把基本权利划分为平等权、自由权和社会权，这种归类方法和标准在行政法权利的类型划分中也应当是适用的。当然，在基本权利的权利类型之外，行政法还可以发展出基本权利保护范围之外的新的权利类型，但毫无疑问的是，把基本权利具体化为具体的行政法权利是行政法的最基本任务，是立法者履行其基本权利保护义务的体现。所以从应然状态来讲，各种基本权利类型在行政法权利中也应当能够得到体现，甚而，在权利的种属名称上，也可采用基本权利的名称，如受教育权、文化活动自由权、获得物质帮助权等。

（二）基本权利在行政法权利相关条款解释中的意义

"法律的实施以解释过程为前提"[①]，在大陆法系国家，法律的解释是能够让制定法适应现实和具体个案的法律方法和途径。所以在制定法的典范国家德国，大部头的法律评论是其最重要的法律出版物之一。而经历过自由法运动洗礼的法律解释，已经脱离了早期完全拘泥于文字含义的文义解释方法的束缚，发展出了文义解释、体系解释、法意解释（历史解释）、比较解释、目的解释、合宪性解释等法律解释方法。所谓的合宪性解释，是指以宪法的基本精神和基本规范来解释法律条文。[②] 其主要包括三个解释规则[③]：其一，单纯的解释规则，也就是在法律解释时，直接将其作为体系解释或者目的解释的一项规则；其二，冲突规则，指在数种可能的法律解释中应优先选择与宪法内容相符者；其三，保全规则，指当法律有违宪疑虑而有数种解释可能性时，应选择不违宪的解释，把违宪的解释予以排除。按照宪法规定的基本权利规范目的和价值目标来解释包括行政法权利条款在内的具体的法律规范是合宪性解释的应有之义，因为宪法基本权利条款是宪法中不可缺少的部分，也是合宪性解释中应用得最为普遍的宪法条款。

我国现行宪法明确规定，宪法"是国家的根本法，具有最高的法律效力"（序言），"一切法律、行政法规和地方性法规都不得同宪法相抵触"

---

① 〔法〕勒内·达维德：《当代主要法律体系》，漆竹生译，上海，上海译文出版社，1984，第 109 页。

② 参见郭卫华：《"找法"与"造法"——法官适用法律的方法》，北京，法律出版社，2005，第 137 页。

③ 参见苏永钦：《合宪性控制的理论与实际》，台北，月旦出版社，1994，第 84 页。另参见张翔：《两种宪法案件：从合宪性解释看宪法对司法的可能影响》，载《中国法学》，2008（3）。

（第5条第3款），"一切国家机关和武装力量、各政党和各社会团体、各
企业事业组织都必须遵守宪法和法律"（第5条第4款），"都必须以宪法
为根本的活动准则，并且负有维护宪法尊严、保证宪法实施的职责"（序
言）。这些规定表明，作为国家机关的各级人民法院在适用法律时，理应
根据宪法的基本精神来理解、解释和适用法律。"合宪解释不仅是法院在
司法活动中适用法律的自然要求，也是我国宪法对人民法院司法工作的基
本要求。"[1] 在解释涉及行政法权利的相关条款时采用符合宪法基本权利
保护的精神进行解释，是合宪性解释的必然要求，也是推动我国基本权利
司法保护的重要途径。例如，我国现行《行政诉讼法》第11条第1款列
举了七种具体属于行政诉讼受案范围的情形，第8项规定，"认为行政机
关侵犯其他人身权、财产权的"，紧接着本条第2款规定，"除前款规定
外，人民法院受理法律、法规规定可以提起行政诉讼的其他行政案件"。
根据文义解释，我国行政诉讼的受案范围包括三种情况：其一，第11条
第1款所列举的七种侵犯人身权或财产权的情形；其二，行政机关侵犯其
他人身权或财产权的；其三，其他法律、法规规定可以提起行政诉讼的其
他行政案件。属于"其他法律法规"的一个重要法律是行政复议法，该法
第6条把行政复议的范围扩大到了"侵犯其合法权益"，已经不局限于人
身权和财产权，并规定对行政复议不服可以提起行政诉讼。问题是：如果
不属于人身权和财产权的行政法权利受到具体行政行为的侵犯，又未经过
行政复议且没有其他法律法规具体规定可以提起行政诉讼的，是否应当属
于行政诉讼的受案范围？这从行政诉讼法的文义解释中不能得出答案，因
为法律条文没有对此、种情况是否属于法院的受案范围作出规定。对此，
行政诉讼法没有明确规定的情形，有两种解释路径，一是"只有明文列举
到的方可受理"的解释路经，二是"原则受理，例外排除"的解释路径。
根据前一种解释路径，如果不属于人身权和财产权的行政法权利受到具体
行政行为的侵犯，没有法律法规具体规定可以提起行政诉讼的，自然不属
于受案范围。而根据后一种解释路径，除非法定的理由或例外情形（如
《行政诉讼和》第12条列举的情形），即使不是人身权或财产权受侵犯，
也没有具体法律法规规定可起诉，仍应当属于行政诉讼的受案范围。这两
种解释路径应当选择何种呢？根据《宪法》第41条的规定，公民"对于
任何国家机关和国家工作人员的违法失职行为，有向有关国家机关提出申

---

[1]　上官丕亮：《中国宪法司法化的路径和方法》，载《现代法学》，2008（2）。

诉、控告和检举的权利"。《行政诉讼法》第 11 条应当根据这一条的规定
进行合宪性扩张解释，即纵使不属于人身权和财产权的行政法权利受到具
体行政行为的侵犯，又没有具体法律法规规定可以提起行政诉讼，也应当
属于行政诉讼的受案范围。一方面，《宪法》第 41 条明文赋予了公民对公
权力机关违法行为的控告权，另一方面，行政法律法规中规定了大量不能
归属于人身权或财产权的权利，如果这些权利受到国家行政机关的具体违
法行政行为侵犯而不能进行起诉，实际上是对公民依《宪法》第 41 条享
有的控告权的一种剥夺，因为起诉至法院是公认的最重要的控告权；而
且，如果实体法赋予的权利不能得到司法救济，实际上意味着把左手给予
的权利又用右手收回。所以，根据《宪法》第 41 条进行合宪性解释，应
当选择"原则受理，例外排除"的解释路径，即除非有法定的理由和例外
情形，即使不是人身权或财产权受侵犯，也没有具体法律法规规定可起
诉，仍应当属于行政诉讼的受案范围。而"只有明文列举到的方可受理"
的解释路径，则与《宪法》第 41 条的精神不符。

二、基本权利在行政法中的直接适用

(一) 基本权利在行政法中直接适用的理论和规范依据

宪法基本权利在平等关系的私人主体之间是否具有法律效力在西方宪
法理论界是一个充满争议的议题。基本权利能在行政法中进行直接适用，
约束行政机关和法院在德国、美国等公法理论发达的国家却是一个已经达
成共识的话题。美国最高法院在私行为 (private action) 和政府行为
(state action) 之间划定了一条明确的界限：宪法只调整政府行为，而私
行为归普通法律调整。美国宪法第 14 修正案禁止对正当程序、平等保护
或公民特权和豁免的违反来造成公民权利的侵犯，但是无论是第 14 修正
案还是任何用于执行该修正案的公民权利立法都只适用于政府行为。[①] 美
国没有设立独立的宪法法院，宪法在普通法院进行适用，宪法的民权条款
在其行政法中具有直接的适用效力，约束行政机关的行政活动和法院的行
政司法审查活动，因为不管是行政机关的行政活动还是法院的行政司法审
查活动，都属于政府行为。德国基本法第 1 条第 3 款规定："下述基本权
利作为直接适用的法律约束立法，行政和司法。"如果法律中没有宪法基

---

① 参见〔美〕Steven. J. Cann：《行政法原理与案例》，张梦中、曾二秀等译，广州，中山
大学出版社，2004，第 502 页。

本权利所要求的具体化的行政法权利，行政机关和行政法院在处理与基本权利密切相关的事务时，是否可直接适用基本权利？众多的联邦行政法院和州行政法院判决都支持这样的观点，认为在严重侵害基本权利的前提下，根据基本法第 1 条第 3 款的规定，行政机关和法院可直接适用基本权。① 还有观点认为，基本权利仅仅是作为对立法者的一种指引②，而不能在行政活动和行政审判中直接适用，但这种观点与基本法第 1 条第 3 款的规定并不一致。③ 所以在德国司法界，宪法基本权利被认为是可以直接约束行政机关和行政法院的。

在我国，宪法条款在司法中的直接适用问题近年来引发了广泛讨论。有学者认为，我国的宪法文本不支持宪法条款在司法中的直接适用：其一，《宪法》第 126 条规定，"人民法院依照法律规定独立行使审判权，不受行政机关、社会团体和个人的干涉"。此条文中的"法律"应当作狭义理解，因为我国法律术语中的"法律"特指的是全国人大及其常委会制定的法律，因此第 126 条中的"法律"不包括宪法④；其二，我国《宪法》第 62 条和第 67 条规定全国人大和全国人大常委会解释和监督宪法实施，而我国宪法没有明文规定法院有权解释宪法，也没有规定法院有权监督宪法实施和实施违宪审查，所以所谓的"宪法司法化"是脱离中国宪法文本从西方宪法理论出发而得出的违反中国宪法规定的结论。⑤ 对此种认为我国宪法文本不支持宪法在司法中适用的观点，诸多学者给予了具有说服力的反驳。首先，《宪法》第 126 条中的"法律"应作广义理解而不是作狭义理解，因为法院判案的规范依据不仅是全国人大及其常委会制定的法律，还应当包括行政法规、地方法规、习惯法等。法院审理案件只以全国

---

① BverwGE 30, 191, 198；32, 173, 179；BverwG DÖV 1984, 70, 71；VGH BW DÖV 2004, 755ff（Art 12I GG）；NdsOVG NdsVBl 2005, 101f（Art 5 III GG）；VG Berl NJW 1995, 2650, 2651f；BverwGE 111, 276ff（Art 2II）.

②③ *Arno Scherzberg*, Subjektivöffentliche Rechte, in *Erichsen/Ehlers*（Hrg.）, Allgmeines Verwaltungsrecht, 13. Auflage, 2005, S. 341.

④ 参见童之伟：《宪法适用应依循宪法本身规定的路径》，载《中国法学》，2008（6）。关于宪法适用的观点，可以参见张千帆：《论宪法的选择适用》，载《中外法学》，2012（5）；陈雄：《论诉讼中的中国宪法适用》，载《甘肃政法学院院报》，2001（2）；谢维雁：《"宪法间接适用论"的质疑》，载《法商研究》，2011（2）。

⑤ 参见童之伟：《宪法适用应依循宪法本身规定的路径》，载《中国法学》，2008（6）；童之伟：《宪法司法适用研究中的几个问题》，载《法学》，2001（11）。关于宪法适用的其他观点，可参见蔡定剑：《宪法实施的概念与宪法施行之道》，载《中国法学》，2004（1）；谢维雁：《"宪法间接适用论"的质疑》，载《法商研究》，2011（2）。

人大及其常委会制定的法律为依据,与事实和法理都不相符。而如果采用广义的"法律"概念,则第 126 条中的"法律"应当包括宪法在内,因为宪法作为我国的根本大法是最重要的法律。[1] 其次,《宪法》第 62 条和第67 条规定全国人大和全国人大常委会解释和监督宪法实施并不排斥法院在审理具体个案中对宪法的条款进行解释和适用。《宪法》第 62 条和第67 条所确立的宪法解释制度只是立法性的宪法解释制度,它所进行的宪法解释案亦皆属于立法性质的宪法解释案,它没有否认司法性质的宪法解释制度,也即意味着人民法院在具体个案中具有解释和适用宪法的权力[2],只不过这种解释是针对个案的,并且不具有最终的法律效力,而只有全国人大常委会的解释才具有最终的法律效力。法院在个案中适用宪法的基本权利条款与违宪审查也不能等量齐观,违宪审查通常指对法律法规的合宪性进行审查,这种权力意味着对国会立法权的修正,只能由具有法律权限的机构来进行,而法院在个案的审理中对宪法进行解释是源于其审判权的一种必不可少的权力。进一步讲,不仅法院有权适用和解释宪法,行政机关也有权适用和解释宪法。[3] 因为行政机关在进行行政活动的过程中同样要保障基本权利的实现,也需要理解、适用和解释宪法,只是这种适用也是针对个案的,不具有普遍的效力,并可能被法院乃至全国人大常委会推翻。

(二)基本权利在行政法中直接适用的法技术问题及其应对

宪法条款可以在行政法中进行直接适用,这意味着宪法基本权利能够在行政法中进行直接适用。但是,宪法基本权利在行政法中进行直接适用,仍面临着法律技术的问题。其一为与"禁止向一般条款逃窜"法律解释原则的协调问题,此为一般性技术问题;其二是由于我国现行的宪法基本权利条款的内容和相关法律规定所造成的特殊法律技术问题。

1. 一般性问题:与"禁止向一般条款逃窜"法律解释原则的协调

在法律的解释适用中,特别法优先于一般法是一个基本的解释法则,也就是说,当存在针对具体问题的特殊法律规则时,应当优先适用特殊规则,而不是适用一般规则。[4] 只有在无具体特殊规则时,方适用一般规则,从这种法律的解释适用规则可推导出"禁止向一般条款逃窜"的解释

---

① 参见韩大元:《以宪法第 126 条为基础寻求宪法适用的共识》,载《法学》,2009 (3)。
② 参见范进学:《认真对待宪法解释》,济南,山东人民出版社,2007,第 21 页。
③ 参见张千帆:《我国法院是否可以释宪》,载《法学》,2009 (4)。
④ 参见郑永流:《法律方法阶梯》,北京,北京大学出版社,2008,第 242 页。

适用规则。基本权利在行政法中直接适用就会面临着与"禁止向一般条款逃窜"规则的协调问题。因为相对于行政法权利条款，宪法基本权利条款是更抽象、更一般性的条款。因此，在基本权利已具体化为行政法权利的情形，行政法权利要进行优先适用，而不能适用宪法基本权利条款。当然，行政法权利在适用上优先，并不排斥在解释具体的行政法权利时要遵守合宪性解释的义务。因而，如果涉及一个与基本权利相关的利益冲突，就应当作出不违背基本权利的解释。

　　由于"禁止向一般条款逃窜"法律解释适用规则的影响，基本权利的直接适用被限定为行政法律法规中无具体化的行政法权利时的情形。具体而言，基本权利在行政法中无具体化的行政法权利时的直接适用还要分别就以下三种具体情况进行分析[①]：（1）如果基本权利所保护的对象没有写入法律中，基本权利直接约束行政机关和法院。在此种情况下，并无具体条款优先适用的空间，因而可援引基本权利条款。（2）如果颁布了具体的法律规定，但基本权利所要求的对相关主体的利益考虑并未纳入法律条款的文义涵盖范围。在此种情况下，行政机关或法院偏离法律具体规定的文义来诉诸基本权利的方案不能被支持，因为这样操作会把依法行政这一基本原则置于被破坏的风险之中。在此种情况下，合宪性解释也无适用的余地，只能依托于宪法诉讼中的规范审查去解决违背基本权利的问题。（3）在行政法律赋予行政机关自由裁量权的情况下，如果裁量涉及基本权利所保护的利益，那么行政机关在行使裁量权时，基本权利也具有直接的适用效力。也就是说，行政机关的自由裁量除须符合法律规定的目的外，还须符合基本权利保护的要求。在此，基本权利中的平等权有着非常重要的意义。

　　2. 社会基本权的适用问题

　　我国宪法基本权利在行政法中进行直接适用还面临着特殊的法律技术问题，那就是我国宪法文本中存在着的社会基本权条款在行政法中的适用问题。社会基本权始终没有进入美国宪法，美国宪法中的公民基本权限于自由权和平等权。即使是在以社会国家为宪法基本原则的德国，社会基本权也没有入宪，其基本权利的构成也是以自由权和平等权为主体内容

[①] *Arno Scherzberg*，Subjektivöffentliche Rechte，in *Erichsen/Ehlers*（Hrg.），Allgemeines Verwaltungsrecht，13. Auflage，2005，SS. 342 - 343.

的。① 在这些国家，宪法基本权利在行政法中进行直接适用，不会面临特殊的技术问题。因为行政机关和法院对公民平等权和基本自由的维护，是理所当然的。然而在我国，由于宪法规定了劳动权（第 42 条），劳动者休息权（第 43 条），获得社会保障和救济权（第 44、45 条），受教育权（第 46 条）等社会基本权条款，这些社会基本权如果在行政法中进行直接适用，会使我国的行政机关和法院面临巨大的挑战。因为这些社会基本权的最终实现，是以国会的预算为前提的，如果法院直接根据宪法社会基本权条款为依据判决行政机关满足公民的这些基本权，实际上是对国会预算权力的一种剥夺，这在理论上是站不住脚的。所以德国的社会法典中专门规定，社会保障的请求权须以具体法律法规中确认的具体权利为请求依据。②

虽然许多国家法院在解释公民的社会基本权条款时始终持一种保守的态度，然而，南非、印度等国的最高法院对宪法社会保障权的解释正在向积极的方向转变，特别是在国家的给付对于维持公民的最低生存是必需时，公民的社会保障请求权在许多案例中得到了法院的支持。③ 最低生存保障请求权在法理上也可获得支持，因为，尽管何为最低的生存保障是一个具有弹性的概念，在特定的社会和特定的时期，仍是一个可以根据一个国家的财力进行确定的概念，而保障人的最低生存条件是保障人的起码尊严的要求。另外，虽然公民不能以宪法的社会基本权为依据直接向国家要求给付，然而，公民可以根据宪法规定的平等权条款主张平等给付，即如果国家对与其情况相同的另一公民进行了社会给付时，此公民有权向国家主张与另一公民相同的给付，如果此请求被拒绝，有权通过法院进行救济。④ 这是结合宪法社会基本权条款和平等权条款而推导出的衍生性的平等社会给付请求权。以上两种根据宪法社会基本权条款和其他条款推导出的最低生存保障请求权和平等社会给付请求权，在司法中进行直接适用是具有可行性的。

---

① 德国基本法第 20 条第 1 款和第 28 条第 1 款第 1 句共同确立了社会国家的宪法原则，但并未在基本法的第 1 至 19 条的基本权条款中确立社会基本权的条款。

② 参见德国《社会法典》总则的第 2 条第 1 款。

③ 参见郑贤君：《社会权利的司法救济》，载《法制与社会发展》，2003（6）；李磊：《社会保障权的宪法保护问题研究》，载《河北法学》，2009（10）。

④ 在德国，这种根据社会保障条款和平等权而主张的权利被称为衍生性的给付请求权。德国宪法理论的通说不认可社会基本权，但认可此种衍生性的给付请求权。*Rolf Schmidt*, Grundrechte sowie Grundzüge der Verfassungsbeschwerde, 7. Auf. 2005, Verlag Dr. Rolf Schmidt, S. 14.

　　我国宪法中的自由权条款和平等权条款在行政法中可以直接进行适用；而社会基本权条款直接适用会带来国家不堪重负和法院对人大预算权的干预过度问题。但结合社会基本权条款和《宪法》第 33 条第 2 款中规定的一般平等权条款以及本条第 3 款中规定的人权条款，可衍生出最低生存保障请求权和平等社会给付请求权，在具体法律中没有规定具体的行政法权利和不与具体法律明文规定相冲突的前提下，这两种权利可在行政法中直接适用。

　　另外，我国《行政诉讼法》第 52 条规定，"人民法院审理行政案件，以法律和行政法规、地方性法规为依据。地方性法规适用于本行政区域内发生的行政案件"。这一条没有明文规定人民法院审理行政案件要以宪法为依据。然而，根据宪法规定，"一切国家机关和武装力量、各政党和各社会团体、各企业事业组织都必须遵守宪法和法律"（第 5 条第 4 款），"都必须以宪法为根本的活动准则，并且负有维护宪法尊严、保证宪法实施的职责"（序言）。结合《宪法》第 126 条中对"法律"的广义解释，对《行政诉讼法》第 52 条应当作出合宪性的扩张解释，即这一条款不能排除宪法基本权利条款在行政审判中的适用。

三、行政法权利对基本权利保护范围的突破和对基本权利的影响

　　行政法权利与宪法基本权利同属公法权利。宪法基本权利是抽象的权利，行政法权利与之相比则是具体化的权利，宪法基本权利对行政法权利的类型化和解释适用发生着重要的影响，行政法权利条款要根据宪法基本权利条款进行合宪性解释，而且，在特定条件下，基本权利还可以在行政法中进行直接适用。但是，行政法权利并不是完全被动地受宪法基本权利的影响，行政法权利也会反过来影响宪法权利的适用。行政法权利承担着把宪法规定的基本权利具体化的任务，立法机关在具体的立法中把基本权利在法律法规中确立下来，这是推动和落实宪法基本权利实施的最重要的途径。但是行政法权利不仅仅是把宪法基本权利具体化，在不违背宪法基本权利条款和其他宪法规定的前提下，立法机关和法院可在行政法中发展出基本权利保护范围之外的行政法权利，因为没有任何理由认为，行政法权利只应当局限于把宪法规定的基本权利具体化。如果行政法权利只限于把基本权利具体化，整个公法权利系统就成了一塘死水，毫无活力，公民的公法权利也不能得到发展和丰富。因为为了保证宪法的高度权威，宪法必须保持高度的稳定性，然而社会生活处于不断的发展变化之中，为了适

应社会生活变化而带来的新的公法权利要求，比较可行的做法是通过行政法权利的发展去适应这种现实，这样能够更好地处理好宪法稳定性和新型公法权利的发展需要之间的紧张关系。所以宪法往往是规定最重要、最基本的权利，而在此基本权利的保护范围之外，只要不与宪法相违背，立法者和法院可以发展行政法权利。① 在基本权利的司法审查层面，现在世界各国仍是以保障基本权利免受国家的不当干涉和限制为主，法院根据宪法基本权利条款判令立法机关采取特定立法行为来保障基本权利的实现只有在极端的情形方会出现。② 而在行政法中，伴随着服务行政和给付行政的兴起，行政法上的给付请求权作为一种新型的公法权利已经逐渐占据行政法权利的半壁江山，而行政司法审查模式更是早已冲破了撤销诉讼为主体的模式，要求行政机关采取特定给付的诉讼已经成为重要的诉讼类型。③ 行政法权利在基本权利保护范围之外的发展，大大地丰富了公民的公法权利体系，使公民在基本权利得到确实保障的前提下，拓宽了公民权利的空间，实现了更多的福利和自由。

行政法权利的发展也会反过来对宪法基本权利的解释适用产生影响。一个例子就是宪法中的财产权概念的变化。比如在德国，传统的财产权主要是防止国家对动产和不动产的侵犯。随着大量的社会保障行政立法对社会保障给付请求权的确认，宪法财产权的范围也扩展到了这类社会保障权利，这样宪法财产权保护范围在行政法权利的影响下进行了扩张。④ 同样的情形在我国也会出现，我国宪法已经把保护公民的财产权纳入宪法的保护范围，而随着我国社会保障制度的发展，社会保障给付请求权进入宪法财产权的范畴也是必然的趋势。

四、行政诉讼对基本权利的保护及其限度

由于同属公法权利，行政法权利与基本权利有着天然的密切关联性。

---

① 参见朱佳丹：《行政相对人的行政法权利和宪法权利》，载《广西大学梧州分校学报》，2005（3）。另参见魏建新：《国外宪法权利的司法实施研究——兼论行政诉讼在宪法实施中的作用》，载《河北法学》，2009（9）。

② 比如，德国对侵害基本权利的审查遵循"保护范围—对保护范围的侵入—侵入的合宪性"三要素审查模式，这种审查模式是一种典型的以维护基本权利的防御功能为主的审查模式，至今仍是德国通用的基本权利审查模式。*Pieroth/Schlink*，Grundrechte Staatrechte II，C. F. Müller 2005，21Auf.，SS. 51ff.

③ 参见章志远：《行政诉讼类型构造研究》，北京，法律出版社，2007，第28页。

④ *Schmidt-Bleibtreu/Klein*，Kommentar zum Grundgesetz，Luchterhand 1999，9. Auf.，SS. 369ff.

基本权利的保护首先是通过立法机关的立法把之转化为具体化的权利来实现的，行政法权利是实现基本权利最重要的具体权利形态。而且，在特定条件下，基本权利可在行政法中进行直接适用。所以，行政相对人（包括直接的行政相对人和第三人）在行政诉讼中可以主张的公法权利应当包括具体的行政法权利和基本权利两种类型，在基本权利已经具体化为行政法权利的情况下，行政相对人可以通过行政法权利的主张来实现其基本权利，行政法权利条款的适用要遵循与基本权利目标一致性的合宪性解释规则。在无具体化的行政法权利时，行政相对人可以在行政诉讼中直接主张基本权利。行政诉讼因此在基本权利的保护中承担着重要的角色。在西方国家，大量的侵犯基本权利的案件首先是在行政诉讼中得到救济的，在普通诉讼的救济渠道穷尽以后基本权利仍未得到保护的，方可诉诸宪法诉讼，这是宪法诉讼中穷尽法律救济原则的一种具体体现。①

　　行政诉讼在基本权利的保护中承担着"打头阵"的角色，而且，宪法基本权利约束行政权力在理论和我国宪法文本上都没有障碍，所以当下学术界广为讨论的宪法基本权利的司法适用问题，行政诉讼是不应当被遗忘的角落。② 实际上，多个案例已经给法院提出了在行政诉讼中如何保护基本权利的问题，如青岛考生诉教育部案、中国"乙肝歧视第一案"等。遗憾的是，法院并未通过对行政法权利相关条款（包括行政诉讼法中的条款）的合宪性解释和基本权利直接适用技术来充分地挖掘行政诉讼对基本权利的保护功能。通过行政诉讼法的修订把行政诉讼的受案范围扩大到包括全部基本权利在内的公法权利的受侵害案件自然是不错的解决方案，但是，在修法之前，通过对现行的法律法规进行合宪性解释和基本权利在行政诉讼中直接适用的技术处理，仍然是可以解决此问题的。

　　行政诉讼具有重要的基本权利保护功能，但是其对基本权利的保护仍有其局限性。特别是在我国目前行政诉讼的受案范围未扩展到抽象行政行为的前提下，许多通过行政规章来限制基本权利的情形在行政诉讼中不能得到有效救济。即使是在未来行政诉讼的受案范围已经扩展到抽象行政行

---

　　① 所谓穷尽法律救济原则，是指只有在法律赋予的其他救济渠道穷尽仍不能使自己的基本权得到救济时，方可提起宪法诉讼来救济基本权利，也就是说，穷尽其他救济渠道是提起宪法诉讼的前提，这一原则实际上赋予了宪法诉讼对基本权利保护的补充性和国内法最终性的意义。关于穷尽法律救济原则的具体阐述请参见郑磊：《宪法救济的穷尽法律救济原则》，载《现代法学》，2009（1）。

　　② 参见杨海坤，朱中一：《从行政诉讼走向宪法诉讼——中国实现宪政的必由之路》，载《法制与社会发展》，2002（1）。

为的情形下，行政诉讼保护基本权利也还有其局限性。正如上文所述，如果具体的法律法规对基本权利的相关事项有规定，而这些规定与基本权利保护的要求不符合时，此时不管是合宪性解释还是基本权利的直接适用技术都没有操作的空间，这种情形只能通过宪法诉讼中的规范审查去解决对基本权利的侵害问题。另外，如果法院在合宪性解释时或直接适用基本权利时侵犯了基本权利，在上诉仍不能得到救济的情形下，也只能诉诸宪法诉讼去解决。在这两种情况下，都是穷尽了法律救济，只能通过宪法诉讼去最终解决。完善我国未来的基本权利的救济制度，首当其冲的任务是扩大行政诉讼的受案范围，除例外情形，所有基本权利受具体行政行为侵害或限制的情形都应当纳入受案范围，并把抽象行政行为也纳入行政诉讼的受案范围内。在此基础上，再在人大建立宪法委员会，其承担对法律和行政法规的司法审查任务和受理公民穷尽其他法律救济渠道（包括行政诉讼）后其基本权利仍未得到保护的诉愿，这样，我国的基本权利法律保护体系即可形成。

第二节　基础性权利与功能性权利

在私法中，根据权利的作用和功能将权利分为支配权、请求权、形成权与抗辩权，而根据基础法律关系的类型权利被分为物权、债权、人身权、身份权、继承权等。这两种权利的分类方法，即根据基础法律关系的内容特征和根据权利的功能所进行的不同的类型划分，是民法权利最重要的两种权利类型划分。这种类型划分方法对公法权利的划分很有启示意义。

德国学者耶里内克很早就借鉴了民法中的类型化的方法来对公法权利进行类型化，他也注意到了基础性权利和功能性权利两种不同层次的权利体系。他认为，作为实现某种利益的意志能力（Wollenkönnen），私法权利往往具体地体现为私法的请求权，公法权利也与此类似。私法的请求权来源于特定的法律状态或法律地位，以此类推，公法请求权也产生于特定的法律状态（Rechtliche Zustände）。[①] 法律地位或状态既是公法请求权的

---

① *Georg Jellinek*，System der subjektiven öffentlichen Recht，Neudruck der 2. Auflage Tübingen 1919，Scientia Verlag Aalen 1964，S. 86.

基础，也是请求权本身所要服务和保障的目的所在。在私法中，要求某人交付某物的请求权可能来源于债权的法律地位，也可能来源于物权的法律地位，他认为这种原理可运用到公法中。① 耶里内克把公法中作为请求权基础的状态称为法律关系，认为这种法律关系体现了公民与国家关系中不同的法律地位（Status）。② 公法请求权作为一种意志能力是一种表征，支持公法请求权的是公民与国家的不同的地位关系，即公民在与国家关系中的不同法律地位，相同的请求权的内容可服务于不同的目的，因此要深入到请求权的目的结构中，分析请求权所服务和保障的法律状态和地位。③ 耶里内克实际上把公法请求权和基础性公法权利进行了区分。

在我国学术界，对公法权利类型划分的讨论多是从法律关系的内容和类型出发的，只有为数不多的学者在讨论基本权利类型划分时采用了从功能角度出发的理路。本节将先从基础法律关系的角度对公法权利的类型化进行探讨，再从功能角度探讨公法权利的类型。

一、从基础法律关系角度出发的公法权利类型化

公法基础性权利的划分众说纷纭，有十分法、八分法、五分法、四分法等多种分类学说和方法，由于这些分类方法并没有提供一种有效的权利规范分析框架的功能，因而其影响力有限。④ 以伯林的两种自由的划分为理论基础的消极权利和积极权利的二分法是较有影响的公法权利分类之一，消极权利是指要求国家不作为的权利，对应着国家的消极义务，例如自由权；而积极权利则要求国家作出相应的行为，对应着国家的积极义务，例如社会权和参政权。而在耶里内克所提出的公民在与国家关系中的地位理论的基础上的公法权利的三分法，是另一较有影响的公法权利划分方法。这种分类方法把公法权利分为自由权（对应公民的消极地位）、受益权（对应着公民的主动地位）和参与权（对应着公民的参与地位）。迄今为止，二分法和三分法是公法权利类型划分中最有影响的两种，以下作进一步的介绍。

---

①②③　参见〔德〕瓦尔特·保里、马丁·斯德宾格尔：《国家和个人——格奥尔格·耶里内克的国家学说》，载安特里亚斯·安特主编：《事实的规范力量——格奥尔格·耶里内克的国家观》[Walter Pauly und Martin Stebinger, Staat und Individuum. Georg Jellineks Statuslehre, in: Andreas Anter (Hrsg.), Die normative Kraft des Faktischen: Das Staatsverständnis Georg Jellineks, Nomos Verlag 2004, SS. 146-147]。
④　参见张翔：《基本权利的规范建构》，北京，高等教育出版社，2009，第38页。

（一）积极权利和消极权利的二分法

许多文献把积极权利和消极权利的划分溯源于伯林的论文《自由的两种概念》，在这篇论文中，伯林把自由分为积极自由和消极自由。不过，仔细考察发现，积极权利和消极权利的划分方法与伯林两种自由划分的思想并没有直接的关系。消极自由，伯林界定为"免于……的自由"（freedom form……），其核心是免于强制，是"在虽变动不居但永远清晰可辨的那个疆界内不受干涉"。"正常的说法是，在没有其他人或群体干涉我的活动而言，我是自由的……如果别人阻止我做我本来能够做的事，那么我就是不自由的。"① 积极自由，简单地说是"做……的自由"（freedom to……），即某一主体能够有权去做他想做的事，或成为他想成为的角色，即一个人是操纵自己行为及意志的源泉，"自我引导及自我主宰，做自己的主人是积极自由的最根本的意义"②。积极自由主要包括三个方面的内涵：（1）自由不仅仅是缺乏处在干预的状态，而同时也意味着以某种方式行为的权力或能力。（2）积极自由是一种理性的自我导向。（3）积极自由还意味着集体自治，每个人都通过民主参与的方式控制自己命运。③

从伯林两种自由的概念可以看出，伯林的两种自由的划分是从政治哲学的理路出发，与从法律规范特征出发的积极权利和消极权利的划分并无直接联系。消极权利和积极权利的划分是从公法权利的基础法律关系中国家义务的类型出发来进行的，在消极权利的法律关系中，国家的义务表现为不作为，即不通过国家权力去侵犯或干涉公民的自由空间；在积极权利的基础法律关系中，国家的义务则表现为积极的作为。由于消极权利的特征与传统自由权的特征基本相同，而积极权利和新兴的社会权的特征相符，所以消极权利和积极权利的二分法又被表述为自由权—社会权的二分法。

然而，根据国家的义务是积极作为义务还是消极不作为义务把公法权利分为积极权利（社会权）和消极权利（自由权）的分类存在着逻辑不清晰的问题。张翔分析指出，国家对自由权同样承担着积极义务，而国家对社会权承担的不仅是积极义务，也承担着不予侵犯或剥夺的消极义务，所谓积极权利和消极权利在实际上是不存在的，因为任何公法权利的内容的

---

① 〔英〕伯林：《自由论》，胡传胜译，南京，译林出版社，2003，第189～244页。

② 石元康：《当代西方自由主义理论》，上海，上海三联书店，2000，第12～69页。

③ 参见应奇：《从自由主义到后自由主义》，北京，生活・读书・新知三联书店，2003，第107页。

实现要求国家的积极作为和消极的不作为两个方面。自由权的实现离不开国家的积极义务：当自由权受到威胁和限制时，需要国家的积极作为来消除自由的障碍和限制；而要保护公民的社会权利的实现，国家除了要通过积极的给付进行保障外，也不能通过不当的限制和剥夺来使公民的社会权无法实现。例如，公民劳动权和教育权的实现，一方面要求国家通过积极的给付为公民权利的实现创造条件，另一方面，国家不能设置不当的障碍来限制公民的择业自由和教育机会选择。[1]

（二）耶里内克的三分法

耶里内克公法权利三分法是建立在其地位理论基础上的。耶里内克把个体与国家的地位关系界定为四种，即被动地位、消极地位、积极地位、参与地位，其中，被动地位导致个体对国家的服从义务，不能够支持个体的公法权利。而消极地位、积极地位、参与地位则支持公民个体的公法权利。具有消极地位的公法权利是自由权，具有积极地位的公法权利为请求权，而具有参与地位的公法权利为参与权。

1. 被动地位（Der passive Status）

被动地位简言之即服从的地位，即个人在其个人的义务范围内服从于国家的义务要求和禁令。[2] 个人服从国家规定的义务包括履行特定行为的义务（如缴纳税收的义务）和不从事国家禁止行为的义务，与个体的服从义务相对应的是国家的职权。耶里内克赋予这种服从的地位两种含义：其一，处于被动地位的个体服从国家针对其所设定的任何一种义务要求或禁止令。其二，处于整体的民众或阶层中的个体服从于国家对整体的民众或阶层所设定的义务要求或禁止令。[3] 在服从关系中，国家可借助具体的规范形态的帮助来设定各种具体的义务，被动的地位关系是对各种具体的规范形态的抽象和总括。[4]

2. 消极地位（Der negative Status）

按照耶里内克的界定，消极地位关系所指向的是个体的自由空间，即国家赋予国家成员的自己主宰的、没有国家介入和国家强制的空间，在这

---

① 参见张翔：《基本权利的规范建构》，北京，高等教育出版社，2009，第 38 页以下。

②③ *Robert Alexy*，Grundrecht und Status，in：*Stanley L. Paulson und Martin Schulte（Hrsg）*，Georg Jellinek：Beitrag zu Leben und Werk，Mohr Siebeck2000，S. 210.

④ *Robert Alexy*，Grundrecht und Status，in：*Stanley L. Paulson und Martin Schulte（Hrsg）*，Georg Jellinek：Beitrag zu Leben und Werk，Mohr Siebeck2000，S. 211.

个个体的自由的空间中，个体通过其自由的行为来实现其个体的目的。①
耶里内克采纳了当时欧洲流行的自然权利和社会契约的理论作为消极地位
的理论依据，即国家产生于公民个体对自己部分权利的让渡，个体牺牲部
分自由成立国家的目的在于确保个体的安全和确保个体能够享受到未让渡
给国家的剩余的自然自由。因此，国家不能侵犯个体所保有的自由空间，
国家对个体自由和空间的侵入必须正当化和合法化②，个体不应当服从国
家违法的义务要求并基于国家认可的自由，有权请求国家不干涉其自由空
间，撤销越逾规范的强制命令。

　　从公民个体与国家的消极地位关系出发，耶里内克提出了宪法列举基
本权利对整个国家机构的约束意义。他认为，对基本权利进行列举的意义
是双重的，所列举的基本权利不仅对国家的行政（包括法院和警察的强
制），而且对立法者本身提出了要求，即国家的机构应促进所列举的基本
权利的实现，并且不能侵犯基本权利。在耶里内克的思想体系里，立法者
被赋予了重要的权力，立法者有权去决定如何把基本权利和宪法的基本原
则具体化，虽然立法也要遵从基本权利的指示，要避免立法者的恣意，但
立法者具有相当的自由裁量权，并不受到司法的约束。③ 虽然基本权利的
列举对公民个体消极地位的保护具有重要的意义，但消极地位所保护的自
由并不仅仅限于宪法基本权利所列举的自由，未被列举的基本权利所涵盖
的自由，仍然属于公民的自由空间，也不能被国家所侵犯。④

　　耶里内克认为，服从于国家和不受国家干涉是相反的两种可能性，因
此被动的地位和消极的地位构成一对矛盾关系。不设定作为义务和禁令，
即属于自由，自由空间和服从义务的空间是一个此消彼长的关系。⑤ 由于
他把公法权利看作是个体所拥有的特殊的法律能力，每个公民个体的消极
法律地位（或状态）所指向的自由空间并不完全一致，某些公民个体可以

---

　　① *Georg Jellinek*，System der subjektiven öffentlichen Recht，Neudruck der 2. Auflage
Tübingen 1919，Scientia Verlag Aalen 1964，S. 87.

　　② *Georg Jellinek*，System der subjektiven öffentlichen Recht，Neudruck der 2. Auflage
Tübingen 1919，Scientia Verlag Aalen 1964，SS. 94 – 95.

　　③ *Georg Jellinek*，System der subjektiven öffentlichen Recht，Neudruck der 2. Auflage
Tübingen 1919，Scientia Verlag Aalen 1964，SS. 96 – 98.

　　④ *Georg Jellinek*，System der subjektiven öffentlichen Recht，Neudruck der 2. Auflage
Tübingen 1919，Scientia Verlag Aalen 1964，S. 102.

　　⑤ *Robert Alexy*，Grundrecht und Status，in：*Stanley L. Paulson und Martin Schulte*
（*Hrsg*），Georg Jellinek：Beitrag zu Leben und Werk，Mohr Siebeck2000，S. 212.

获得更大的自由空间（如通过国家的特许），而某些公民个体的自由空间可以根据法律规定被缩小（如通过刑罚）。①

　　3. 积极地位（Der positive Status）

　　国家行为是促进公共利益的行为，公共利益不是必须和个体利益相关联，但是可能和个体利益相关联。当公共利益和个体利益相一致并被国家确认时，国家就赋予了公民个体对其特定行为的请求权并提供法律手段给个体使用，从而实现这种请求权。公民的主动法律地位，指的是个体作为国家的公民，作为国民或市民所拥有的请求国家为特定行为和请求国家对其权利提供法律保护的权利。② 个体作为有独立法律人格的主体与具有法律人格的国家的法律关系是双向的，个体在被动地位关系中服从于国家，承担服从义务。在积极地位关系中，国家则向个体承担义务，而个体则享有向国家的请求权，因此主动地位（状态）和被动地位（状态）是对应的关系。③ 在判断个体是否享有以主动地位为根据的请求权时，区分客观法的反射利益和请求权之间的不同具有重要意义。国家的行为在整体上是为了公共利益而进行的，如果个体因为这种为了公共利益而进行的行为在事实上受益，这种受益仅属于反射利益，不是法律规范所赋予的个体可受法律保护的请求权。只有个体具有向国家主张的，能够用法律手段来保证实施的个体利益时，方具有向国家主张的请求权。④ 在此，国家的确认（Anerkennung）有着决定性的意义，国家的确认是国家的意思表示，这种意思表示可以法律规范的形式进行，也可以其他方式进行。⑤

　　居于主动法律地位的个体被赋予两种请求权：其一为对国家行为的请求权，其二为请求国家的法律保护来实现自己权利的权利，后者又称为法律保护的请求权。⑥ 个体所拥有的法律保护的请求权是法律所赋予的一种能力，构成个体人格的组成部分。虽然法律保护请求权所保护的权利不限

---

① *Georg Jellinek*，System der subjektiven öffentlichen Recht，Neudruck der 2. Auflage Tübingen 1919，Scientia Verlag Aalen 1964，SS. 107ff.

②③ *Georg Jellinek*，System der subjektiven öffentlichen Recht，Neudruck der 2. Auflage Tübingen 1919，Scientia Verlag Aalen 1964，S. 116.

④ *Georg Jellinek*，System der subjektiven öffentlichen Recht，Neudruck der 2. Auflage Tübingen 1919，Scientia Verlag Aalen 1964，S. 119.

⑤ *Georg Jellinek*，System der subjektiven öffentlichen Recht，Neudruck der 2. Auflage Tübingen 1919，Scientia Verlag Aalen 1964，S. 122.

⑥ *Georg Jellinek*，System der subjektiven öffentlichen Recht，Neudruck der 2. Auflage Tübingen 1919，Scientia Verlag Aalen 1964，S. 218.

于公法权利，私法权利也要通过法律保护请求权来确保实现，但法律保护请求权本身是一种纯粹的公法权利，其来源不是私法的法律人格，而是公法的法律人格，即个体在与国家地位关系中的主动地位。① 而法律保护请求权的目的，也不仅仅在于保证私法权利的实现，而是保护具有法律意义的个体的公法地位或状态。

4. 参与地位（Der aktive Status）②

参与地位（状态）是指个体作为国家的一个成员参与国家意志的形成的地位（状态），选举权被认为是个体居于此种地位的典型权利。③ 耶里内克采纳了卢梭的公意理论来对参与地位进行阐述。国家的意志作为一种公意，其本质是个体意志的整合，因此国家需赋予公民参与国家意志形成的能力，这种参与地位的赋予也不是自然的自由，而是国家法律所创造的能力，是个体人格的组成部分。具体而言，国家法律应当规定，哪些人在何种具体的条件下能参与国家意志的形成。但在耶里内克的理论体系中，不同的个体对国家意志形成的参与程度是不相同的，君主、总统等具有特殊地位的个体和普通公民个体虽然都具有参与地位，但参与地位的具体内容是不同的，居于参与地位而享有的公法权利也是不同的。④ 耶里内克还列举了居于参与地位的具体的权利形态，包括国王的权利、君主的权利、政府首脑和法官的权利、选举权、被选举者的权利、非选举的国会成员的权利、直接民主中的投票权和选举权、来自政府公务员的权利等。⑤

（三）耶里内克三分说的发展和现代公法权利形态四分法

凯尔森（Hans Kelsen，1881—1973）在其《国家学概论》中修正耶里内克的理论，将社会权增入体系之中，公法权利体系由三大类变为四大类。日本著名学者宫泽俊义将公民对国家的四种地位发展为五种地位：根据法律而须履行义务的关系；对于国家法律无关系的关系，即人的自在状

---

① *Georg Jellinek*，System der subjektiven öffentlichen Recht，Neudruck der 2. Auflage Tübingen 1919，Scientia Verlag Aalen 1964，S. 122 - 124.

② Der aktive Status 直译的意思是积极地位，但在中文中，积极和主动的含义的区分界限并不清晰，为了避免和主动地位的混淆，本文根据耶里内克文书中 Der aktive Status 的意义译为参与地位。

③ *Georg Jellinek*，System der subjektiven öffentlichen Recht，Neudruck der 2. Auflage Tübingen 1919，Scientia Verlag Aalen 1964，S. 136.

④⑤ *Georg Jellinek*，System der subjektiven öffentlichen Recht，Neudruck der 2. Auflage Tübingen 1919，Scientia Verlag Aalen 1964，SS. 147ff.

态；相对于国家法律的消极的受益关系，由此可从法律上获得大量的自由；相对于国家法律的积极的受益关系，由此可从法律上获得社会权和生存权，公民的积极请求即可成为国家必须履行的义务；相对于国家法律而对国家的参与关系，这便是参政权或政治权。① 宫泽的理论实际上融合了耶里内克和凯尔森的观点，他实际上把耶里内克的受益关系细分为积极的受益关系和消极的受益关系。日本现代著名宪法学家芦部信喜则直接继承了耶里内克的三分法，并根据现实的法律关系的特征进行了修正，将公法权利划分为自由权、受益权（社会权）和参政权，使公法权利的划分与现实的法律规范的权利类型更为一致。②

尽管受到众多质疑，但直至今日，笔者认为耶里内克的三分法仍然是最具有解释力的公法权利分类方法。在耶里内克成书的年代，行政法中的受益权（社会权）和参政权体系还没有得到充分发展，而在今天，随着给付行政和社会行政的发展和公众直接参与行政的兴起，自由权、受益权（社会权）和参政权已经成为并驾齐驱的三种重要公法权利形态。但三分法忽略了当代公法中重要的公法权利类型：平等权。平等权与自由权被视为传统公法权利的两大分支。③ 在美国 1776 年《独立宣言》、法国 1789 年《人权宣言》、1945 年《世界人权宣言》等重要人权文件中，平等权都作为一项独立的权利被宣告。我国台湾地区学者林纪东先生指出，平等与自由均为近代民主的灵魂，而平等又是自由的基础；从保护各项人权实现的角度出发，应更加重视对平等权的保护。如一国废弃平等原则，应视为该国家的退化或独裁。④ 从法律规范的角度审视，平等权是与自由权、受益权和参政权不同的一种权利形态，平等权指的是行政相对人是否受到了公平的对待，其核心要义是平等的平等对待，不平等的不平等对待，在审查平等权是否受到侵害时，关键在于审查特定行政相对人的情形是否与他人情形相同或类似，如果情形相同或类似而与他人相比受到不同的对待，或者虽然情形不同但受到相同对待以及不合理的不平等对待，则平等权受到侵害。从以上分析可见，平等权实际上涉及特定行政相对人和他人的一

① 参见徐显明：《人权的体系与分类》，载《中国社会科学》，2000（6）。
② 参见〔日〕芦部信喜：《宪法》，林来梵、凌维慈、龙绚丽译，北京，北京大学出版社，2006，第 72 页。
③ 参见 A. J. M. 米尔思：《人的权利和人的权利的多样性》，北京，中国大百科全书出版社，1999，第 194～195 页。
④ 参见林纪东：《比较宪法》，台北，五南图书出版公司，1989，第 171～173 页。

种对比关系，这与自由权、受益权和参政权不涉及行政相对人与他人之间的对比关系的情形是不同的。而平等权又可以和自由权、受益权和参政权结合衍生出平等自由权、平等受益权和平等参政权的权利形态。

综上所述，从基础法律关系的角度出发，行政相对人的公法权利包括自由权、受益权、参政权和平等权。

二、功能性权利分类

在私法中，私法权利根据其作用和功能，可以分为支配权、请求权、形成权和抗辩权。这种根据权利的权能和作用所进行的分类也可应用到公法中。

（一）支配防御权

支配权又称为自主权或者"绝对"权利，是指权利人针对特定客体（物品、人身、精神产品、权利）等在客观法律规定的范围之内享有自主控制并排除他人干涉的权利。支配权主要包括两个方面，其一为支配，其二为防御，两种权能共同体现权利主体的支配权能。在公法中，自由权是典型的支配权，其目的在于保障个体广泛的自由空间[1]；但支配权不仅仅限于自由权，例如财产权也是一种支配权。由于支配权主要是从权利的功能角度出发来界定，所以支配权与反映基础性法律关系特征的自由权并不完全重合。虽然自由权最重要的权能体现为支配，但在自由权受到行政机关的不当行为的限制和干涉时，则权利被赋予了违法行为撤销请求权。从另一个角度观察，不仅自由权具有支配权的内容，参与权和社会权的权利主体对其社会权和参政权也享有支配和排除他人干涉的权能。

（二）请求权

请求权是权利主体要求特定义务人进行某种作为或不作为的权利，在授益行政中，公民可以根据法律或行政合同的规定向特定行政机关请求相应的给付，如根据法律规定请求给付社会保障金的权利。另外，如果支配权和形成权受到侵犯或不合法限制，也是通过赋予权利人排除违法侵害的请求权来进行保障的。正如耶里内克指出的，请求权可服务于不同的基础性法律状态或法律地位，所以根据基础性公法权利的不同，可以把请求权

---

[1]　参见〔德〕艾博尔特·斯密特·阿斯曼（*Eberhard Schmidt-Assmann*）等：《德国行政法读本》，于安等译，北京，高等教育出版社，2006，第 301～302 页。*Martin Nettesheim*，Subjektive Rechte im Unionrecht，Archiv des öffentlichen Rechts，Band 132（2007），S. 348.

分为居于自由权的请求权、居于社会权的请求权、居于参政权的请求权和居于平等权的请求权。当然，与请求权关系最为密切的基础性公法权利是受益权（社会权），请求权是受益权权利最核心的内容。但请求权与受益权并不能画等号。请求权一方面作为受益权最重要的权利内容，另一方面也服务于其他基础性公法权利。关于公法请求权的问题，在下一节中将进行进一步的专门阐述。

（三）形成权

形成权是权利主体通过自己的单方行动来影响或改变法律后果的权利，如公法中最典型的形成权是选举权，又如在行政合同中私人一方的解除权。[①]

（四）抵抗权

公民对行政主体非法作出的侵害其合法权益的某些行政行为，享有直接抵制的权利。抵抗权具有以下特征：（1）公民抵抗权的对象既可以指违法的具体行政行为，也可能涉及违法的抽象行政行为。前者如我国《行政处罚法》第 49 条规定的行政主体违法罚款行为；后者如乡政府越权发布要求农民交纳集资款的规范性文件。[②]（2）公民只能对明显违法的行政行为行使拒绝权，即拒绝权的行使只能以针对明显违法行为为前提。在理论上，行使抵抗权的对象仅限于无效行政行为，即抵抗权是以无效行政行为理论为依据的。行政行为在法理上具有公定力，公定力理论要求行政相对人在行政行为被撤销之前尊重行政行为的效力，即只能通过合法的渠道申请撤销，而不能拒绝履行行政行为所要求的义务。对无效行政行为的抵抗权的赋予是行政行为公定力理论的一种突破和例外，仅限于法律规定了严格条件的无效行政行为，而非一般违法行政行为，一般违法的行政行为只能申请撤销。[③]（3）从行为方式而言，拒绝权通常以不作为的形式体现。即相对人只要依法对行政主体采取消极、不履行行政机关所要求的

---

① 参见〔德〕艾博尔特·斯密特·阿斯曼（Eberhard Schmidt-Assmann）等：《德国行政法读本》，于安等译，北京，高等教育出版社，2006，第 301～302 页。Martin Nettesheim, Subjektive Rechte im Unionrecht, Archiv des öffentlichen Rechts, Band 132（2007），S. 348.

② 参见戚建刚、关保英：《公民的拒绝权若干问题探析》，载《法商研究》，2000（4）；朱孔武：《论"抵抗权"的三个维度》，载《环球法律评论》，2007（1）；唐艳秋、于文豪：《论行政相对人抵抗权的程序性与制度化》，载《山东社会科学》，2010（7）。

③ 参见郭庆菊：《相对人抵抗权的立法完善》，载《学术交流》，2009（11）。

义务。①

第三节　行政法上请求权理论构造

一、实体法上独立的请求权概念

请求权概念，最初来源于私法，后来应用到公法领域。根据梅迪库斯的观点，"实体法上的请求权概念是由温德沙伊德从罗马法和普通法中诉的概念中发展出来的"②。罗马法中的诉是一个包括实体权利和程序权利的综合概念，而温德沙伊德提出了纯粹实体法上的概念：请求权是指"法律上有权提出的请求（das Ansprechen als rechtliche Zuständigkeit），也即请求的权利，某人向他人要求一些东西的权利"③。实体法上独立的请求权概念提出后，早期罗马法中的诉权被分裂为三种权利：一为实体权利中的基础权利，一为实体权利中的请求权，一为纯粹诉讼法意义上的诉权（诉讼上的请求权），即提起诉讼的权利。④ 把实体法上的请求权从实体法中的基础性权利和请求司法机关司法救济的程序性诉权中独立出来对德国法教义学的发展有着举足轻重的意义。在私法中，根据权利的作用和功能将权利分为支配权、请求权、形成权与抗辩权，而根据基础法律关系的类型权利被分为物权、债权、人身权、身份权、继承权等。请求权作为要求他人为特定行为（作为、不作为）的权利，在权利体系中居于枢纽的地位，因为基础权利要实现其功能，或回复不受侵害的圆满状态，都需要借助于请求权的行使。⑤ 在私法中，请求权依其发生基础权利的不同，可分为债权上请求权、物上请求权、人格权上请求权、知识产权上请求权及身份权上请求权等。在理论上，基础性权利和请求权是不同层次和意义上的

---

① 参见戚建刚、关保英：《公民的拒绝权若干问题探析》，载《法商研究》，2000（4）；谭宗泽：《反思与超越：中国语境下行政抵抗权研究》，载《行政法学研究》，2010（2）。

② 〔德〕迪特尔·梅迪库斯：《德国民法总论》，邵建东译，北京，法律出版社，2000，第67页。

③ Bemhard Windscheid, Lehrbuch des Pandektenrechts, Erster Band, Literarische Anstalt, Frankfurt a M., 1990, 8. Auf., S. 155. 转引自金可可：《论温德沙伊德的请求权概念》，载《比较法研究》，2005（3）。

④ 参见段厚省：《民法请求权论》，北京，人民法院出版社，2006，第13页。

⑤ 参见王泽鉴：《民法总则》，北京，中国政法大学出版社，2001，第92页。

权利类型，他们之间的界限是清楚的，唯有请求权和债权的关系却容易引人误解。债是一种特定主体间的民事法律关系，债权人只能通过请求债务人履行债务，交付标的物或者提供劳务，才能最终实现自己的利益，所以债权被认为集中、突出地体现了请求权的特点：其一，权利人和义务人都是特定的；其二，权利人的权利的实现必须要义务人的协助。民法学界普遍认为，虽然请求权是债权最重要的权利内容，但债权的内容不限于请求权，债权除请求权以外还包括选择、解除、终止等权能，契约之债和基于契约之债的请求权的内容并不完全相同。① 但不可否认的是，请求权是债权最核心的内容。

综上所述，民法上的请求权居于基础性权利，为实现基础性权利的功能的一种实体权利。请求权根据其功能可以分成两种类型，一种请求权的主要功能在于回复基础权利不受侵害的圆满状态，此种请求权在基础性权利受到侵害时或有受侵害之虞时成立，物上请求权、知识产权上请求权、人身权上请求权属于此种类型请求权的典型；另一种请求权则是作为基础性权利最核心内容和权能的权利，居于债权的请求权即属于此种类型。在第一种类型的请求权中，基础性权利和居于基础性权利的请求权的界限是清晰的，而在第二种类型的请求权中，因为请求权本身即是基础性权利的核心内容，所以其与基础性权利的界限并不总是清晰的，在不严格的意义上，请求权和债权甚至可以相互替代。在某些情形下（主要是非契约之债），作为基础权利的债权和请求权在权利主体、内容和客体等方面是完全一致的。本书把第一种类型的请求权称为回复基础权利不受侵害状态的请求权，而把第二种类型的请求权称为作为基础权利核心内容的请求权。

二、公法请求权的概念和类型

从民法权利划分的理路我们可得到启示，请求权虽源自于基础性权利，但具有相对的独立性，因为请求权具备特定的权利主体、义务主体和权利内容这三项实体法权利的基本要素。请求权概念的提出实际上是对权利进行细分化的一个重要的分析路径和方法。虽然公法与私法是两种不同类型的法律部门，公法权利和私法权利也属于不同性质的权利体系，私法

---

① 参见段厚省：《民法请求权论》，北京，人民法院出版社，2006，第28页。

中的概念无法直接移植到公法中，但民法中把权利细分为基础权利和基于此种基础权利的请求权的分析路径和方法仍然可以为公法所用。因为，特定主体请求特定义务主体为或者不为一定行为的权利形态，不仅存在于私法中，也存在于公法中，这种权利形态不仅是私法权利实现其功能的关键所在，也对公法权利功能的实现具有重要的意义。私法理论通过把这种重要的权利形态从基础性权利中抽离出来进行分析推动了私法教义学的发展，这样的思路在公法中也值得尝试。德国学者耶里内克是较系统借鉴民法请求权的理论和体系来阐述公法请求权的学者之一，他的这一公法权利的思想集中体现在其《现代公法权利体系》一书中。他认为，作为实现某种利益的意志能力（Wollenkönnen），私法权利往往具体地体现为私法的请求权，公法权利也具有此特征。私法的请求权来源于特定的法律状态或法律地位，以此类推，公法请求权也产生于特定的法律状态（Rechtliche Zustände）。① 法律地位或状态既是公法请求权的基础，也是请求权本身所要服务和保障的目的所在。在私法中，要求某人交付某物的请求权可能来源于债权的法律地位，也可能来源于物权的法律地位，他认为这种原理可运用到公法中。② 耶里内克把公法中作为请求权基础的状态称为法律关系，认为这种法律关系体现了公民与国家关系中不同的法律地位（Status）：其一为被动地位，其指向个体对国家的服从义务；其二为消极地位，其指向公民的自由权；其三为积极地位，其指向公民从国家的受益权；其四为参与地位，其指向公民的参政权。这四种法律地位中，被动地位导致个体对国家的服从义务，不能够支持个体的公法权利。而消极地位、积极地位、参与地位则支持公民个体的公法权利。③ 公法请求权作为一种意志能力是一种表征，支持公法请求权的是公民与国家的不同的地位关系，即公民在与国家关系中的不同法律地位，相同的请求权的内容可服务于不同的目的，因此要深入请求权的目的结构中，分析请求权所服务和

---

① *Georg Jellinek*, System der subjektiven öffentlichen Recht, Neudruck der 2. Auflage Tübingen 1919, Scientia Verlag Aalen 1964, S. 86.

② *Walter Pauly und Martin Stebinger*, Staat und Individuum. Georg Jellineks Statuslehre, in: *Andreas Anter*（Hrsg.）, Die normative Kraft des Faktischen: Das Staatsverständnis Georg Jellineks, Nomos Verlag 2004, SS. 146 - 147.

③ *Georg Jellinek*, System der subjektiven öffentlichen Recht, Neudruck der 2. Auflage Tübingen 1919, Scientia Verlag Aalen 1964, SS. 146 - 147.

保障的法律状态和地位（即法律关系）。① 如同在民法中人们经常用物权来代表物权法律关系和地位（状态），用债权来代表债权法律关系和地位（状态），为了讨论问题的便利，基础性公法权利也在公法中成为基础性法律关系和地位（状态）的替代。一方面，基础性的公法权利是支持公法请求权的规范基础，另一方面，公法请求权服务于基础性公法权利。耶里内克实际上把公法请求权和基础性公法权利进行了区分。遗憾的是，耶里内克并没有把这种公法请求权和基础性公法权利区分的思想进行系统的阐述并贯彻始终。

公法请求权是基于基础性权利，以请求特定主体为或不为一定行为为内容的权利。在宪法层面，公法请求权的义务主体可能是立法机关、司法机关或行政机关，本书着重从行政法的角度来讨论公法请求权，因而本书中的公法请求权指基于基础性权利，以请求特定行政机关为或不为一定行为为内容的权利。借鉴民法的请求权理论和方法，公法的请求权根据其功能可以分成两种类型：一种请求权的主要功能和目的在于回复或确保基础权利不受侵害或限制的圆满状态，居于自由和财产权的请求权为此种请求权的典型，这种请求权主要服务于自由和财产权，简称干扰防御请求权；另一种请求权为给付请求权，其是受益权的核心内容和权能，这种请求权主要服务于受益权。②

自由和财产权是公认的传统的公法权利类型，其指向的是个体的自由空间，即国家赋予国家成员的自己主宰的、没有国家介入和国家强制的空间，在这个个体的自由空间中，个体通过其自由的意志和行为来实现其个体的目的，实现自身发展。③ 自由和财产权的主要权能是支配和防御，即权利主体对自由空间的支配并防御来自于公权力机关的违法干预。公法中自由和财产权与民法中的物权类似，在通常情况下，不特定的义务主体承担不作为的义务，区别在于民法中的义务主体是物权人以外的其他所有

---

① *Georg Jellinek*，System der subjektiven öffentlichen Recht，Neudruck der 2. Auflage Tübingen 1919，Scientia Verlag Aalen 1964，SS. 146 – 147.

② 王凯先生根据请求权是基础权利的内容还是为了救济基础权利进行分类并建构了行政法请求权的体系。根据他的观点，行政法上的请求权可以分为原权型请求权和救济型请求权。原权型请求权包括给付请求权、行政合同上请求权、公法上无因管理请求权、公法上不当得利请求权、无瑕疵裁量请求权和行政程序参加请求权，救济型请求权包括防御请求权、损害填补请求权和确认请求权。这也是一种具有重要理论和实践意义的请求权的划分方法和体系。参见王凯：《行政法上请求权的体系及功能研究》，载《现代法学》，2012（5）。

③ 参见张翔：《基本权利的规范建构》，北京，高等教育出版社，2008，第48页。

人，而公法中自由和财产权的义务主体为所有公权力机关。在行政法中，在通常情况下，自由和财产权的义务主体为不特定的所有行政机关。当自由和财产权受到特定行政机关的不法侵害或有受特定行政机关侵害之虞时，自由和财产权的权利主体享有公法请求权，这种公法请求权的功能在于回复或确保自由和财产权不受非法侵害或限制的圆满状态，这种请求权可以简称为典型的干扰防御请求权，这种干扰防御请求权主要包括以下类型：首先，当公民的自由和财产权受到行政机关违法限制或干涉时，针对具体行政行为和抽象性规范行为，公民享有撤销行政机关的行为的请求权，针对行政事实行为，公民享有停止作为请求权；在干扰性的行政机关行为撤销或停止后，公民还享有违法后果消除请求权，请求行政机关消除对公民自由和财产不利的违法后果，回复自由和财产未受侵害或干扰的状态。其次，当公民的自由和财产权有受特定行政机关侵害之重大威胁可能时，公民享有预防性干扰防御请求权。比如，当行政机关准备在一个违法的地点批准设立一个化工厂时，周围的邻居为了保护自己的人身健康权可以享有预防性干扰防御请求权，请求行政机关不批准此化工厂的设立。再次，当公民的自由和财产权不能回复原状时，公民享有替代性请求权，即损害赔偿请求权。这种损害赔偿请求权除了针对违法侵害或限制的公法赔偿请求权外，还包括合法的公权力行为对公民自由或财产的限制和损害时公民享有的补偿请求权。

受益权是公民从国家分享和获得利益的权利。按照耶里内克的地位理论，受益权反映的是一种主动地位关系，国家则向个体承担积极作为的义务，而个体则对国家享有请求权，日本著名宪法学家芦部信喜对耶里内克的权利划分进行了修正，在其权利划分中，他用社会权替代了受益权。①实际上，受益权内容的不断丰富和发展，与社会权在当代社会的兴起和发展是同步的，所以这种替代也是符合现实的权利规范形态的。在受益权（社会权）的法律关系中，请求权是其核心内容和权能，受益权除了请求权的内容外，虽然还有受领权、选择权、终止权、排除公权力机关及他人侵害的权能等，但请求公权力机关从事特定行为（给付）的权能无疑是受益权本身最核心的内容和权能，这种请求权可以简称为典型的给付请求

---

① 参见〔日〕芦部信喜：《宪法》，林来梵、凌维慈、龙绚丽译，北京，北京大学出版社，2006，第73页。

权。与自由和财产权在通常情形下的义务主体不特定不同，受益权（社会权）要成为一个公法权利，其义务主体须是特定的。从司法实践考察，世界各国法院通行的做法是不承认宪法或国际公约的社会基本权条款或其他有关社会保障的条款直接赋予公民能够向国家社会保障机构行使的给付请求权，只是把这类条款解释为国家的社会保障义务，因为国际公约和宪法层面的社会基本权在给付主体和给付内容这两个方面都是不特定的①，而如果法院通过解释将宪法层面的社会权条款具体化并进行司法救济，则法院会涉足自己不熟悉的具有高度政治性的分配问题中去，所以世界各国法院通常将此种问题留给国会进行解决。受益权（社会权）的行使要依据行政法层面具体的社会给付立法，在具体的社会给付立法中，权利主体、给付内容和给付主体都得到规定，公民的社会给付请求权方得以成立。伴随着给付行政在当代社会的迅猛发展，居于受益权的公法请求权在当代社会成为重要的公法请求权形态。在某些情形下，居于受益权的社会给付请求权甚至成了受益权（社会权）的替代名词。居于受益权的公法请求权被大量的给付行政立法直接或间接地确认，许多国家的社会给付立法都明确确认了公民请求给付的权利。当给付行政采用公法合同方式时，这种给付请求权可以通过公法合同的方式得到确认。

参与权是不同于自由权和受益权的第三种基础性公法权利形态，参与权所代表的是个体作为国家的一个成员参与国家意志的形成的地位（状态）。在耶里内克的年代，公民对行政管理的普通参与还没有蔚然成风，公民的参与权主要表现为宪法层面的政治权利。而随着近年来参与行政、透明行政和公民社会的发展，参与权已经成为行政法中的重要权利类型。居于参与权的公法请求权，是干扰防御请求权和给付请求权的混合体，具有居于自由财产权的请求权和居于受益权请求权的混合特征。一方面，参与权的权利本身包含有请求行政机关提供参与条件和参与机会的权利，例如公民享有请求特定国家机关公布相应信息的权利，此种情形下的请求权属于给付请求权。另一方面，当行政机关侵犯公民的行政参与权而违法作出行政行为时，公民享有撤销违法行政行为的请求权或补正违法程序的请求权，此种居于参与权的公法请求权的功能在于回复或确保参与权不受侵

---

① 参见〔德〕康拉德·黑塞：《联邦德国宪法纲要》，李辉译，北京，商务印书馆，2008，第236～237页。

害或限制的圆满状态，此种情形下的公法请求权与居于自由和财产权的公法请求权类似。

综上所述，居于自由和财产权的干扰防御请求权和居于受益权的给付请求权是公法请求权的两种典型形态。从请求权的基础法律关系的角度观察，公法请求权主要包括居于自由权的请求权、居于受益权的请求权和居于参与权的请求权。[①] 另外，平等权能与自由权、受益权和参与权结合衍生出平等自由权、平等受益权和平等参与权，基于平等自由权、平等受益权和平等参与权，公民也应享有相应的请求权，这种请求权也是给付请求权和干扰防御请求权的组合。不可忽视的是，现实生活中还存在着特殊形态的公法请求权，这种特殊形态的公法请求权主要包括以下两种情形：其一，给付请求权在例外的情形下也可居于自由和财产权并服务于自由和财产权，例如"附许可保留的禁止"类型行政许可请求权，国家为了公共利益的需要在公民享有一般自由权的事项中设置控制式许可，公民享有行政许可请求权，即只要申请人的情形符合法定条件，行政机关即应当颁发行政许可。其二，撤销请求权在例外的情形下也可居于受益权并服务于受益权，例如当行政机关违法终止一项行政给付时，公民即可通过行使撤销行政机关违法行政决定的请求权来实现自己的受益权。行政法学理论中的公法请求权的体系可以通过以下图予以表征：

三、公法请求权和私法请求权的性质差别

在私法中，请求权是指法律赋予权利主体为满足自己的利益或需求有要求特定主体为一定行为或不为一定行为的权利。这种私法的请求权概念也曾经一度被移植到公法中。德国现代公法权利理论的集大成者，奥托马·比勒尔（Ottmar Bühler）曾经对公法权利下了一个著名的定义："公法

---

① 根据张翔和上官丕亮的研究，自由权不仅指向行政机关的不作为义务，也指向积极的给付义务；而社会权不仅指向行政机关的给付义务，也指向其不侵犯的不作为义务，因为对公法权利，公权力机关具有消极尊重和积极保障的义务。上述分析无疑是具有说服力的，根据这种理论，回复或确保基础权利不受侵害或限制的圆满状态的干扰防御请求权可能是居于受益权并可服务于受益权，而给付请求权可能是居于自由权并服务于自由权。笔者认为，上述观点并不能推翻居于自由权的请求权为干扰防御请求权的典型形态，而居于社会权的请求权是给付请求权的典型形态，因为自由权主要指向行政机关不干涉的义务，而受益权主要指向行政机关积极给付的义务，请参见上官丕亮：《论宪法上的社会权》，载《江苏社会科学》2010（2）；张翔：《基本权利的规范建构》，北京，高等教育出版社，2008，第39页以下。

```
                         ┌──────────┐
                         │  公法请求权  │
                         └────┬─────┘
              ┌───────────────┴────────────────────┐
        ┌──────────┐                          ┌──────────┐
        │ 一般形态的  │                          │ 特殊形态的  │
        │ 公法请求权  │                          │ 公法请求权  │
        └────┬─────┘                          └────┬─────┘
    ┌────┬───┴───┬───────┐              ┌──────┴──────┐
┌──────┐┌──────┐┌──────┐┌──────┐    ┌──────┐  ┌──────┐
│居于自由││居于受益权││居于参与权││居于平等权│    │居于自由││居于受益权│
│和财产权的││的请求权（典││的请求权 ││的请求权 │    │权的给付 ││的干扰防御│
│请求权（典││型形态给付│└──┬───┘└──┬───┘    │请求权  ││请求权  │
│型形态防 ││请求权）│   │        │       └──────┘  └──────┘
│御请求权）│└──────┘ ┌──────┐┌──────┐
└──┬───┘          │干扰防御 ││平等自由 │
   │    ┌──────────┐│请求权  ││保护请求权│
   │    │预防性干扰防御│└──────┘└──────┘
   ├────│请求权（不作为│ ┌──────┐┌──────┐
   │    │请求权）   │ │给付   ││平等给付 │
   │    └──────────┘ │请求权  ││请求权  │
   │    ┌──────────┐ └──────┘└──────┘
   │    │一般干扰防御请求权│        ┌──────┐
   ├────│（含撤销违法行为请│        │平等参与 │
   │    │求权、停止作为  │        │请求权  │
   │    │请求权、违法后果 │        └──────┘
   │    │消除请求权等）  │
   │    └──────────┘
   │    ┌──────────┐
   └────│赔偿（补偿）请求权│
        └──────────┘
```

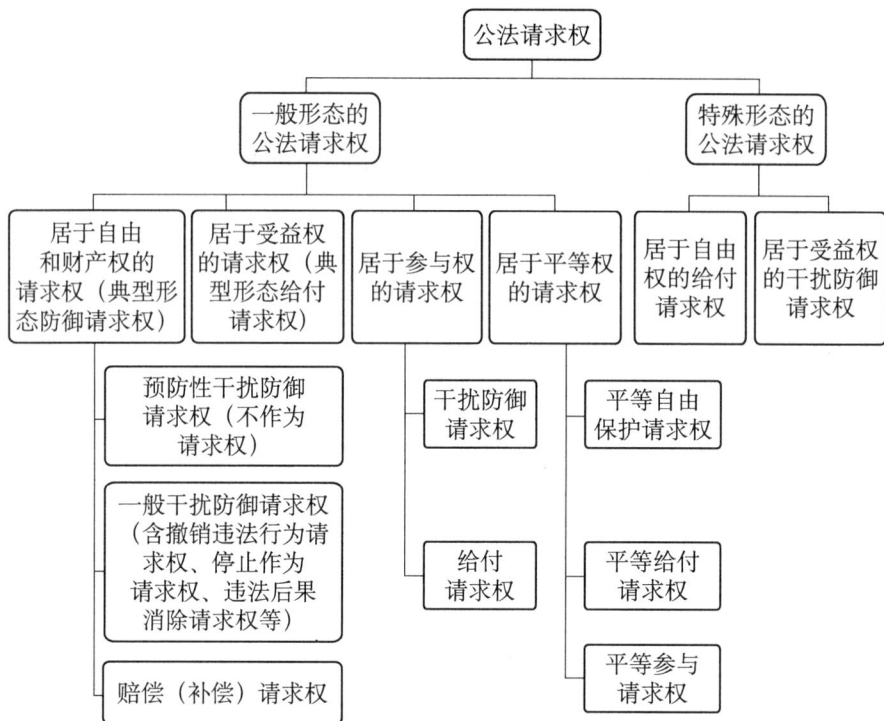

权利指公民基于法律行为或以保障其个人利益为目的而制定之强行性法规，
得援引该法规向国家为某种请求或为某种行为之法律地位。"[1] 这一定义
一度成为德国公法学界的经典定义，而个人利益也被认为是公法权利的核
心要素。公法权利作为私人所享有的，以公权力机关为义务主体的权利，
其核心要义在于对公民个体利益的维护，这种个体利益或表现为个体的自
由空间，或表现为由国家公权力机关对公民个体的给付，或表现为以个体
利益为主导的政治实践和政治参与。

　　然而，这种以自由主义和个人主义为理论基础的公法权利观，近年来
在理论和实践层面都受到了挑战。在理论层面，社群主义对近代以来西方
片面强调个人利益的思想和实践进行了一系列的批评，认为普遍的善始终
优先于个人的权利，公共利益必须优先于个人利益。[2] 而共和主义则强调
通过公民公共精神的培养和制度的构造来消解个体之间、个体利益与公共

---

　　① *Ottmar Bühler*，Die subjektiven öffentlichen Rechte und ihr Schutz in der deutschen Ver-
waltungsrechtsprechung，Berlin［u. a.］：Kohlhammer 1914，S. 224.

　　② 参见曹海军：《论公民身份的二重性》，载《学海》，2008（3）。

利益之间的对立冲突，以达到个体利益和公共利益的和谐共存和良性互动。[1] 理论的纷争异彩纷呈，法律实践却早已超越以个体或私人利益为核心要义的公法权利观，不以私人利益为要义的公法权利形态已经在法律实践中迅速发展。德国法以个体私人利益为核心要义的传统（主观）公法权利理论没有在欧盟法中采纳，欧盟法中公法权利为个体所享有的，针对公权力机关的，法律所赋予的可执行的规范内容。[2] 这种公法权利不以私人个体利益为必然前提，因为赋予个体公法权利这一法律的决策，不仅是为了保护私人利益，而且是为了促进欧盟的一体化，促进联盟的利益，也是通过激发私人的法律保护积极性，以此来推动成员国切实履行欧盟法所规定的客观义务。[3] 伴随着公民社会的积极发展和公众行政参与运动的兴起，包括听证权、信息公开请求权等行政法领域中的参与权在越来越多的国家的行政立法中得到确认，这些行政参与权的赋予和享有，并不以个体或私人利益为前提和目的。而大量民间社会团体行政参与公法权利的赋予，更是超越了公法权利以私人或个体利益为要义的传统公法权利理论。即使在强调个体公法权利的私人利益目的的德国，近年来受欧盟法影响，已经突破了传统的公法权利观。例如，德国《环境信息法》第3条第1款规定了"获得环境信息的请求权"；"每个人都有权根据法律的标准通过获得本法第2条第1款规定的义务主体所掌控的环境信息，不必证明对此信息具有法律的利益"[4]。此类不以个体或私人利益为前提和目的的公法请求权的赋予，为公民的公共精神和公共美德的发展创造积极的制度条件，是促进个体利益和公共利益协调和良性互动，实现善治的重要举措。

　　总而言之，在私法中，个体是以市民的身份出现的，所以个体私法请求权的目的和要义在于维护个体的私人利益。而在公法中，个体是以公民的身份出现的，公民并非不维护个体的私人利益，但一个具有美德的公民不应当仅仅为了私人利益而斗争，他同时应当具有公共精神，积极参与到公共治理和公共利益的维护中。因此，公法请求权虽然是一种个人权利，

---

　　① 参见曹海军：《论公民身份的二重性》，载《学海》，2008（3）。另参见〔英〕T. H. 马歇尔、安东尼·吉登斯：《公民身份与社会阶级》，郭忠华、刘训练译，南京，江苏人民出版社，2008，第156页；周金华：《新公民论：当代中国个体社会政治身份建构引论》，北京，中国社会科学出版社，2010，第179页。

　　②③ *Martin Nettesheim*，Subjektive Rechte im Unionrecht，Archiv des öffentlichen Rechts，Band 132（2007），S. 345.

　　④ *Arno Scherzberg*，Subjektiv-öffentliche Rechte，in *Erichsen/Ehlers*（Hrg.），Allgmeines Verwaltungsrecht，13. Auflage，2005，S. 334.

但公法请求权并不一定为了个人利益，也不等于与公共利益相冲突的私人利益。

四、公法请求权与基础权利、诉权的关系

公法请求权的赋予、行使和保护对基础权利的功能实现具有举足轻重的意义。干扰防御请求权是自由和财产权能够实现其支配功能的关键所在。对公法受益权（社会权）来说，请求权是其最核心的内容和功能，是否赋予公民请求给付的权利，是否对公民请求给付的权利的行使提供便利和是否在必要时对公法请求权提供法律救济就成为公法受益权的功能实现的核心要义。

诉权即向法院请求法律保护的请求权，在广义上，诉权也属于公法请求权的一种类型。但在本书的讨论中，公法请求权与诉权被界定为两种不同类型的权利，诉权作为一种程序法上的权利不在本书的公法请求权涵盖范围之内。公法请求权是一种行政实体法上的权利，公法请求权可以不通过诉讼而直接向行政机关行使，如果行政机关履行其给付义务，公民无须诉诸法院的法律保护；如果行政机关不履行其给付义务，公民在法律授予其诉权的前提下可提起诉讼请求司法机关保护其公法请求权。诉权的赋予对公法请求权的保障具有重要意义，如果仅仅赋予公法请求权而没有赋予诉权，则公法请求权就丧失了最重要的一个救济渠道。但公法请求权并非赋予诉权的必要条件，比如确认之诉与实体法上的公法请求权就没有关联。在司法审查中，原告是否享有诉权是程序审查阶段解决的问题，而是否享有公法请求权以及请求权具体内容是实体审查阶段需解决的问题。

五、公法请求权的规范基础

上一部分从公法请求权所服务的基础性公法权利的角度探讨了公法请求权的类型和功能。这一部分将从支持请求权的规范类型的角度进行考察。公法请求权可以通过以下方式得到确认和支持：

（一）法律法规规定公法请求权

法律法规规定的公法请求权又分为两种类型：其一，法律法规通过直接的赋权性条款规定公民和法人的公法请求权；其二，法律法规没有直接规定公民或法人的公法请求权而只是规定了特定行政机关从事某种行为的义务或职责，但可以依据法律规范的目的从义务或职责条款中推导出公法

请求权。

1. 法律法规直接规定公民或法人的公法请求权

最简单的情况是，法律中已经明确含有对请求权的表述，而且公民也符合请求权的相应条件。① 在西方近代社会，行政的主要形式是干预行政，行政法的主要理念是防止和控制行政权力对公民自由的不当侵害和限制。在那个时期，公法请求权的类型主要限于干扰防御请求权和赔偿请求权。而在当代社会，虽然各国具体的制度设计各有不同，但给付行政成为与干预行政并列的重要行政类型却是不争的事实。国家担负着通过积极的给付来确保公民的生存权等基本人权实现的生存照顾义务。② 而且，这种社会给付义务与传统主权者居于完全主动和居高临下的救济性质的给付已经全然不同，行政机关是否给付并非凭借自己的自由裁量，而是受到法律的约束。最有效的约束是直接赋予公民请求特定给付的权利。

2. 法律法规通过义务或职责条款间接赋予公民或法人的公法请求权

但并非有所有的法律都对请求权的授予进行了明确的表述，许多行政立法并没有通过直接的赋权性条款授予公民公法请求权，而只是规定了行政机关的义务或职责。从行政机关的义务和职责条款中是否必然能够推导出公民的公法请求权是公法中的一个难题，很多时候取决于法官的法律解释。我国的理论认为，只有当行政机关的作为义务是一种法定的、特定的作为义务时，行政机关的行政不作为才违法，法院方可应行政相对人的请求判令行政机关履行职责。③ 这种以行政机关的作为义务的特定化为行政相对人公法请求权成立以否的解释方法在理论上有其不足之处。因为，特定化的义务是一个相对的概念，而通过法律解释把行政机关的一般性的义务在个案中特定化正是法官的义务和专长，以特定化为公法请求权的判断方法在逻辑上是不成立的。德国、日本和我国台湾地区的传统理论认为，行政机关的特定客观义务并不必然与公民或法人公法权利相对应。④ 公法中有着大量的规范，比如国家机关的组织规范中有大量的条款涉及国家权

① 参见〔德〕弗里德赫尔穆·胡芬：《行政诉讼法》，莫光华译，北京，法律出版社，2003，第440页。

② 参见陈新民：《公法学札记》，北京，中国政法大学出版社，2001，第46页下。

③ 参见周佑勇：《行政不作为判解》，武汉，武汉大学出版社，2000，第59页以下。

④ 参见许志雄等编：《月旦法学教室（3）》，台北，元照出版公司，2002，第244页；〔德〕艾博尔特·斯密特·阿斯曼（Eberhard Schmidt-Assmann）等：《德国行政法读本》，于安等译，北京，高等教育出版社，2006，第296页以下。

力机关的相应职责，这些职责并不当然地产生相应的公法权利。再比如说，国家的生态保护义务已为许多环境行政法所规范，但一般性的请求国家机关履行保护生态义务的公法请求权并没有得到学理的支持。① 所以根据德国、韩国和我国台湾地区采用的保护规范理论，在法律没有明确授权时判定（主观）公法权利须同时考虑以下两个条件：其一，法律规范使公权机关负有作成特定行为的义务（强制性义务规范的存在）；其二，该规范必须至少同时具有保护人民个体利益的目的，这一点在解释个体是否享有公法权利时至关重要，因为某些行政法规范纯粹是为了维护公共利益而设定的，即使这些规范中给行政机关设定了相应的义务性规范，也不能从中推导出公民个体的公法权利。② 在此种情形下，行政机关义务或职责的履行只能通过政治程序去促进和监督（例如通过选举或国会的监督）而不能诉诸司法。但是，当法律规定某种特定公法义务的规范目的不仅是公共利益，还具有保护公民个体利益的规范目的时，则可从义务性规范中推导出公民的公法请求权。这种传统的保护规范理论在公法权利已经突破个体或私人利益要义的今天已经显现出其对现实的不适应，但是，在法律法规没有明确地授予公法请求权时，此种理论还在德国、韩国和我国台湾地区进行适用，毕竟，没有一个国家赋予公民一般性的、普遍的法律执行请求权。在法律未明确授予公民或法人公法请求权时，从行政机关的义务或职责中推导出公法请求权必须要考量这些义务和职责条款是否具有保护公民个人利益的目的。

（二）居于公法合同的请求权

如果一个有效的公法合同中规定行政机关对当事人承担从事特定行政行为、事实行为或特定的不作为义务，则当事人即可根据此有效的公法合同向此行政机关行使请求权。即使是违法的公法合同，当事人也可依此合同向行政机关请求履行相应的义务，只要此合同不是自始无效的并且没有被撤销。③

（三）行政承诺确认的公法请求权

如果某一行政机关对相关的行政行为或事实行为作出过有效的允诺

---

① *Joachim Wolf*, Umweltrecht, 2002, S. 131f.

② 参见〔德〕哈特穆特·毛雷尔：《行政法学总论》，高家伟译，北京，法律出版社，2000，第155页；许志雄等编：《月旦法学教室（3）》，台北，元照出版公司，2002，第244页。

③ 参见〔德〕弗里德赫尔穆·胡芬：《行政诉讼法》，莫光华译，北京，法律出版社，2003，第440页。

（例如行政奖励），那么符合条件的行政相对人即可依此允诺向此行政机关请求履行允诺的内容。一个有效的允诺的前提是：有管辖权的行政机关以书面的形式对此作了决定，而且该决定并非自始无效。① 根据诚信原则和合法预期保护原则的精神，行政相对人具有请求行政机关履行其单方允诺的内容的权利。

（四）类推适用民法相关规定的公法请求权

当公法请求权是基础公法权利核心内容和功能时（以受益权为典型），此种公法请求权往往可以在法律法规、行政合同或行政机关的允诺中找到请求权依据。而回复基础权利不受非法侵害或限制的状态的公法请求权却并不一定能在以上三种类型依据中找到请求权基础。例如干扰防御请求权，其请求权的规范基础可以来自行政法律的具体规定，或是基于基本权利的防御权能，但如果缺乏专门的公法上防御请求权的相关条文依据，行政相对人则可类推适用民法的相关规定②，主张预防性的排除干扰和非预防性排除干扰请求权。在请求权的具体构成要件上，要分析以下三个要点：其一，是否存在可归属于请求权主体的法益；其二，相关法益是否受到了国家行政机关事实上的妨碍；其三，妨碍是否是违法的，是否超出了当事人的容忍限度。③ 再比如损害赔偿请求权，当国家赔偿法和其他的专门的行政法律法规提供了请求权基础时，可适用公法的规范，但如果找不到公法规范作为请求权规范基础时，行政相对人可以类推适用民法的相关条款作为请求权规范基础。这类可以类推适用民法相关规定的公法请求权还包括后果消除请求权、公法上不当得利返还请求权以及公法上无因管理请求权等请求权。

---

① 参见〔德〕弗里德赫尔穆·胡芬：《行政诉讼法》，莫光华译，北京，法律出版社，2003，第 440 页。

② 关于行政法规范能否适用类推，学术界有肯定说和否定说两种观点。笔者认为，对于保障公民权利、授益于公民的行政法规范，可以适用类推来保障公民权利。对行政法规范是否能类推适用民法规范学术界存在三种观点：否定说认为在行政法中适用依法行政原则，所以不能类推适用民法规范；肯定说则认为现代法律具有价值的一致性，因此可以把民法中的规范类推适用于行政法中；有限度的适用说认为在特定界限内可以类推适用民法规范。笔者认为，行政法规范在特定的条件和界限内可以类推适用民法规范，因为现代行政法越来越强调行政机关和公民之间权利义务的相互性和对等性，因而，在经过价值的权衡之后，对于公民权利保护的规范，可以类推适用民法规范，但对于行政机关的权责规范，不能类推适用民法规范。关于行政法中类推的讨论，请参见朱敏贤：《公法上纸类推适用》，载（台湾）《法学业刊》，第 187 期；王旭：《行政法解释学研究——基本原理、实践技术与中国问题》，北京，中国法制出版社，2010，第 232 页以下。

③ 参见〔德〕弗里德赫尔穆·胡芬：《行政诉讼法》，莫光华译，北京，法律出版社，2003，第 451 页以下。

（五）从宪法基本权推导出的请求权

结合个案情形和宪法基本权的规定，当事人还可以宪法基本权为规范基础，从基本权利中推导出给付请求权。但是，只有当基本权利提供了一种主观上的给付请求权时，宪法基本权利条款方可成为请求权的规范基础，比如，结合我国《宪法》第 33 条规定的平等权和具体行政法中行政给付的具体规定所推导出的平等给付请求权。

综上，可以从规范基础的角度对公法请求权的体系用下图进行总结：

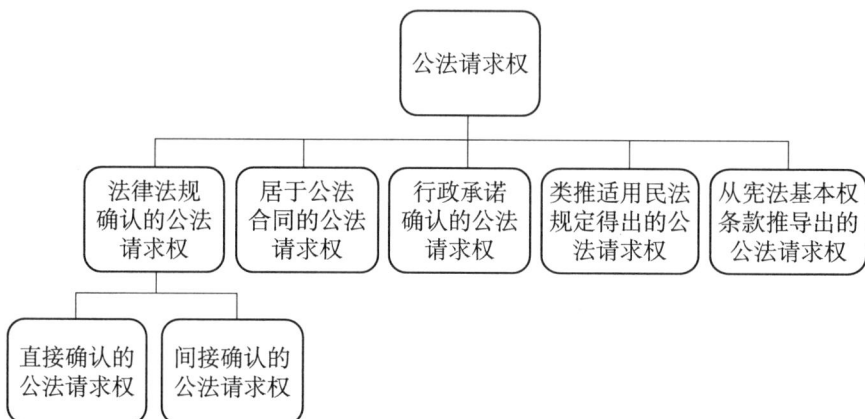

公法请求权

- 法律法规确认的公法请求权
  - 直接确认的公法请求权
  - 间接确认的公法请求权
- 居于公法合同的公法请求权
- 行政承诺确认的公法请求权
- 类推适用民法规定得出的公法请求权
- 从宪法基本权条款推导出的公法请求权

六、公法请求权的立法确认和我国行政立法

行政实体法上公法请求权概念提供了对公法权利进行细化分析的重要工具和路径。公法请求权以基础公法权利为基础并服务于基础性权利，但具有相对的独立性。公法请求权的赋予、行使和保护对基础权利的功能实现具有举足轻重的意义。这一理论在我国行政法中具有重要的适用价值。对公民的公法请求权进行全面确认和有效保护，是我国的行政实体立法和行政诉讼制度的重要任务。本部分先讨论公法请求权在我国行政实体立法中的适用，下一部分讨论公法请求权理论与行政诉讼制度的完善。在行政立法中，给付请求权的立法确认是受益权（社会权）能够得以实现的关键所在，因为给付请求权是受益权（社会权）最核心的内容。对行政机关违法行为的撤销请求权、预防性干扰防御请求权、违法行政事实行为停止请求权、违法后果消除请求权以及赔偿或补偿请求权的确认对自由和财产权的保障也具有重要的意义。由于篇幅关系，此处着重讨论给付请求权的立法确认。

近年来，我国的行政法制正面临着巨大的挑战，需要积极的变革去应对。社会财富分配不公、弱势群体的生存权和发展权实现的困境、环境污染等社会问题对政府的积极作为提出了更高的要求和期望。"加快行政管理体制改革，建设服务型政府"已经成为我国行政法制建设中的一个重要命题。① 服务型政府理念的兴起要使政府放弃某些行为，革新行政行为方式，更要拓展出新的领域。② 给付行政是近年来行政立法在积极拓展的领域。政府的积极给付行为，一方面力图促成作为服务行政核心的"生存照顾"任务的实现，并更进一步，为公民的自由发展创造必要的条件。③

公法请求权的立法确认对服务型政府的建设具有至关重要的意义。服务型政府是一个含义丰富的概念，其最核心理念是把公民作为行政权力的服务对象，而政府担当服务者的角色。④ 政府为公民提供服务要能够在现实生活中落地生根，离不开公法请求权的法律确认。通过立法确认赋予公民公法请求权，服务的提供就不仅仅是政府率性而为的一种政治运动，而是通过规范的力量赋予公民的一种主动的法律地位，而且，这种主动的法律地位是可以诉诸司法救济来保障的。行政机关如果怠于进行相应的给付，已经不仅仅是政治责任或道义责任而已，而是一种法律责任。如果法律规定的给付请求权的内容已经在事实上不可能实现，则公民还能够以行政不作为的赔偿请求权要求行政赔偿。⑤

立法对公法请求权的确认有直接确认和间接确认两种方式。直接确认是在立法中直接规定相应的主体有权向特定的行政机关请求特定给付的权利。间接确认则并不规定公民的公法请求权，而是规定特定行政机关的给付义务或职责，然后通过法律解释来推导出相应的公法请求权。由于行政机关的从事特定作为的义务或职责与公民的公法请求权之间并不必然对应，所以从行政机关义务或职责条款能否推导出公民的公法请求权就需要借助保护规范理论来解释。而具体的法律规范是否包含着保护公民个体利益的目的，在解释中往往是一个充满争议的话题。因而，如果客观事实和条件已经成熟到通过立法建立一个相应的标准来直接确认公民的公法请求

---

① 参见杨建顺：《论"服务型政府"在行政法上的定位》，载《河南省政法干部管理学报》，2009（1）。

②③ 参见罗文燕：《服务型政府与行政法转型》，载《法商研究》，2009（2）。

④ 参见孙选中：《服务型政府及其服务行政机制的研究》，北京，中国政法大学出版社，2009，第22页。

⑤ 参见王和雄：《论行政不作为之权利保护》，台北，三民书局股份有限公司，1994，第11页。

权，则采用直接确认的方法更有利于确保公民的公法请求权的实现，从而避免出现给付不公平、给付不透明、给付不到位的情形。

德国是社会法治国理论的重要发源地和成功的实践国家，其给付行政的法律理论和立法实践是大陆法系国家的典范之一。在给付行政方面，德国最重要的立法文件是其体系全面、逻辑严谨的《社会法典》。这一法典贯彻了保障公民的社会受益权的立法理念，建立了系统、全面的公民社会受益权权利体系。而作为社会受益权核心内容的公法请求权，更是在这一法典中得到全面的确认。法典不仅采用了传统的通过规定行政机关义务的间接确认立法方法，而且大量采用了直接规定公民请求特定给付的权利。《社会法典》第 1 编第 2 条规定了公民可以根据法典所规定的具体请求权的内容和条件享有请求权（虽然否定了公民根据宪法社会保障条款直接推导出社会保障请求权），并规定法典所规定的社会权利应当在解释法律规定和进行裁量时予以尊重，应当尽可能地确保社会权利的实现。法典中的众多条款直接赋予了公民公法请求权：第 1 编第 14 条规定了适用于所有社会给付的建议请求权："任何人对于本法典所规定的权利以及义务有权请求获得建议。负责提供建议的是作为（私人）行使权利或者履行义务对方当事人的给付行政机关。"从第 18 条到第 29 条直接规定了公民对各种社会给付请求权的具体内容和条件。例如，第 18 条直接规定了教育资助的请求权："（公民）根据促进教育的相关法律能够请求教育和生活的相关资助和借贷。"第 19 条规定了工作促进的请求权，第 21 条具体规定了医疗保险的公法请求权，第 22 条规定了工伤的社会保险请求权。

反观我国，在有关社会给付的立法中，公法请求权的立法确认尚有改进的余地。首先，我国的社会给付立法中用得最多的是间接确认公法请求权的方法，直接确认公民社会给付请求权的方法用得相对较少。例如，《社会救助法草案》第 18 条规定，"符合专项救助标准的家庭子女，在义务教育阶段，县级以上地方人民政府应当免费提供教科书，补助寄宿生生活费；在中等、高等教育阶段，按照国家有关规定提供助学金等救助，有关教育机构可以酌情减免学费。学校及其他教育机构应当配合政府做好教育救助工作"。该草案第 20 条规定："符合专项救助标准的家庭住房困难的，县级人民政府应当按照规定通过提供廉租住房、住房租赁补贴、经济适用住房等方式予以保障，在寒冷地区还应当给予冬季取暖补助。"类似此种通过规定政府的职责和义务的方法来隐藏或暗含授予公民社会给付请求权利的立法模式在我国的法律中广泛存在。这种间接确认公民社会给付公法请求权的方法，虽然可以给予政府部门更多的灵活性和机动权力，却不利于公民社会权利的真正实现，也容易造成社会给付中的不公平现象。并且，这种间接确认的方法也不利于司法对社会给付的监督，因为与直接确认公法请求权立法条文相比，通过义务或职责条款的方法对公民请求法院判决社会给付的赋权是模糊的，需要法院借助保护规范理论进行法条的解释。因此，如果客观条件允许，我国应当尽可能地采用直接确认公法请求权的立法方法。其次，我国的一些立法虽然采取了直接确认公法请求权的立法方法，但如果缺乏相应的规范去界定公法请求权的具体内容，也会使公民公法请求权不能得到切实保障。例如，我国 2010 年颁布的《社会保险法》第 2 条确认了公民请求社会保险方面物质给付的权利，但这些社会保险给付请求权的最终落实，还得依赖于未来各种具体的社会保险规范对给付内容和义务主体的细化和具体化规定。

第四节　程序性权利和实体性权利

实体性权利和程序性权利是公法权利的一种重要的类型划分。实体性权利是指以实体规范为基础，以赋予权利主体实体利益为要旨的权利。而程序性权利则是以程序性规范为基础，权利主体在实现实体权利的过程中所享有的权利。

一、实体性权利

"实体性权利是静态意义上的权利，是人们对某种利益所享有的受法律保护的资格和权能。"[1] 随着社会的发展和法制的进步，这种受公法保护的利益的实体范围的范围在不断地扩展，如今已经不仅仅包括人身和财产利益，而且包括与精神有关的非物质利益、参政利益等。实体权利的赋予意味着权利主体对某种资源的一种合法的拥有状态[2]，权利人从而可依

---

[1] 邹玉政、邹成勇：《略论行政相对人的程序性权利》，载《淮阴师范学院学报（哲学社会科学版）》，2005（1）；胡敏洁：《论行政相对人程序性权利》，载《公法研究》，2005（1）；葛大勇：《行政相对人程序性权利初探》，载《行政论坛》，2006（5）；胡敏洁：《行政相对人程序性权利功能分析》，载《江南大学学报（人文社会科学版）》，2002（2）。

[2] 参见邹玉政、邹成勇：《略论行政相对人的程序性权利》，载《淮阴师范学院学报（哲学社会科学版）》，2005（1）；胡敏洁：《论行政相对人程序性权利》，载《公法研究》，2005（1）。

此来满足其需求。人们有各种不同的需求，也有各种不同的利益，但并非所有的利益都能得到法律的确认，实体权利所确认的是其中的一部分利益，以确保能满足人们的最基本、最重要的那部分需求。因此，实体权利可以视为对利益进行确认的一种状态或结果。经过法律的确认，权利人因此可以获得受法律保护的，请求行政机关为或不为某种行为的，具有法律强制力的意志力。

二、程序性权利

程序（procedure；Verfahren），是指为达成特定目的所采取的系列行动、步骤或方法。① 在行政法中，程序有着广义和狭义的区分。广义的程序包括行政法中规定的与行政过程有关的程序和行政诉讼程序，而狭义的行政程序仅指与行政过程有关的程序，不包括行政诉讼程序。因此，本书中的程序性权利，指当事人在行政机关的相关行政过程中所享有的权利。有关行政机关行政活动的程序规范很多，既包括行政机关体系内部进行相关行政活动的有关程序，也包括行政机关与人民（含自然人和法人）来往时所适用的程序。程序性权利所指向的是外部行政程序规范所指向的权利。但是不是所有的外部程序规范都支持人民的行政程序性权利？这是一个没有定论的问题。有关行政机关与人民（含自然人和法人）来往时所适用的程序性规范很多，包括管辖、方式、步骤等，如果所有的规范都解释为授权式规范，一方面有程序权利过于泛滥之印象，另一方面，因为一些程序的违反并不导致行政行为被撤销的后果，把这些行政程序也解释成程序性权利也就与权利受侵犯应当得到救济的原理相悖。所以，程序性权利主要涉及外部程序性规范中与人民利益关系最密切的那些规范，最基本的也是最重要的那些程序规范，即正当程序原则所包含的内容。

三、程序性权利与实体性权利

程序性权利与实体性权利的关系可以从两个方面来把握：一方面，程序性权利具有服务于实体性权利的服务性价值，另一方面，程序性权利具有自身的独立价值，程序性权利不是完全被动地服务于实体性权利，其能够对实体权利的发展产生影响，甚至催生新型的实体性权利。

---

① 参见翁岳生编：《行政法》，北京，中国法制出版社，2000，第926页。

（一）程序性权利服务于实体性权利

就第一方面而言，实体权利的存在会派生和要求相应的程序性权利，程序性权利服务于实体性权利。① 每种类型的实体权利要求相应的程序权利进行保障，否则实体权利就成为空中楼阁而无以实现，不仅传统的自由权需要相应的程序性权利保障，而且新型的社会权、参政权也离不开社会给付程序性规范、行政参与程序规范中所确立的程序性权利的支持，从这一意义上来看，程序性权利具有服务和工具的价值。

（二）程序性权利独立于实体性权利并影响实体性权利的发展

然而，程序性权利的赋予，不仅仅是为了实体性权利的实现和保障，程序性权利规范本身即是行政活动合法性和正当性的根据，程序性权利具有不直接指向某种实体性利益或结果的独立价值。这种独立价值体现在两个方面：其一，程序性权利所保障的行政相对人及利害相关人对行政程序的参与，体现了人民的主体价值，行政相对人及利害相关人不再是行政的客体，而是作为行政的主体参与到行政活动中，因而相应的行政程序性权利的赋予，包含着对行政相对人及利害相关人尊严的确认和民主参与的重要价值，这种价值具有独立于行政活动实体内容的独立面向。其二，程序性权利可以催生和促进实体性权利的发展。② 程序性权利一经法律确认就具有相对的独立性，能够对实体权利的发展产生影响，在某些时候甚至能够促成新型实体权利的创制。例如在美国，正当程序原则在早期只保护普通法的权利，不包括从政府获得利益的特权。20 世纪 30 年代以后，随着正当程序适用范围的扩张，把过去属于特权范围的利益也纳入正当程序的适用范围，通过这种正当程序原则适用的扩展，权利的范围不断扩大，而特权范围不断缩小。③

---

① 参见应松年主编：《行政程序法立法研究》，北京，中国法制出版社，2001，第 91 页。

② 参见葛大勇：《行政相对人程序性权利初探》，载《行政论坛》，2006（5）；胡敏洁：《行政相对人程序性权利功能分析》，载《江南大学学报（人文社会科学版）》，2002（2）。

③ 参见王名扬：《美国行政法》，北京，中国法制出版社，1995，第 396～410 页。

第四章　公法权利与司法对行政活动的审查

公法权利的实现和保护的最重要的途径之一是通过司法对行政的司法审查来实现。从行政法的角度来讲，公法权利最主要的义务主体是行政机关，在行政法的视野中，公法权利是公民或法人向行政机关行使的权利，不管是自由财产权、给付请求权还是参与权及平等权，这些权利在行政法领域中的实现都有赖于行政机关依照法律的规定履行相应的职责和义务（包括作为和不作为义务），而当行政机关不履义务并经行政程序予以救济仍不能实现公民的公法权利时，公民或法人必须借助于司法的力量来实现公法权利的救济。因此，公法权利与司法审查有着重要的、密不可分的联系。在本部分中，将从公法权利保障的角度，对司法审查的若干重大问题进行研究和分析。司法对行政的审查，这是美国法的通常说法，在大陆法系中通常称为行政诉讼。这些说法都是强调司法权对行政权的监督和制约，但仍有细微区别。美国由于没有独立的宪法法院，也没有明确区分司法对行政的普通审查程序和违宪审查程序，所以美国司法对行政审查，可能包含了普通的审查和违宪审查。而在大陆法系国家，一般有着专门的宪法法院（德国）或宪法委员会（法国），并且有着普通行政诉讼程序和宪法审查程序的区分，从行政法角度，对公法权利的保护是通过行政法院，依照行政诉讼法律程序来进行救济的，行政诉讼属于司法对行政的审查，但不包含宪法审查的内容和程序。在本章中所讨论的司法对行政的审查，主要局限于大陆法系国家行政诉讼程序意义上的审查，不包括宪法审查程序意义上的司法审查。

本章第一节讨论司法对行政审查的理念和目标模式的问题，第二节集中讨论司法对行政审查的基本模式问题，第三节展开具体讨论公法权利无漏洞和有效保护这一体现了司法对行政活动审查的理念、目标和模式的法律原则。

第一节　司法对行政活动审查的理念和目标

一、中国司法对行政活动审查的理念

（一）司法审查哲学与司法审查理念

西方的司法审查哲学是一个文献汗牛充栋且非常复杂的领域，要在本节很短的篇幅内对其进行概括是一个难免挂一漏万的工作。尽管如此，本书还是借鉴学术界惯用的类型化理路，把西方的司法审查哲学分为司法能动主义和司法克制主义（或称司法消极主义），对这两个司法审查哲学的基本流派进行梳理，以从中归纳出司法审查的共通性规律。

1. 司法能动主义

司法能动主义的概念是在美国联邦最高法院论及司法审查与宪法的关系时引出的。① 美国法学家克里斯托弗·沃尔夫在其概括性地梳理美国司法能动主义的著作《司法能动主义——自由的保障还是安全的威胁?》一书中对司法能动主义的本质和特征进行了概括。按照其界定，"司法能动主义的基本宗旨就是，法官应该审理案件，而不是回避案件，并且要广泛地利用他们的权力，尤其是通过扩大平等和个人自由的手段去促进公平—即保护人的尊严。能动主义的法官有义务为各种社会不公提供司法救济，运用手中的权力，尤其是运用将抽象概括的宪法保障加于具体化的权力去这么做"②。司法能动主义在司法实践中主要表现为以下特征③：第一，"法官在宪法解释的过程中，不应该受制宪者立法意图的限制，不管这种意图被理解为历史性期望或者某种确定的语言含义"。第二，"能动主义者倾向于更少强调必须绝对遵循先例，尤其在宪法实践方面"。第三，"能动主义者为获得重要而且必要的司法判决倾向于减少程序上的障碍"。因此，按照司法能动主义者的逻辑，传统上被用来尽量避免对重大宪法问题作出决定的教条可以根据具体的个案进行突破，这些教条包括：起诉资格（诉

---

① 参见吴英姿：《司法的限度：在司法能动与司法克制之间》，载《法学研究》，2007（1）。

② 〔美〕克里斯托弗·沃尔夫：《司法能动主义——自由的保障还是安全的威胁?》，黄金荣译，北京，中国政法大学出版社，2004，第3页。

③ 参见〔美〕克里斯托弗·沃尔夫：《司法能动主义——自由的保障还是安全的威胁?》，黄金荣译，北京，中国政法大学出版社，2004，第3页以下。

讼当事人与案件结果之间必须存在实质性的、直接的个人利害关系)、政治问题原则、成熟性和未决性(这个标准可以使最高法院不解决那些争点未明的案件以及已获解决并且无须最高法院作出决定的案件)。第四,"能动主义者并不那么顺从其他政治决策者,因为他们对法官自身的民主性质和能力有更深的感受,而对其他部门则表现出更多的怀疑"。第五,"能动主义者喜欢作出更为广泛的裁定,给出更为广泛的意见",特别是,当涉及个人权利与政府权力之间的争议时,这被认为是最高法院的职责所在,所以最高法院不应当推迟对此类事项的审查和对相关原则的证明和论证。第六,"能动主义者主张一种广泛的司法救济权。法官不仅有权宣布某些行为违宪,而且还保证将来的诉讼也认可这些宪法性要求",即在特殊情形下,为了保障公民权利的实现,法官可以发布肯定性的命令并对所采取的救济行为进行不间断的司法监督。

在大陆法系国家,司法的能动性问题具有不同于英美国家的背景和意义。大陆法系传统的司法审查哲学以理性主义为基础的概念法学和法解释学为基本方法,认为法官的任务主要是通过把法典和成文法的规定适用于个案,法官通过法律解释扩展法律的空间,在此法学理论背景之下难有作为空间。然而,在20世纪以来社会发展和变化进程加速的背景下,法典化和成文法赶不上社会变化而出现局限性,特别面对不断出现的大量所谓"现代型诉讼",如果法官局限于用传统的逻辑机械法则去适用成文法律,可能导致裁判的不合时宜或者不公正。① 通过自由主义法学、利益法学、社会法学派等法学流派对传统概念法学的反思,"法官解释法律"和"司法在某种意义上具有能动地发展法律的功能"的观念逐渐在大陆法系国家深入人心。② 意大利当代著名的法学家卡佩莱蒂概括了法官不得不担当造法者(1awmakers),即整合、阐明、铸造、创制法律的几种情形:"(1)现代福利社会中法律和政府角色转变,客观上要求司法具有一定的能动性……(2)立法者理性的有限性正在越来越多地被认识到,这无形中强化了司法机构的作用。一方面,立法机构已经显示出无力担当社会发展的全能工具。另一方面,'行政国家'的出现导致了一些严重的问题,如官僚主义泛滥,非人格化的、家长式和极权主义的行政行为等。对这些问题的矫治需要通过民众参与行政决策过程来实现,从而导致新的职责落在法院身上——对立法机关的司法审查就是其中之一。(3)经济全球化背景下,

---

① ② 吴英姿:《司法的限度:在司法能动与司法克制之间》,载《法学研究》,2007(1)。

在保护分散的和不特定多数人的利益中，司法机能得到扩充……（4）用于约束国内立法机构的权利法案入宪和公约化，推进了司法权范围的扩大。宪法以及宪法框架内的权利法案必须是简洁的、综合的和间接的。它的规则往往以诸如自由、民主、正义、尊严和平等之类的负载价值的词语来构成，它们旨在实现价值而非规定各种程序。其语言的抽象性和内容的难以捉摸使塑造和重塑宪法原则成为可能，以满足不断演进、多元、自由的社会之需要。法院不可避免地需要扮演高度创造性的角色。"①

2. 司法克制主义（司法消极主义）

与司法能动主义一样，司法克制主义（或称司法消极主义）在美国也是一个笼统而且定义各异的概念。《布莱克法律词典》对司法消极主义的界定是这样的："一种司法判决哲学，法官裁判时避免放任自己有关公益之信念而仅仅以立法原意来解释法律并遵循先例。"② 《韦伯斯特法律词典》（Webster's New World Law Dictionary）的定义是："是指案件应当尽可能以最狭窄的依据来裁判，而不需解决不必要的问题，尤其是政治性或社会争执的学说。"③ 波斯纳法官认为持消极主义司法哲学的法官具有以下表现形式：第一，法官不允许本人的政策观念影响自己的判决。第二，他对是否将自己的观点注入判决总是小心谨慎，犹豫不决；第三，他很留心加诸司法权力之上的现实政治限制；第四，他的判决受如下因素影响：应避免那种让法院淹没在诉讼中，以致法院不能有效运作的混乱的创权行为；第五，他认为，法院体系相对于其他政府部门的权力应当缩小。④ 多仁（Jack Van Doren）认为，司法消极主义与司法自治有着共通的地方，其是一种裁判方法，它强调法官应当屈从于立法者的意志和尊重行政部门的角色，因为后两者体现了民主选举和民意因素，而前者是被任命的。⑤

---

① 〔意〕莫诺·卡佩莱蒂：《比较法视野中的司法程序》，徐昕、王奕译，北京，清华大学出版社，2005，第 20 页以下。

② Bryan A. Garner ed. , Black's Law Dictionary（Seventh Edition），West Group，1999，p. 852. 转引自林来梵主编：《宪法审查的原理与技术》，北京，法律出版社，2009，第 29 页。

③ Webster's New World Law Dictionary, by Susan Ellis Wild, Legal Editor, Copyright 2006 by Wiley, Hoboken, NJ; Published simultaneously in Canada. 转引自顾培东：《能动司法若干问题研究》，载《中国法学》，2010（4）。

④ See Richard A. Posner, The Meaning of Judicial Self-Restraint, 59Ind. L. J. 1 (1983). 转引自林来梵主编：《宪法审查的原理与技术》，北京，法律出版社，2009，第 29 页。

⑤ See Jack Van Doren, Is Jurisprudence Politics by Other Means? The Case of Learned Hand，33New Eng. L. Rev. 1 （1998）.

　　司法克制主义是与司法能动主义相对的一种司法哲学，因而，可以参照克里斯托弗·沃尔夫对司法能动主义立场的全面概括，对司法消极主义司法哲学的立场和倾向进行总结：第一，司法克制主义者强调法官在宪法解释的过程中，应该受制宪者立法意图的限制，即在解释中强调原旨解释。第二，司法消极主义者倾向于更多强调必须绝对遵循先例，特别是在宪法判决方面，司法消极主义者认为，与一个法官甚或九位大法官的多数意见相比，累积的大量智慧为明智的宪法问题裁决提供更好的指导。① 第三，按照司法消极主义者的逻辑，传统上被用来尽量避免对重大宪法问题作出决定的教条应当谨慎对待，不应当轻易进行突破，这些教条包括：起诉资格、政治问题原则、成熟性和未决性。第四，司法消极主义者珍视代议政治和多数规则，因此，当法院于行使宪法审查之际，司法克制主义者尽可能尊重政治部门的判断，采取回避作成违宪判断或者宪法判断的立场。② 第五，与司法能动主义者喜欢作出更为广泛的裁定和主张广泛的司法救济权不同，司法克制主义者认为司法的裁定和救济权不能进行过度的扩张，法院体系相对于政府部门权力应当缩小，在宪法审查方面，司法的任务主要是作违宪与否的判断，发布肯定性的命令来实现宪法规范与司法的职责不符，司法在干预公共政策时应当采取谨慎态度。

　　大陆法系国家虽然没有名为司法消极主义或司法克制主义的司法哲学流派，但大陆法系一直都有着司法克制主义的传统。与英美相比，大陆法系国家的司法系统显得更加克制和消极，因为大陆法系国家没有法官造法和判例法的传统，司法对立法机关和行政的违宪审查发展得也较美国晚。德法等大陆法系国家严格地执行从资产阶级革命时代提出的三权分立原则，为制约司法权恣意行使而严格限制法官的裁判权，禁止法官借解释法律之名改变立法者的意图，侵害立法权。③ 法国的注释法学派、德国的历史法学派及后来的概念法学派，都是这个时代的产物④，时至今日，这些传统的法学流派的方法和理论仍然是大陆法系国家司法界基本的方法和理论。概念法学所主张的遵从概念推演，从立法原意出发进行三段论演绎推理的方法，在今日仍然是大陆法系国家法官在判案时最常使用的方法。

---

　　① See Archibald Cox, The Role of Supreme Court: Judicial Activism or Self-Restraint?, 47Md. L. Rev. 118（1987）.
　　② 参见林来梵主编：《宪法审查的原理与技术》，北京，法律出版社，2009，第29页。
　　③④ 参见吴英姿：《司法的限度：在司法能动与司法克制之间》，载《法学研究》2007（1）.

3. 西方司法审查哲学对中国的启示

西方司法审查哲学给予我们以下启示：

首先，尽管两大流派在法律解释原则方法、对先例的态度、启动司法审查的条件理论、司法审查的深度、司法判决的方法等方面存在着诸多差异，但是，两大流派都始终恪守司法权的边界。这种边界集中体现为两个方面：第一，可用于司法裁判的案件必须要具有可裁判性；第二，司法权永远不能取代或者僭越立法权。① 就第一个方面来讲，一个可裁判性的案件应当具备以下特征：其一，必须有适合法院作出裁判的案件或争议，争议必须是明确、具体的，而不是抽象和学术的。其二，当事人必须具备"诉讼资格"。其三，案件必须是成熟的且非既往的。其四，案件不属于纯粹的政治问题，因为政治问题当留给政治程序去解决。② 就第二个方面而言，其意指即使是能动主义的司法，也必须受到法律和宪法的约束，司法权是与立法权本质不同的权力，最终要受法律和宪法的约束。所谓的法外裁判，只存在于一般性法律违宪的情形，但仍然要在宪法这个最高效力的法律的规范范围内进行裁判。因此，司法能动主义和司法克制主义的区别并不是法官在进行裁量时是否要受到限制的问题，而是要受到多大限制的问题。正如沃尔夫指出的，司法能动和司法克制是程度不同的问题，即在何种程度上司法审查被恰当地认为是在执行宪法的意志，而没有掺入法官自己的任何政治信仰和政治倾向，司法能动主义者强调的是法官要"实现正义"，为此可以减少对司法的限制；而司法克制主义者则倾向于强调民主国家对司法权应有的限制。③ 二者的侧重点不同，但在根本立场上是一致的，其区别最多只是一个程度不同的问题。④

其次，一个国家所采取的司法审查哲学与这个国家的哲学思想、政治制度和法律背景都有着密切的关系。⑤ 以美国的司法能动主义为例，这一司法哲学首先与其实用主义的哲学有着密切的关联，正如波斯纳所指出的："'实用主义法官总是为了目前和未来尽可能做最好的事，不受任何在原则上同其他官员的已为保持一致的义务所约束'……实用主义法官与强

---

　　①③④　参见吴英姿：《司法的限度：在司法能动与司法克制之间》，载《法学研究》，2007 (1)。

　　②　参见 HarryT. Edwards，Ellen R. Finn：《美国联邦法院的权力和法院命令的执行》，载宋冰主编：《程序、正义与现代化——外国法学家在华演讲录》，北京，中国政法大学出版社，1998，第 195 页。

　　⑤　参见侯淑雯：《司法衡平艺术与司法能动主义》，载《法学研究》，2007 (1)。

烈意义上的实证主义法官（即相信法律就是立法机关规定的规则系统，并仅仅由法官适用）之间的差别就在于，后一种法官的中心关注是要与以往立法保持一致，而前一种法官只有在依据先例判决也许是产生最有利于未来之结果的最好方法的范围内才关心与以往保持一致。"① 从制度背景看，美国独特的三权分立制度也是能动主义司法产生的基础，在美国相互分立又相互制约的权力关系中，其司法机关不仅承当着审断一般纠纷的责任，而且还承当着制约行政权和立法权的重任。② 从法律背景看，美国特有的法律制度背景是形成其司法能动主义最直接的因素，美国联邦最高法院享有释宪权，超稳定的宪法也使司法能动主义成为必要，而判例法的传统为其司法能动主义创造了条件。③ 大陆法系国家的主流哲学思想、政治制度、社会状况和法律背景与美国有所区别，在大陆法系国家并没有直接与美国的司法能动主义相对应的名词，大陆法系国家的法学是以理性主义为基础的，在理性主义哲学指导下的法典化运动和立法浪潮，使得立法权在整个国家的法律系统中扮演着最为关键的角色，法官的任务主要是适用法律。伴随着自由法运动、社会法学等法律流派的兴起和司法违宪审查制度的确立，美国的能动主义司法在大陆法系国家产生了广泛影响，然而，大陆法系国家语境下的能动主义司法，与美国的能动主义司法不可同日而语。其主要指当成文法无明文规定、法律存在漏洞、法律规定模糊、法律之间存在冲突等情况下，法官依据法律精神、职业理性、公序良俗、宪法和现实的社会需求等，在程序保障的前提下，作出能动性的解释的过程。④

再次，一个国家的法院究竟采纳什么样的司法哲学，除了哲学思想、政治制度和法律背景这些关系密切相对稳定的因素，最关键的还取决于当时的社会状况和社会政治需求。从司法能动主义的发源地美国的实践来看，19 世纪初违宪审查权的出现，不能简单地用最高法院扩展自身权力的愿望来解释，与美国政治当时的实际需要也有着密切的关联。⑤ 第二次世界大战后，司法能动主义在沃伦法院时期被发展到极致，司法广泛而深入地对种族歧视、言论自由、妇女选举权等领域进行了干预，大大地扩展

---

　　① 〔美〕查理德·A·波斯纳：《道德和法律理论的疑问》，苏力译，北京，中国政法大学出版社，2001，第 277 页以下。

　　②③ 参见侯淑雯：《司法衡平艺术与司法能动主义》，载《法学研究》，2007（1）。

　　④ 参见吴英姿：《司法的限度：在司法能动与司法克制之间》，载《法学研究》，2007（1）。

　　⑤ 参见顾培东：《能动司法若干问题研究》，载《中国法学》，2010（4）。

了公民的公法权利的广度和深度。然而，沃伦法院之所以能够对种族歧视、言论自由、立法机关议席分配以及被告人宪法权利保护等政治生活进行广泛的关注和干预，与美国当时民权运动的社会背景和政治发展趋势直接关联，沃伦法院成功地适应了当时的形势，准确地把握了美国政治发展的趋势，适应了当时的社会和政治需要。① 可见，其能动主义的司法政策是有其政治和社会基础的，所以，尽管沃伦法院的司法能动主义的若干政策备受司法保守主义者的诟病，但不可否认其对社会进步的功不可没的推动作用。在美国的司法历史上，也并非总是司法能动主义者甚嚣尘上的历史，司法能动主义者和司法克制主义者都曾经在美国司法史上扮演重要角色。

当需要型塑（包括改革）某些重要社会制度建构，或确立某种新的社会理念时，需要司法能动主义者更多地扮演主角，而当社会处于平稳发展阶段时，司法的政治性和能动性则表现得较弱。法官是采取司法能动主义的策略还是司法克制主义的策略，与法官的理念和当时的社会政治需要直接相关。正如卡佩莱蒂所言，一位高水平的法官应该明了司法的限度和弱点，并对那些导致法官造法出问题的因素保持敏感，在某些时期、地区和案件中可能保持克制，而在另一些时候则勇往直前。②

最后，不管是司法能动主义者还是司法克制主义者，都能够清醒地对司法的弱点有所认识，对法官及司法之力所不能及的领域不进行干预和介入。例如，在议会没有通过立法确立社会保障权利的时候，美国法院始终未通过司法确立公民的社会基本权，赋予公民在需要社会保障时请求国家进行给付的权利，因为这一领域涉及预算和公共政治等技术问题，法官在此领域并非其所长，所以将此问题交由政治程序去解决可以说是明智之举。对公共政策问题，法院的审查也主要着力于合法性，而对其合理性和合目标性，更多地尊重行政和立法机关的选择，不可不谓是明智之举。吴经熊对法律之道有一段精彩的论述，他说："法律好比一所房子，应随时加以修理，加以洗刷；漏的地方应弥补，旧的地方应调换，每日黎明即起，洒扫庭除，这样才始不负祖宗置产的苦心。法官的任务，一方面要保守，一方面也要创造；既不能太过保守，致蹈墨守成规，胶柱鼓瑟之讥，又不可太过创造，致涉捣乱纲纪的嫌疑；增一分则太长，减一分则太短。

① 参见顾培东：《能动司法若干问题研究》，载《中国法学》，2010（4）。
② 参见吴英姿：《司法的限度：在司法能动与司法克制之间》，载《法学研究》，2007（1）。

这是何等高深，何等奥妙的艺术！做司法官的一定要有一种历久的内心修养，才能达到可以守则守，可以创则创，寓守于创，寓创于守的境界。"①

（二）公法权利保护作为司法对行政活动审查的重要理念

笼统地讨论中国司法哲学是一个难度很大的课题，更具有现实意义的问题是，中国当下的司法哲学的选择问题以及与本书的主题直接相关的司法对行政活动进行审查的策略和理念问题。能动司法这一司法理念应当如何理解，又当如何运用到司法对行政的审查中？这是一个影响我国司法对行政活动进行审查的基本理论问题。本部分将对这两个问题进行讨论。

1. 以能动适用成文法为特征的能动司法与司法对行政活动的审查理念

正如上文所述，一个国家所采取的司法审查哲学与这个国家的哲学思想、政治制度和法律背景都有密切的关系。所以中国的能动司法绝不可能与美国的司法能动主义同日而语，中国语境中的能动司法的基本内涵的界定，首先要从中国特有的思想、政治和法律背景去理解。从社会思想意识看，作为中国主流哲学的马克思主义哲学主张司法应当服务于政治而不是对政治进行制约，从政治制度看，我国实行议行合一的政权体制，人民代表大会是最高权力机关，行政机关和司法机关都由人民代表大会产生，是它的执行机关，机构由它组建，长官由它任命。② 同级的司法机关不能对同级的权力机关进行监督和制衡。这决定了以西方三权分立政治制度为背景的司法对立法权进行宪法审查和权力制约的机制在中国不可能得到推行。中国需要推行的是服务于政治大局的创新性的、有觉悟的能动司法，在中国的政治制度和思想背景下，其指向的是用创新的、主动的方法服务于党和国家的政治目标的策略和理念。更重要的是，中国的法律制度与美国的法律制度有着本质的不同，中国的法律制度总体上承续大陆法系的成文法传统，中国并不存在法官通过判例进行立法的传统，因此中国的能动司法更多的是强调法官在解释法律时的能动性，应当更多地借鉴大陆法系国家法官能动地、创新地进行法律解释，克服成文法局限以适应不断变化的现实生活的做法和策略。具体来讲，这种能动地适用成文法的做法表现为：用目的解释、扩张解释、体系解释、社会解释、比较法解释等新的解释方法，能动地适用规则、能动地适用原则、能动地适用宪法。由于中国

① 吴经熊：《法律哲学研究》，北京，清华大学出版社，2005，第 227 页以下。

② 参见侯淑雯：《司法衡平艺术与司法能动主义》，载《法学研究》，2007（1）。

没有确立法官对立法的违宪审查权，因而中国的能动司法不可能出现像西方那样不依法进行审查的局面。

按照以能动地适用成文法为特征的能动司法的理念来考量中国司法对行政审查的理念，在中国司法对行政活动的审查中，法官应当积极能动地利用目的解释、扩张解释、体系解释、社会解释、比较法解释等新的解释方法，能动地适用规则、能动地适用原则、能动地适用宪法来对行政进行审查，以弥补行政实体成文法的局限。在司法对行政的审查中，平等原则、比例原则、正当程序原则、信赖保护原则等公认的行政法基本原则在法律解释中具有价值指引和成文法局限性克服之功能，当找不到具体的法律规则来适用时，可以通过对行政法一般原则的解释和适用来解决个案的问题。① 甚至，当行政法的基本原则都不足以成为解决行政案件的法律依据时，还可以诉诸宪法的条款，特别是宪法的基本权利条款，因为虽然我国宪法对宪法的立法解释权赋予了全国人大及其常委会，但并没有否定法院在个案中运用宪法、解释宪法的权力（深入的阐述请参见本书第三章）。

2. 以回应当下中国政治社会需求为目标的能动司法与司法对行政的审查理念

司法哲学的内涵不仅是由其政治、思想和法律制度背景所影响，而且受当时的社会状况和社会政治需求的直接作用。司法审查的理念是一个不断变动的河流，而之所以一个国家的法院在不同的时期的司法理念不同，其最主要的原因是社会状况和政治社会需求的改变。因此，中国当下的能动司法的内涵的界定，必须回应当下中国的社会状况和社会政治对司法的需求。中国现处于历史变革的关键转型期，即属于需要型塑（包括改革）某些重要社会制度建构，或确立某种新的社会理念之时，中国当下的社会需要司法能动地发挥其在社会制度建构中的关键角色和作用，这决定了中国目前的司法不能过多地采取消极的理念和态势，这也是为什么能动司法的理念被最高人民法院提出以后很快成为主流话语的原因。社会转型期的一个重要的特征是"失范"，即在旧的制度已经消解的情况下，由于新的制度没有有效地建立起来，社会处于一种"失范"的状态，如何应对此种"失范"状态，减少其范围和影响，及时有效地建立起新的公正的社会制

---

① 司法实践中已经有运用行政法的一般原则来处理行政诉讼案件的成功案例，比较典型的有刘燕文诉北京大学案中法官引用正当程序原则进行司法审查的案例。具体详情参见沈岿：《公法变迁与合法性》，北京，法律出版社，2010，第 127 页以下。

度，是一个社会能否实现成功转型的关键之一。中国目前的状况也存在相当程度的"社会失范"状态，虽然社会主义法律体系已经建立，但距离有效的制度约束的理想制度状态仍有相当的距离。吴英姿教授对当下中国社会失范及其可能的后果有一段精彩的论述：

"在没有制度约束的状态下，经济发展单纯依靠资本和其他资源投入来驱动，各个利益集团围绕财富、权力和成长空间进行的博弈，难免呈现弱肉强食的丛林规制，那些拥有体制内资源或有渠道获取体制内资源的人极易占据市场优势，攫取大量资本和财富，造成贫富分化悬殊；相反，与权力和资本无缘的弱势成员则处于权利生态极为脆弱的状态。与此同时，权力寻租环境广泛存在，以权谋私的腐败行为四处蔓延，严重侵蚀了社会健康，引发了一系列社会、经济问题和民众的不满情绪。吴敬琏因此警告说：'改革的两种前途严峻地摆在我们面前，一条是政治文明下法治的市场经济道路，一条是权贵资本主义的道路。'更为重要的是，由于缺乏制度安排，特别是决策缺少制度化的公民参与，政府的公共政策制定带有相当的随意性。而政策一旦失误，就会给经济和社会造成巨大的风险。另一方面是纠纷的隐形化与激化并存——面对权力和资本处于弱势的个体，在发生纠纷之初往往选择隐忍，实在忍不下去时便会以激烈的方式爆发，有的形成群体性纠纷，有的以自杀、伤害更弱小者为报复手段等'弱者的武器'相抗争。这些都给社会传达一种令人极度不安的危险信号。"①

重建社会制度需要立法、行政和司法的力量，这些年来，我国的立法速度举世瞩目，在三十年左右的时间里就基本形成了社会主义的法律体系。然而，在立法快速推进的同时，司法功能的发挥却尚待挖掘。在现代社会里，司法被视为社会有机体中存在的最重要的一条人们寻求安全、公正、权利保障的制度通道②，被认为是社会正义的最后防护线。而通过公开、公平、公正的诉讼程序来保护公民的权利和实现正义，是司法在社会秩序建构和制度建构中的主要功能，也是司法相对于立法和行政的长项所在。而且，从党的政治大局来看，要落实科学发展观，建立和谐社会，必须建立一个有效而全面的公民权利保护体系，特别是弱势群体的权利保护

---

① 吴英姿：《风险时代的秩序重建与法治信念——以"能动司法"为对象的讨论》，载《法学论坛》，2011（1）。

② 参见周赟：《司法能动性与司法能动主义》，载《政法论坛》，2008（2）；吴英姿：《风险时代的秩序重建与法治信念——以"能动司法"为对象的讨论》，载《法学论坛》，2011（1）；顾培东：《能动司法若干问题研究》，载《中国法学》，2010（4）。

体系。和谐社会建设对司法系统的需求是要拓展权利保护的广度和深度，建立一个全面、无漏洞和有效的权利保护体系，这不仅要求全面有效地保护和落实私法权利，而且要求全面有效保护和落实公法权利。

然而，遗憾的是，近年来，司法对社会和政治对权利保障的需求没有进行有效的回应。近年来随着审判方式改革的推进，诉讼案件数量的急剧增长，深层次的矛盾与困难也以难以料及的速度包围了法院。① 法院面对复杂和数量众多的案件和公民权利保护的需求并没有进行积极和有效的回应。有的法院认为法院受理案件越多，麻烦也越多，对棘手的、敏感的、因证据不足或法律规定不明而"疑难复杂"的案件采取自我限缩主义，拒绝受理；另外，由于司法政策上对社会效果的特别强调，社会稳定、与政府关系、群众情绪、经济发展等外生于法律规范的情境性因素都可能成为司法过程中的"准据"，这导致法院在对当事人的起诉是否受理、怎样处理案件以及如何执行等方面表现出极其"势利"的一面，对新型问题和"敏感"纠纷的总体呈现保守性的态势。② 这种软弱的司法与社会和政治对全面而有效的公民权利司法保障的需要是不相适应的，中国的司法需要积极能动地响应政治和社会对权利保障的需求，改变司法软弱的态势和策略，对科学发展观的落实和和谐社会建设作出更大的贡献。

按照以回应当下中国政治社会需求为目标的能动司法来考量中国司法对行政审查的理念，中国的行政诉讼应当积极地响应公民公法权利保护的需要，在公民的公法权利保障方面更积极、更主动，改变在保护公民公法权利方面不全面、低效能甚至在某些领域中回避公民公法权利司法保护需求的软弱情形，积极地担当和充分发挥司法对公法权利保护的功能。不仅要切实落实和保障自由和财产权，而且要适应风险社会和现代社会对政府给付的需要建立起公民积极权利的保障体系③ 和参与权利的保障体系，特别是要保障平等权的实现，因为如果现实生活中公权力对弱势群体权利的侵犯而得不到有效全面的救济，社会的公正性和秩序建构就很难达到理想的状态，科学发展观和和谐社会建设也就无从谈起。

3. 以恪守司法边界和对司法及法官能力弱点有清醒认识为前提的能动司法与司法对行政活动的审查理念

---

①② 参见吴英姿：《司法的限度：在司法能动与司法克制之间》，载《法学研究》，2007（1）。

③ 参见吴英姿：《风险时代的秩序重建与法治信念——以"能动司法"为对象的讨论》，载《法学论坛》，2011（1）。

　　能动司法可用于司法裁判的案件必须要具有可裁判性，司法权永远不能取代或者僭越立法权，更重要的是，我国的能动司法应当对司法的弱点有所认识，对我国法官及司法之力所不能及的领域不进行干预和介入。能动司法也不是万能的，它必然受到我国自身司法系统和法官整体素质的限制。我国司法系统在政治体制中的客观地位和现实法官的整体素质决定了我国的能动司法不能像美国的能动主义司法一样对公共政策问题的形成和公共利益的保护有过多的参与，更应当在技术标准等技术问题的审查上保持必要的谨慎。如果能动司法做了过多超出自身能力范围，非司法系统所长的事，那么效果可能恰得其反，不仅会损害司法的权威，而且因为在非自己所长的事项上投入了过多资源，使得司法在权利保护和正义维护等自己所长的领域中不能很好地发挥好自己的功能。

　　按照以恪守司法边界和对司法及法官能力弱点有清醒认识为前提的能动司法，行政诉讼在保护公民公法权利方面保持积极进取主动态势的同时，在行政公益诉讼、为维护行政客观法律秩序诉讼方面的能动司法却应当保持谨慎的态度，更应当通过政治程序去解决的公共政策问题，通过行政程序去决断的专业事实问题，对与公民的公法权利保护不直接相关的政治问题，其司法审查的广度和深度都应当有所限缩，只有这样，方能塑造司法权威，发挥行政诉讼在公法权利保护方面的应有功能和长项。当然，在客观诉讼行政公益诉讼方面保持谨慎，并不是在这一方面缩手不前，而是要在充分考量司法能力的前提下作出对公共利益维护方面的贡献，对自己力所不能及的技术领域、公共政策问题和政治性更强的问题不过多和过度地进行干预，做好与行政权和立法权之间的配合工作。

　　综上所述，用能动司法的司法哲学来指导司法对行政活动审查的问题，我国司法对行政活动的审查，要积极回应社会对公法权利保障和实现的强烈需求，通过目的解释、扩张解释、体系解释、比较法解释等解释方法的运用，对公法权利提供有效和无漏洞的保护，而且，对权利的保护，也是司法的长项所在。

二、司法对行政活动审查的目标

（一）司法对行政活动审查的目标

　　司法对行政活动审查的目标，在我国的语境下即行政诉讼的目标。应松年教授认为，行政诉讼是指"独立于或者相对独立于行政机关的其他国家机关根据相对人的申请，运用国家审判权并依照司法程序审查行政行为合法性，从而解决行政争议的制度"①。所谓行政诉讼的目标，也可称为行政诉讼的目的。按照马怀德教授主编的《行政诉讼原理》的界定，"行政诉讼的目的，就是以观念形式表达的国家进行行政诉讼所要期望达到的目标，是统治者按照自己的需要和基于对行政诉讼及其固有属性的认识预设的关于行政诉讼结果的理想模式"②。江必新、梁凤云认为："行政诉讼的目标是指国家基于其客观需要和对行政诉讼本质属性和规律性的认识，而预先设定的通过行政诉讼活动期望达到的理想结果"③。博登海默说："目的是全部法律的创制者。每条法律规则的产生都源于一种目的，即一种事实上的动机"。对一项法律制度来说，目的的设定是否符合法治理念的现实的需要，是这项法律制度成功与否的关键所在。如果一项法律制度的目的设定过于理想化，虽然理论上高瞻远瞩，却可能会导致法律条文的设计与现实脱节而不能得到有效实施。反之，如果一项法律制度的目的设定缺乏法治理想的指引，也会使这项法律制度在促进社会制度创新和实现法治理想方面不能发挥其应发挥的作用。围绕着行政诉讼的目标，国外理论和实务界主要有以下几种学说：

1. 公法实体权利保护说

通过行政诉讼保护公民或法人所享有的公法实体权利，是行政诉讼最重要的一个目标，在某些国家的法律制度中，甚至被认为是行政诉讼最重要的目标。公法实体权利保护说的理论渊源可以追溯至国家的起源理论。从国家的起源来讲，"任何人均享有不可让与、不可动摇的主观权利，且这种权利先于甚至高于国家的权力，人们建立国家的目的，就在于保护个人的权利，对个人权利的保护也就意味着国家活动的方向和限制"④。可见，包括行政权力和司法权力在内的国家权力的产生的最重要的目的是保护公民的权利。另外，行政权力在促进公共利益实现和保护公民个人权利的同时，也是公民权利的最大威胁者。通过司法对公民公法权利提供救济，不仅符合司法权力属于一种公权力的本质，也能给正当权利受到行政行为侵害的行政相对人提供救济的管道，确保权利得到救济。⑤ 实体公法

---

①　应松年：《行政法学新论》，北京，中国方正出版社，2004，第423页。
②　马怀德主编：《行政诉讼原理》，北京，法律出版社，2003，第67页。
③　江必新、梁凤云：《行政诉讼法理论与实务（上卷）》，北京，北京大学出版社，2009，第49页。
④　沈宗灵：《现代西方法理学》，北京，北京大学出版社，1992，第260～261页。
⑤　参见谭宗泽：《行政诉讼结构研究：以相对人权益保障为中心》，北京，法律出版社，2009，第183页。

权利保护说为德国公法学界的流行学说并为实务界所采纳，在德国，行政行为的违法本身不足以导致此违法行政行为被撤销，只有当行政行为违法而且造成原告的主观公权利受损时，法院方能撤销此违法的行政行为。在英美法系国家，其学者倾向于认为行政法的目的主要是控权论，所以司法审查的主要目的是通过控制行政权力来实现权利保护。① "英美法系国家行政法模式是假定个人优先于社会的，而且在注重司法与行政分立的宪法理论指引下，司法审查的目的只能是救济法，而不是监督法"②，因而虽然英美和德国属于不同的法系，其司法制度也大相径庭，但在司法对行政进行审查的目的定位上，却有着共通之处。

2. 维护公法秩序说

维护公法秩序说认为，国家确立行政诉讼的目的是维持自身的公法秩序并确保公法的有效实施。这一学说的代表人物认为，行政诉讼制度并非为了主体实现某种实体性的权利，而是为了确保相关主体依照公法规范履行相应的义务和责任。③ 法国社会连带主义学派的狄骥是这一学说的一个典型代表，其认为，国家的目的分为三种：其一，维护本身的存在；其二，执行法律规定的义务；其三，促进文化的发展。④ 他完全否认社会成员实施诉讼行为是一种主观的权利，他认为，公民参加行政诉讼只是为了使得公共权力的运行得到广泛的直接的保障，因而在行政案件中唯一问题是合法性判断的问题，即行政机构是否在最一般的意义上违反了法律。⑤ 以社会连带主义公法理论为背景，公共服务论成为法国行政法学界影响力最大的行政法学理论。一方面受社会连带主义公法理论和公共服务论行政法思潮的影响，另一方面源于法国的行政法院起源于当初不同于普通司法系统的行政内部监督的传统，法国传统的行政诉讼的主要目的在于监督行政机关的活动，保证行政机关的活动符合法律。

3. 纠纷解决说

纠纷解决说盛行于日本，该学说是通过借鉴民事诉讼的纠纷解决目的

---

① 参见杨伟东：《行政诉讼目的探讨》，载《国家行政学院学报》，2004（3）。

② 杨伟东：《行政诉讼目的探讨》，载《国家行政学院学报》，2004（3）。

③ 参见江必新、梁凤云：《行政诉讼法理论与实务（上卷）》，北京，北京大学出版社，2009，第 52 页。

④ 参见〔法〕狄骥：《宪法论——法律规则和国家问题》，钱克新译，北京，商务印书馆，1959，第 382 页。

⑤ 参见〔法〕狄骥：《公法的变迁·法律与国家》，郑戈译，沈阳，辽海出版社、春风文艺出版社，1999，第 151 页。

理论发展起来的。民事诉讼的纠纷解决说认为，解决纠纷的方式先于实体法而存在，即使在法律不发达的年代，以解决纠纷为目的的诉讼和审判制度就已经存在了，诉讼和仲裁、调解等一样是纠纷解决的方式，而不是从既存的实体权利出发确认当事人原有的权利义务关系，民事诉讼的目的应当归结于纠纷的强制性解决。同理，行政诉讼的主要目的也在于提供一种纠纷的强制性解决机制。以行政诉讼为纠纷解决方式的诉讼法制度实际上是在解决行政纠纷的过程中逐步完善起来的，行政诉讼制度先于行政实体法的发展，在行政实体法完备之前已经有行政诉讼，即使无实体行政法，也可以解决行政纠纷，而且必须解决行政纠纷。①

4. 程序保障说

程序保障说认为，诉讼是以赋予程序保障为目的的。国家设立诉讼制度的初衷是为了通过一个公开、公平、公正的程序来实现正义，来确保公民和行政机关在行政诉讼中地位平等。程序保障说认为，"法院不应当把诉讼的审理过程作为获致判决或者和解的中间阶段，而应当将程序保障内核的诉讼程序本身作为行政诉讼的目的加以把握"②。这种学说在美国比较盛行。

5. 其他目的

关于行政诉讼的目的，我国学界还有其他表述，例如，有学者认为，行政诉讼具有以下目的：通过行政诉讼推进社会主义民主宪政发展，通过行政诉讼的减压功能，缓解社会矛盾、促进社会和谐，通过行政诉讼坚定我国社会对社会主义法治的信仰等。

（二）中国行政诉讼目标（司法对行政活动的审查目标）的选择

1. 关于中国行政诉讼目标确立的学说

从上述对国外行政诉讼制度的考察可以看出，各国对行政诉讼目的的定位并不一致。一个国家对行政诉讼的定位，取决于历史传统、国家权力的结构形态、各种国家权力的具体运行状况（特别是行政权力和司法权力的运行状况）、对行政行为监督机制的总体设计与现状、国家的社情民情

① 参见江必新、梁凤云：《行政诉讼法理论与实务（上卷）》，北京，北京大学出版社，2009，第54页。

② 江必新、梁凤云：《行政诉讼法理论与实务（上卷）》，北京，北京大学出版社，2009，第54页。

等因素。① 关于中国行政诉讼目的的定位，我国学术界主要有以下学说：
(1) 三重目的说，又被称为三元论，该说主张，行政诉讼目的包括三个方面：保证人民法院正确及时地审理行政案件；保护公民、法人和其他组织的合法权益；维护和监督行政机关依法行使行政职权。这三者被认为是有机统一的。② (2) 双重目的说，又被称为二元论，该说主张，行政诉讼目的有保护公民、法人和其他组织的合法权益、保障行政机关依法行使行政职权两个方面，且两者是统一的，这两方面不能等量齐观，保护公民、法人和其他组织的合法权益是主要的，监督行政机关依法行政是次要的。③ (3) 单一目的说，又称为一元论，单一目的说根据其主张的目的的不同主要包括三种学说：其一为监督说，该说主张，行政诉讼目的是监督行政机关依法行使行政职权，因为任何法律都有"保护"的目的，"监督"最能体现行政诉讼目的的特殊性。④ 其二为依法行政说，该说主张，行政诉讼目的应当是保障行政机关依法行政，从立法者的角度看，依法行政才能实现行政秩序；从法院的角度看，司法审查的根本目的在于保障和督促行政机关依法行政；而且，这也符合当事人的利益，只有行政机关依法行政才能保障公民和法人的合法权益。⑤ 其三为权益保护说。该说认为，行政诉讼的唯一目的是保护公民、法人和其他组织的合法权益。⑥

2. 中国行政诉讼目标的定位

(1) 行政诉讼目的和行政诉讼法目的的不同——三重目的说的排除

国内理论界对行政诉讼目标的定位可谓异彩纷呈，目前也没有完全达成共识，中国行政诉讼的目标应当如何进行定位？行政诉讼目的论是行政诉讼理论的出发点和前置性理论，更是行政诉讼立法及司法实践的指导性理论。⑦ 中国行政诉讼制度的改革首先应当在此基本理论问题上尽量达成共识，这样方可能在具体的制度建构设计中达成更多的共识。

---

① 参见江必新、梁凤云：《行政诉讼法理论与实务（上卷）》，北京，北京大学出版社，2009，第 56 页以下。

② 参见马怀德主编：《行政诉讼原理》，北京，法律出版社，2003，第 67～68 页。

③ 参见杨解君、温晋锋：《行政救济法基本内容及评析》，南京，南京大学出版社，1997，第 180～181 页。

④ 参见胡肖华：《行政诉讼目的论》，载《中国法学》，2001 (6)。

⑤ 参见胡肖华：《行政诉讼基本理论问题研究》，长沙，湖南人民出版社，1999，第 31～34 页。

⑥ 参见姜明安主编：《行政法与行政诉讼法》（法律硕士专业学位教学用书），北京，法律出版社，2003，第 317 页。

⑦ 参见杨世建：《行政诉讼目的新论》，载《云南大学学报（法学版）》，2010 (6)。

在讨论中国行政诉讼目标定位这一议题之前，先应当做一个概念的区分和梳理工作。在讨论行政诉讼的目的之前，需要对行政诉讼的目的做正确的理解。行政诉讼的目的与行政诉讼法的目的是两个不同的概念，行政诉讼目的是"人们对于行政诉讼活动结果的预先设计；主体（设计者）基于自身对于行政诉讼本质、规律的主观认识，在对不同的目标和结果进行价值评判和选择之后，期望行政诉讼结果可以达到的一种模式，是以观念形式存在于主体（设计者）的头脑中的理想目标"①。"行政诉讼这一概念，不仅包括静态的成文法，也包括法律在现实生活中的动态运行过程，即诉讼制度的实施、运行、完善和法律适用、解释及修改等动态的活动过程。""行政诉讼"的内涵是大于"行政诉讼法"的。② 由于行政诉讼和行政诉讼法是两个不同的概念，行政诉讼目的和行政诉讼法的目的就具有以下两点不同：其一，"行政诉讼法目的"从根本上来说要服从"行政诉讼目的"③，由于行政诉讼包括静态的法律和动态的制度运行及实践活动两个方面，而行政诉讼法作为静态的法律条文只是其中的一个方面，行政诉讼的目的是一个上位概念，其必然对作为静态法律制度的行政诉讼法产生影响，作为静态法律制度的目的肯定要从静态法律制度这一方面落实行政诉讼的目的。两者存在一定的交叉与联系，但得不出"行政诉讼法目的"就等同于"行政诉讼目的"的结论。④ 其二，由于行政诉讼法的目的是指行政诉讼法律制度这一特殊程序法的目的，"为人民法院及时准确审理案件提供程序保证"是诉讼法作为程序法的首要目的，也写入了我国行政诉讼法中。⑤ 我国《行政诉讼法》第 1 条规定："为保证人民法院正确、及时审理行政案件，保护公民、法人和其他组织的合法权益，维护和监督行政机关依法行使行政职权，根据宪法制定本法。"在我国三大诉讼法中，"为人民法院及时准确审理案件提供程序保证"这一目的是在条文首要位置体现的，但这种"纯应用式"目的与行政诉讼本质、价值取向其实并没有什么内在的关联⑥，与探讨司法对行政活动审查这一特定制度及其实践的目的定位、设计及解释并无直接关系。

三重目的说的论者直接根据我国《行政诉讼法》第 1 条规定把"保证人民法院正确、及时审理行政案件"作为行政诉讼的目的，三重目的说的

---

①③　胡卓然：《行政诉讼目的新论》，载《南京工业大学学报（社会科学版）》，2009（2）。

②　参见胡肖华：《行政诉讼目的论》，载《中国法学》，2001（6）；胡卓然：《行政诉讼目的新论》，载《南京工业大学学报（社会科学版）》，2009（2）。

④⑤⑥　参见胡卓然：《行政诉讼目的新论》，载《南京工业大学学报（社会科学版）》，2009（2）。

论者没有仔细地分析行政诉讼法目的与行政诉讼目的的差异。因此，三重目的用于定位行政诉讼法的目的是成立的，而用于定位行政诉讼目的则显得不恰当。

（2）双重目的模式作为中国行政诉讼（司法对行政活动审查）的目标模式

排除了三重目的说中的"保证人民法院正确、及时地审理行政案件"这一目的后，也自然排除了行政诉讼的三重目的说，接下来的问题是：我国司法对行政活动的审查救济应该确立两个目的还是一个目的？

纵观各国的行政诉讼，其目标模式主要有两种，一为主观诉讼模式，一为客观诉讼模式。所谓主观诉讼模式，是指国家设立行政诉讼制度的目标在于保障人民的公法权利，而客观法秩序的维护只是在保障人民的公权利的范围内附带功能的模式类型；所谓客观诉讼模式，是指国家确立行政诉讼制度的目的是维持行政客观的公法秩序并确保公法实施的有效性，其功能取向在于协助行政创造或重建行政行为的客观合法性。① 二元混合模式则认为行政诉讼的目标包括主观公法权利的保护和客观公法秩序的维护两个方面。

虽然各国对行政诉讼目的的定位受到历史传统、国家权力的结构形态、各种国家权力的具体运行状况（特别是行政权力和司法权力的运行状况）、对行政行为监督机制的总体设计与现状、国家的社情民情等因素的影响而呈现出不同的特点，但二元混合模式已经成为各国行政诉讼的目标模式的一个共同趋势，单一目标模式已经在理论或实践上被突破。

德国传统上是奉行主观诉讼模式的典型国家。这从第二节对德国行政诉讼的审查标准的考察可以看得出来，在撤销之诉中，行政法院如果要撤销一个行政行为，则不仅要满足行政行为违法性的要件，而且要满足对原告主观公权利的侵害的要件。在课以义务之诉和一般的给付之诉中，司法审查的核心则落脚于法律和事实是否支持一个公法上的请求权。在各种确认之诉中，也需要以对主观公权利的侵害为构成要件。但是，即使在德国这样以主观公权利保护为司法对行政进行审查的主要目的的国家，也已经发展出客观诉讼的类型。德国《行政法院法》第 47 条的规范审查之诉就是一种典型的客观诉讼。根据《行政法院法》第 47 条的规定，规范审查的程序主要涉及：1）根据建设法典的规定颁布的章程，以及根据建设法典第 246 条第 2 款（《行政法院法》第 47 条、第 47 条第 1 款第 1 项颁布

---

① 参见邓刚宏：《论我国行政诉讼功能模式及其理论价值》，载《中国法学》，2009（5）。

的规章）；2）在位阶上低于州法律的其他法规，只要州法律对此高等行政法院的审查有规定。① 在实体的理由审查标准方面，规范审查不以对主观公权利的侵害为审查要件，只要规范审查请求针对正确的规范制定者，而且规范客观上是违法的，审查请求就具备理由。②

法国的行政诉讼则带有鲜明的客观诉讼模式的色彩。法国行政实体法最重要的原则是合法性原则，是整个行政法的灵魂。在行政诉讼中，维持客观的公法秩序，监督行政机关和其他公法机构及主体（包括部门公立公益机构、国营企业、地方公立公益机构、其他公法人、司法机构等）依法进行公务行为。③ 法国行政诉讼在传统上主要分为四类：1）人们诉请法官确认某个行政决定是违法的并将其撤销，这类诉讼即反越权行为之诉，又称越权之诉；另外，人们还可申请撤销一项违法的法规，此即撤销法规诉讼。④ 2）为了恢复法律秩序，人民可以诉请法官行使全部审判权力，可以撤销、变更、重新决定行政机关的决定，可以判决行政主体赔偿损失。⑤ 3）解释及审查行政决定的意义和合法性之诉。这类诉讼指法院在受理一般诉讼的过程中，如果发现案件的判决依赖于某一行政行为的意义或合法性时，须另行提请行政法官对某个晦涩难懂的行政法规作出解释，或者对被当事人指责为非法的某个行政法规作出是否合法的评判。这种诉讼又被称为解释之诉。⑥ 4）处罚之诉。行政法官具有处罚权力，这是法国历史传统所形成的一种特殊的诉讼，范围很小，对其他国家没有借鉴意义。⑦ 在以上诉讼中，反越权之诉和解释之诉都是典型的客观之诉。解释之诉是为了维护公法秩序的统一。反越权之诉的主要目的是监督行政主体依法行政，制裁违法的行政行为，保障良好的行政秩序，而不在于保护申诉人的主观公权利。⑧ 反越权之诉是一种典型的对事不对人的诉讼，在理

---

① 参见〔德〕弗里德赫尔穆·胡芬：《行政诉讼法》，莫光华译，北京，法律出版社，2003，第339页以下。

② 参见〔德〕弗里德赫尔穆·胡芬：《行政诉讼法》，莫光华译，北京，法律出版社，2003，第472页。

③ 参见〔法〕让·里韦罗、让·瓦利纳：《法国行政法》，北京，商务印书馆，2008，第327页以下。

④ 参见〔法〕让·里韦罗、让·瓦利纳：《法国行政法》，北京，商务印书馆，2008，第783页。

⑤ 参见王名扬：《法国行政法》，北京，北京出版社，2007，第525页以下。

⑥⑦ 参见王名扬：《法国行政法》，北京，北京出版社，2007，第526页。

⑧ 参见王名扬：《法国行政法》，北京，北京出版社，2007，第526页以下；〔法〕让·里韦罗、让·瓦利纳：《法国行政法》，北京，商务印书馆，2008，第784页以下。

由审查方面，审查的唯一要点就是行政行为或法规的合法性，不需要审查违法行政行为对申诉人主观公权利的侵害这一要件。判决的效果也不以当事人为限，一旦撤销，此行政行为或法规即丧失其法律效力。[①] 但是，法国也并非完全采纳客观诉讼模式的国家，一方面，近年来反越权之诉的客观因素在逐步淡化，越来越具有主观因素，更重要的是，法国行政诉讼中的完全管辖权之诉，就是一种以保护申诉人主观公权利为目的的诉讼类型。[②] 在完全管辖权之诉中，当事人通过诉讼主张某一种权利，而法官被赋予广泛的裁决权来保障当事人的权利，因而在完全管辖权之诉中，理由审查（或称实体审查）部分的一个核心的要点是当事人是否享有一个主观公权利。

根据以上对各国行政诉讼目标模式的考察可以得出结论，各国现在共同的趋势是采用双重混合模式，以前采取单一主观诉讼模式的国家，也在行政诉讼中引入了客观诉讼的类型。而传统上采取客观诉讼模式的国家，也引入了主观诉讼的类型。这种趋势反映了行政诉讼的一般发展规律，实际上也被我国所借鉴。

（3）二元目标模式的内部结构——公法权利保护在二元目标模式中的核心和基础性地位

1）保护公法权利作为司法对行政审查的首要的和基础性目标

目前我国行政诉讼目标模式采取了同时兼顾客观公法秩序维护和主观公法权利保护两种功能的行政诉讼模式。公法权利的保护和客观公法秩序的维护两种功能之间的关系如何处理是我国行政诉讼制度完善的核心议题之一。有"客观法律秩序维护模式为主，兼顾主观公法权利保护"，"主观公法权利维护为主，兼顾客观公法秩序维护"等解释模式。[③] 实际上，这两大目标的关系，不能简单地用以何目标为主来进行解释。主观公法权利保护，应当定位为行政诉讼的最基础、必须要确保的目标，这一目标实现是行政诉讼制度应当确保的"底线"，如果连公法权利都不能保护，谈何客观公法秩序的维护，因为公法权利规范本身是客观法律规范的一个组成部分，是客观法律规范中对个体而言最重要的那部分。对（主观）公法权利的保护，确保了个体利益和自由不被行政机关以公共利益的名义违法地

---

① 参见王名扬：《法国行政法》，北京，北京出版社，2007，第526页。

② 参见王名扬：《法国行政法》，北京，北京出版社，2007，第526页以下；〔法〕让·里韦罗、让·瓦利纳：《法国行政法》，北京，商务印书馆，2008，第784页以下。

③ 参见邓刚宏：《论我国行政诉讼功能模式及其理论价值》，载《中国法学》，2009（5）。

进行剥夺，确保了公民参与公共行政的机会不被剥夺。而客观公法秩序的维护，从理论上讲是行政诉讼力图去实现的目标，是一种理想的目标。近年来，各国行政诉讼改革的方向是不断扩大受案范围和引入各种行政公益诉讼，其目的在于更好地促进行政诉讼客观公法秩序维护功能的实现。但是，综观各国的行政诉讼制度，没有一个国家赋予公民一般性的法律执行请求权和承认普遍的公民或民众诉讼，客观公法秩序的维护到目前为止还只是法律制度不断靠近的一种诉讼模式。

先不论究我国的行政诉讼模式应当如何设计，不可否认的一点是：我国的行政诉讼制度应当为公民的公法权利（包括行政法权利和基本权利）保护提供畅通的、无漏洞的渠道。对公民的公法权利保护提供畅通的、无漏洞的渠道是一个国家行政诉讼制度的根基所在。只有完成了这一基础性任务，行政诉讼才可能实现客观法秩序维护，监督行政机关依法行政等其他进一步的目标和功能。否则，我国的行政诉讼制度将成为一个根基不牢，目标高远却不能脚踏实地的制度。

2）公法权利保护作为当下中国行政诉讼的核心目标

公法权利不仅应当作为行政诉讼的基础性目标，而且应当作为中国当下行政诉讼的核心目标，之所以把公法权利保护定位为中国当下行政诉讼的核心目标，主要有以下几点理由：

首先，从行政诉讼的主体间结构分析，公民或法人的公法权利保护在主体间结构转换中具有决定性的意义。谭宗泽教授深刻地剖析了行政诉讼涉及的主体间结构的转换及其对行政诉讼目的的决定意义。根据他的分析，行政诉讼涉及主体间结构关系的转换，在行政活动阶段及行政程序阶段，行政主体与公民是管理与被管理的关系，而当公民不服行政行为向法院起诉以后，公民与行政主体之间的关系就转换为原告与被告的关系；在这种角色和身份的转换中，一方面是公民从行政管理相对人向原告的身份转换，另一方面是行政主体从行政管理者转换为被告身份，两种转换的意义并不相同。① 公民从行政管理相对人向原告转变，在行政程序阶段，公民所享有的是听证参与权、陈述申辩权的行政程序性权利，在诉讼阶段，公民是诉权和诉讼中程序权利的行使主体，两个阶段的程序权利虽有不同，但都是以保障公民自己的权益为目的的。"就自身权益保障而言，前

① 参见谭宗泽：《行政诉讼目的新论——以行政诉讼结构转换为维度》，载《现代法学》，2010（4）。

后两阶段相对人的权利属性实质相同，而请求对象不同……因此，其结构角色转换对研究行政诉讼目的而言并无意义。相对人身份在前后两个阶段具有同一性，在进入行政诉讼结构的真实形态表达中可以占有同一地位。"① 行政主体在从行政程序阶段的行政管理者转换成被告则有着实质意义的改变。在行政程序中，虽然理论上公民和行政主体的关系是平等的，但由于行政主体在行使其行政权力，实质上两者的关系很难达到平等，在地位上二者必然具有某种程度的不对等性；在进入行政诉讼阶段后，二者是起诉权与应诉权的关系，以及诉讼活动中各种相对应的平等诉权关系。进入行政诉讼程序前，因为行政主体的行政活动，相对人合法权益受到侵犯（实质上受到侵犯或公民认为受到了侵犯），行政主体的行政公权力与相对人权利原本均衡的结构态势被破坏，处于失衡状态或可能处于失衡状态；这种失衡状态通过行政诉讼程序中重新构造公民和行政机关之间的关系而得以矫正，原告通过借助强大的司法公权，得以获得实质上的平等地位以对抗强势的行政公权，通过赋予法院司法审查权，修正原告处于弱势地位的权利结构，在司法这一层面上创造出均衡的新的权利结构状态，从而使得相对人合法权益得到弥补和矫正。② 启动这种主体间结构转换的关键是公民的起诉，而原告起诉或者是认为行政主体侵犯了其合法权益（在一般的行政诉讼），或者是在通过诉权的行使来行使其参与公共治理的公法权利（在公益诉讼中），可见，引发整个行政诉讼从而导致主体间结构转换的关键因素是公民公法权利的保障和行使。"以相对人权益保障为中心的理念地位突出表现在行政诉讼立体三角结构中，行政机关从行政主体身份转换为被告身份后，其公权力色彩消退，对相对人权益的平等保护成为最终目的。"③

其次，把保护公民的公法权利作为我国行政诉讼的核心目标，符合行政诉讼的发展潮流、中国当下社会和政治对司法的需求和司法的现实能力。在行政诉讼的双重目的中，监督行政机关依法行政以维持公法秩序和保护公法权利二者的关系不能等量齐观而应当有所侧重，即应当把保护公

---

① 谭宗泽：《行政诉讼目的新论—以行政诉讼结构转换为维度》，载《现代法学》，2010（4）。

② 参见谭宗泽：《行政诉讼目的新论—以行政诉讼结构转换为维度》，载《现代法学》，2010（4）；谭宗泽：《行政诉讼结构研究——以相对人权益保障为中心》，北京，法律出版社，2009，第186页以下。另外参见宋功德：《行政法哲学》，北京，法律出版社，2000，第118页。

③ 谭宗泽：《行政诉讼结构研究——以相对人权益保障为中心》，北京，法律出版社，2009，第192页。

法权利作为行政诉讼的核心目标，这可以从行政诉讼的发展潮流、中国当下社会和政治对司法的需求和司法的现实能力等角度进行论证：第一，发展民主、保障民生是当今国际的发展潮流，更是中国建立和谐社会的关键所在。不管是民主的发展还是民生的保障，都必须以公法权利的法律确认和在现实生活中的保护（特别是司法保护）为前提。现代社会是一个倡扬民权的社会，保护公民基本权利成为一种基本的价值取向。① 行政诉讼制度的建立，是为了实现"民告官"的真正意义上的对峙和平衡以推动民权的实现和保护。通过行政诉讼制度，使相对弱小的行政相对人的权益保护因为司法力量的介入而能够得以实现。第二，虽然我国目前正处于"依法治国、建立法治国家"的时代进程中，社会主义法律体系也基本形成，但行政诉讼制度在我国还处于初创和完善阶段。特别是从制度的运行来讲，其运行状况比起民事诉讼和刑事诉讼制度的运行状况更差，许多行政权力侵犯公民公法权利的案件并未起诉到法院，公民信访不信法院的状况在行政领域尤其突出。这有着历史的渊源，中国封建社会历史特别长，具有极深厚的"官本位"传统，行政权力还十分强大，公民权利意识还较为薄弱，在此背景下，将保护行政相对人的合法权益作为行政诉讼的首要目的，具有重要的时代意义，也更符合我国的国情。② 第三，行政诉讼是一种事后监督，而且这种监督是维护公法秩序，监督行政机关依法行政的重要手段之一。但是，应当看到，我国对行政行为的监督是全方位和多层次的，司法监督只是其中的一种形式。③ 而且，相对于对公民公法权利的保护，监督行政机关依法行政是一个更为艰巨的任务，如果把这一任务作为我国行政诉讼的主要目的，实在是勉为其难。监督行政机关依法行使行政职权虽然也是行政诉讼的目的，但与保护公民、法人和其他组织的合法权益相比较而言，只能处于次要的地位，只能是第二位的目的。④

第二节　司法对行政活动审查的基本模式

由于历史传统、司法体制、司法审查理念等方面的差异，各个国家的司法审查的标准呈现出不同的模式和形态。从总体上讲，美国以判例法为

①②③④　参见向忠诚：《行政诉讼目的研究》，载《河北法学》，2004（12）。

主要基础的司法审查模式是以事实问题和法律问题的区分作为其司法审查的总体构架，而大陆法系国家则以立法所确立的诉讼类型划分为其司法审查的基本构架。

一、事实问题和法律问题的区分模式[①]

（一）事实问题和法律问题区分的缘起

美国法院对行政的司法审查是建立在法律问题和事实问题的区分上的，这也构成了美国行政司法审查的最显著特色。这一特色对包括我国在内的许多国家的行政司法审查产生了深远的影响。这一区分有其历史传统的原因，也有其科学的权力分工理论作为基础支撑。

就其历史渊源而言，美国法中事实问题和法律问题的区分与其陪审制的历史传统有着密切的关联。陪审团制度以事实问题和法律问题的区分为前提，由陪审团对事实问题进行认定，而法官则负责审查法律问题。陪审制直接影响了美国各级法院的职能划分，时至今日，在行政诉讼和民事诉讼中，陪审制已经基本不适用，但区分法律问题和事实问题的传统还是保留了下来。[②] 在上诉审程序中，"出于对陪审团在初审程序中所作事实裁定的尊重，上诉法院原则上不审理事实问题；对未经陪审团参加审理的案件，虽然法律规定可以对事实问题进行审理，但除非有明显的错误，上诉法院通常都会尊重初审法院关于事实问题的裁定"，对行政行为的司法审查，在历史上曾被视为一种特殊的"上诉"程序，由高等法院王座法庭审查有关行政行为的案件在过去被视为审查下级法院。[③]

就理论基础而言，权力分工原理是事实问题与法律问题区分理论渊源。一般来讲，法官是法律方面的专家，其在解释法律方面具有专业的优势和权威性。而在事实认定方面，由于行政涉及各个不同的社会生活领域，而行政官员由于具备专业的素养和长期实际经验，比法官更具有优势。[④] 因此，根据法律问题和事实问题的区分来建立相应的有所区别的审查标准，比较能够更好地体现法院和司法的专业优势，实现权力的合理配

---

　　① 　关于英美法系国家司法对行政进行全面审查的阐述，请参见杨伟东：《行政行为司法审查强度研究》，北京，中国人民大学出版社，2003。

　　②③ 　参见刘东亮：《行政诉讼程序的改革与完善：行政行为司法审查标准问题研究》，北京，中国法制出版社，2010，第 27 页。

　　④ 　参见刘东亮：《行政诉讼程序的改革与完善：行政行为司法审查标准问题研究》，北京，中国法制出版社，2010，第 28 页。

置和组合。

（二）对事实问题的审查

1. 英国法院对事实问题的审查

英国的行政司法审查构建于越权原则之上，司法审查的范围是：凡涉及确定行政机关权限的问题，法院有完全的审查权，而对于行政机关权限内的事项，法院只能行使有限的程序审查权，行政机关在此范围内享有自主权。[①] 法院对行政的审查集中在管辖权问题上，但是，即使对管辖权问题的审查，在事实问题和法律问题上，司法审查的范围和深度也有着重要的区别。

在法律问题的审查上，法官通过判例的发展已经"将管辖权审查提升到这样复杂的高度，以致'管辖权'一词已不再需要"，法院对法律问题已经建立起了全面的审查权。但在事实问题上，管辖权原则是法院审查行政行为的主要原则，但是近年来，英国法院也开始逐步扩大对非管辖权事实的监督力度，并在判例中建立了一些对非管辖权事实进行审查的规则。概而言之，英国法院对事实问题的审查的基本规则包括：（1）严格审查原则。此一原则仅适用于对管辖权事实问题的审查，"如果问题被认定是管辖权问题，那么复审法院有权重新审查其问题的是非曲直，在必要时可以进一步接受证据，用自己的意见代替行政机关的看法"[②]。这种严格审查具有以下特点：第一，法院对管辖权事实的审查不受行政机关初始认定的约束，是一种独立的重新判断和认定；第二，法院有权接受新证据；第三，法院在审查管辖权事实时，可以以自己的观点和看法代替行政机关的看法。[③]（2）"无证据"原则和"错误事实根据"原则。这两个原则适用于对非管辖权事实的审查。在过去，法院对非管辖权事实的审查采取非常保守的态度，无证据支持的事实是按照法律上的错误来审查的，但这样的解释很难自圆其说，所以法院逐渐把"无证据"作为司法审查的一个独立的理由建立了起来。这一原则主要包括两种情形：其一，行政行为根本无任何证据支持；其二，支持行政行为的证据过分稀少，以至于凡有正常理

---

① 参见杨伟东：《行政行为司法审查强度研究》，北京，中国人民大学出版社，2003，第55页。

② Jack Beatson, "The Scope of Judicial Review for Error of Law", *The Law Quarterly Review*, Vol. 4, No. 1, Spring 1984, p. 25. 转引自杨伟东：《行政行为司法审查强度研究》，北京，中国人民大学出版社，2003，第114页。

③ 参见杨伟东：《行政行为司法审查强度研究》，北京，中国人民大学出版社，2003，第114页。

性的决定者均不会依此证据作出此类决定。① "错误事实根据"原则则更进一步，它不仅要求行政机关作出的行政决定是基于呈现在面前的材料合理地作出决定，而且行政机关还必须证明材料是以正确的形式出现的。②

2. 美国法院对事实问题的审查

根据不同行政程序和情形，美国法院对事实问题的审查适用不同的规则。

（1）实质性证据规则

这一规则仅适用于审查行政机关的正式行政裁决和正式制定规章行为，即必须以法律规定的行政记录作为审查的基础。这一规则的核心含义是：如果一个有理性的人能够得出与行政机关相同的结论，法院就不能推翻行政决定。实质性证据标准意味着对行政机关权限的尊重，什么证据具有证明力，以及证据证明力的大小，都由行政机关决定，法院只审查行政机关的判断是否合理。③ 对同一证据事实，当法院自己判断得出的结论和行政机关不同时，只要行政机关的判断合理，法院仍应尊重行政机关的判断。

（2）重新审查规则

在此标准下法院可以重新审查证据并决定案件。重新审查标准是一个例外的审查标准，它仅适用于没有事实根据以至于要法院对事实进行重新审查的情形。主要有三种情况：第一，行政行为的本质是司法性质的行为，而行政机关的对事实的裁定在程序上存在欠缺。第二，在执行非司法性行政行为的程序中，当事人提出了新的事实问题。第三，严重影响公民基本权利的行政行为。

（3）专断、反复无常和滥用自由裁量权的审查标准

专断、反复无常和滥用自由裁量权的审查标准适用于依非正式裁决程序作出的决定（以及行政机关行政裁量权的决定），对此类决定法律没有规定必须制定必需的记录，审查的记录由法院决定，这一标准常常被用来作为审查行政自由裁量权的首要标准。专断、反复无常和滥用自由裁量权的类型主要包括：第一，不正当的目的；第二，考虑不相关因素或者不考虑相关因素；第三，不作为或延迟；第四，背离既定的先例或者习惯；第

---

①② 参见杨伟东：《行政行为司法审查强度研究》，北京，中国人民大学出版社，2003，第116页。

③ 参见刘东亮：《行政诉讼程序的改革与完善：行政行为司法审查标准问题研究》，北京，中国法制出版社，2010，第34页。

五，过于严厉的行政处罚。

（三）对法律问题的审查

1. 英国法院对法律问题的审查

英国法院对待法律问题的传统立场是：司法审查的范围基本集中于管辖权问题上，即只有涉及管辖权的法律错误才能进行审查。在行政机关管辖权范围之内的法律问题法院不进行审查。[①] 把司法审查范围局限于管辖权之外的法律问题的原则有一个例外是记录表面错误（error on the face of the record）原则，它允许法院对在行政机关管辖权之内的法律错误进行审查，记录表面错误并不要求这一错误必须十分严重，但要求从行政机关的记录清楚而明显地看出此错误。[②]

但是，在安尼米尼克案之后，以越权原则来确定法院对法律问题审查的立场已经被突破。安尼米尼克案把法院对法律问题的审查扩大到所有法律错误，把所有的法律错误都视为越权行为。在此之后，管辖权内法律错误不受司法审查的概念正迅速被淘汰。越权原则在法律问题的审查中已经在事实上丧失其重要的适用价值。

2. 美国法院对法律问题的审查

美国传统的法律理论和司法实践赋予了法院对行政行为法律问题最终的决定权。根据美国宪法所确立的三权分立的框架，法院在司法审查中有权决定法律问题，对法律的解释法院有最后的决定权，法院可以用自己的判断代替行政机关的判断。[③] 根据《联邦行政程序法》第 706 条，"在必要的范围内，审查法院应当决定所有相关的法律问题，解释宪法和法律条文、行政行为术语的含义或者适用的范围"。当然，法院在审查法律问题时，也不能完全无视行政机关对法律的解释，因为行政机关在行政执法的过程中也需要具有对法律的解释权，法院在司法审查中不能对行政机关的法律解释权视而不顾，随意地对法律进行重新解释。[④] 法院究竟在多大程度上重视行政机关的解释，取决于行政机关的解释是否具有一贯性、解释主体是否是负主要执行责任的行政部门、国会对行政机关法律解释的态

---

① See Susan Streets：Adminstrative Law，Reed International Books Aus pralia Pty Limited，Butter Worths，1997，p. 119.

② 参见杨伟东：《行政行为司法审查强度研究》，北京，中国人民大学出版社，2003，第56 页。

③ 参见刘东亮：《行政诉讼程序的改革与完善：行政行为司法审查标准问题研究》，北京，中国法制出版社，2010，第 46 页。

④ 参见刘东亮：《行政诉讼程序的改革与完善：行政行为司法审查标准问题研究》，北京，中国法制出版社，2010，第 47 页。

度、行政机关的解释是否符合通常的解释规则、法院和行政机关在解释事项所具有的专业优势等因素。① 但是，在谢弗林判例之前的传统司法审查中，不论法院如何重视行政机关的对法律问题的解释，法院都不会把行政机关的解释看成是法律问题的最后结论，而是把它当做帮助法院对有争议问题达成正确解释的指导。②

　　谢弗林案件（Chevron v. Natural Resources Defense Council）是美国法院对行政司法审查历史中具有里程碑性质的重要判例。谢弗林案件围绕1977 年《清洁空气法》中的"固定的空气污染源"一词的含义发生了争议。联邦环保署为执行修正后的《清洁空气法》制定了一个行政规章，在规章中对"固定的空气污染源"进行了重新解释，根据其解释，"一个工厂整体，可能包括几个建筑物和多个烟囱，构成一个独立的固定污染源③。这一新的解释的目的在于在污染物总量控制的前提下赋予企业在减少空气污染方面更多的灵活性，与原有的联邦环保署对固定污染源界定并不一致。④ 这一解释引发了一个民间环保组织——"自然资源保护委员会"的争议，该机构向哥伦比亚特区巡回法院申请司法审查，法院推翻了行政机关的解释，此案上诉至联邦最高法院后联邦最高法院推翻了哥伦比亚巡回法院的判决，认为巡回法院犯了一个基本的法律错误，其解释方法是错误的。⑤ 最高法院阐述了法院正确的解释方法："要审查国会是否直接阐明了某个法律的立法意图。如果国会的立法意图是明确的，那就不需要再讨论了，无论是法院还是行政机关，必须贯彻落实国会明确无误的立法意图，法院不应该简单地诉诸自己对法律的理解；毋宁，如果制定法对某个领域留下了漏洞或含混，法院的判断应该放在行政机关的解释是否合理的基础上，即行政机关的解释是否专横、任性和非理性。"⑥ 这就是著名的"谢弗林尊重原则"，这一原则实际上包含了三层含义：第一，尊重

　　① See Jack M. Beermann, *Administrative Law*, Aspen Law & Business, 2000, p. 66.
　　② See Jack M. Beermann, *Administrative Law*, Aspen Law & Business, 2000, pp. 66 - 67.
　　③ 刘东亮：《行政诉讼程序的改革与完善：行政行为司法审查标准问题研究》，北京，中国法制出版社，2010，第 49 页。
　　④ 参见王旭：《行政法解释学研究：基本原理、实践技术与中国问题》，北京，中国法制出版社，2010，第 113 页。
　　⑤ 参见刘东亮：《行政诉讼程序的改革与完善：行政行为司法审查标准问题研究》，北京，中国法制出版社，2010，第 49 页。
　　⑥ Chevron, 467U. S. at 842 - 43. 转引自王旭：《行政法解释学研究：基本原理、实践技术与中国问题》，北京，中国法制出版社，2010，第 114 页。

立法机关的明确意图，当立法机关明确地将相关的立法和法律解释权授予行政机关时，法院应当尊重立法机关的授权；第二，当立法机关的意图不明确，当制定法出现法律漏洞或者词语模糊时，要尊重行政机关在合理范围内对模糊的法律或法律漏洞所作出的政策性解释，除非行政机关的解释专横、任性和非理性，否则法院不能用自己的解释替代行政机关的解释。

　　谢弗林案件对法院对法律的解释具有最后的决定权的传统进行了改革和挑战，法院垄断法律问题的最后解释权的模式不再是绝对的和无条件的，法院也不能无条件地就一切法律问题进行司法审查。对法律问题的解释权认为应当在法院和行政机关之间进行合理的分配。这种分配首先取决于立法机关的意图，在意图不明确时，谢弗林案中将解释的权威授予了行政机关而不是法院。"谢弗林尊重原则"至今在美国法学界仍是一个备受争议的原则。后来的克里斯坦森案和米德案重新解释和限制了谢弗林尊重原则。在米德案创立的新框架下，法院对待行政机关的法律解释不再是谢弗林式尊重或无尊重的全有或全无的简单选择，而是面临着三种情况①：第一，法院接受行政机关对法律的解释，即谢弗林尊重；第二，法院在综合考虑行政机关解释涉及的多种因素后，对具有说服力的解释予以尊重，即斯基德莫尔原则；第三，无尊重，即法院在进行独立的审查判断后，不接受行政机关的解释。在判断给予行政机关的法律解释强尊重或弱尊重时，立法性规则和非立法性规则的区分具有至关重要的意义。两者的区分主要依据以下标准：首先，授权要求不同，行政机关制定立法性规则以立法机关授予其委任立法权为前提，而行政机关制定非立法性规制并不以此为前提。其次，制定程序不同，除法定的特殊情况外，行政机关制定立法性规则必须采用通告评论程序，非立法性规则的制定则不是必须采用此程序。再次，公布方式不同，立法性规则必须在《联邦登记》上公布，而非立法性规则没有此要求。最后，法律效力不同，立法性规则具有法律的效力，而非立法性规则仅具有指导作用，原则上只在内部具有效力。在米德案中，最高法院一再声明，只有立法性规则才能具有适用谢弗林尊重的资格，对非立法性规则，法院根据斯基德莫尔原则对行政机关对解释和规定进行弱尊重。

　　美国法院对法律问题的审查立场至今仍然是一个争议的话题。总体来

---

　　①　参见杨伟东：《行政行为司法审查强度研究》，北京，中国人民大学出版社，2003，第91页。

讲，虽然谢弗林案件在一定程度上对法院垄断法律问题最终解释权的理念提出了修正，但后来的一系列案例和理论表明，在立法机关没有授权行政机关进行立法的情况下，与法院对行政机关事实认定的强尊重相比，法院对行政机关对法律问题的解释是一种弱尊重的态度。

二、司法对行政审查之行政诉讼类型化模式——以德国为考察重点

在大陆法系国家，司法审查的主线是诉讼类型的划分。针对不同性质的社会冲突，采取不同的诉讼方式加以解决，由此构成不同的诉讼类型。不仅一国的诉讼体系分成不同的诉讼类型，如刑事诉讼、民事诉讼、行政诉讼和宪法诉讼。而且在每一种诉讼类型内部，也可以进一步区分出各种诉讼类型。对不同类型的诉讼，法官的审查和裁判方式都有不同。就对行政的司法审查而言，典型的大陆法系国家如法国和德国都建立了独立的行政法院系统，形成了以行政诉讼类型划分为主线的行政司法审查模式。

在法国，不同的行政诉讼类型适用不同的司法审查标准，司法审查的标准是由诉讼类型决定的。法国主要的行政诉讼类型包括完全管辖权之诉、撤销之诉、解释之诉、处罚之诉等①，其中完全管辖权之诉和撤销之诉是最重要的两种诉讼类型。这两种诉讼类型的司法审查标准也有着显著的差异。完全管辖权之诉是指行政法官可以行使全部审判权力的诉讼，即法官可以对案件涉及的法律问题和事实问题进行全面的审查，可以撤销、变更行政机关的决定，也可以判决行政主体承担赔偿责任。② 完全管辖权之诉包括行政合同之诉、行政性选举诉讼、直接税诉讼、命令撤除或者修理有倒塌危险的建筑物的诉讼、行政主体赔偿诉讼等。撤销之诉是当事人请求法院撤销违法的侵害其权益的行政行为的诉讼，在撤销之诉中，法官的权力是审查行政行为是否合法并撤销违法的行为，法官不能变更或者重新作出行政行为。③ 越权之诉是撤销之诉的最重要的形态，越权之诉的撤销理由包括：无权限、形式上的缺陷、权力滥用和违反法律，这种传统的撤销理由分类模式受到了一些学者的批评，因为他们认为这种分类是不科学的，因为无权限、形式上的缺陷、权力滥用本身也是违反法律，他们认

---

① 参见〔法〕古斯塔夫·佩泽尔：《法国行政法》，廖坤明、周洁译，北京，国家行政学院出版社，2002，第 287 页。

② 参见王名扬：《法国行政法》，北京，中国政法大学出版社，1998，第 706～708 页。

③ 参见刘东亮：《行政诉讼程序的改革与完善：行政行为司法审查标准问题研究》，北京，中国法制出版社，2010，第 144 页。

为越权之诉的理由按照行政决定的各个因素的违法方式来分更为合理，按照这种思路，他们把越权之诉的理由分为：行政决定主体的违法（无权限）；行政决定形式的违法（形式的缺陷）；行政决定目的的违法（权力滥用）；行政决定内容或标的的违法；行政决定原因（根据）的违法（即是否具备事实根据）。① 在越权之诉中，法院对法律问题和事实问题的审查是有区别的，在法律问题上行政法院有全面的审查权，但在事实问题上，法院形成了明显的判断错误标准、一般审查标准和妥当性（合理性）标准。明显的判断错误标准只适用于外事警察、政治安全警察等要求法院实行最低程度监督的事项和某些技术性很强的实项，在这种审查标准中，只要行政机关的决定没有出现正常理智的人根据一般的常识都能看出的错误，法院就应当尊重行政机关的决定。一般审查标准是适用最为广泛的事实审查标准，行政法院不仅要审查事实是否实际存在，而且要审查事实的性质是否符合法律的规定。在某些案例中，事实的性质不能完全由客观标准确定，还必须依靠法官的主观评价时（例如限制公民自由的措施是否在维护公共秩序的必要范围的审查），法院对事实审查适用妥当性标准，法国行政法学称之为损失和利益对照表。

日本法院对行政行为的审查是以行政诉讼类型的划分为主线的，以行政诉讼类型划分为主线来设计行政司法审查的模式在韩国和我国台湾地区也被采用。我国的行政诉讼体制也采用了这一模式。本节将重点对与我国的司法审查模式较为接近的德国的司法审查进行深入的考察。

在德国，行政诉讼的类型主要包括撤销之诉、课以义务之诉、一般的给付之诉、确认之诉、法规审查诉讼等。其中，撤销之诉、课以义务之诉和一般的给付之诉是最重要的诉讼类型，以下对这三种诉讼类型的审查标准进行考察。

（一）撤销之诉的司法审查要点

根据德国《行政法院法》第113条第1款第1句，"如果撤销诉讼针对正确的被告提起，负担性的行政行为违法并且对起诉人的主观公权利造成损害，则一个撤销诉讼就具备理由"。从这个条款可以看出，撤销诉讼的实体审查包括三个要点：其一，被告适格，其二，行政行为的合法性，其三，主观公权利的侵害。在这三个审查要点中，是否针对正确的被告提起撤销之诉的审查相对简单，原则上，撤销之诉所针对的作出机关应当是

---

① 参见王名扬：《法国行政法》，北京，中国政法大学出版社，1998，第686页。

被诉的那个行政行为的作出机关，并且该机关能对争议标的进行处分。[①]也有观点认为，被动适格的审查应当属于审查起诉阶段的形式审查内容，而不是在理由部分进行审查，但从法条的规定来看，其无疑属于理由审查的组成部分。但由于此一要点的审查相对简单，所以不是理由审查部分的重点。

行政行为的合法性和对起诉人主观公权利的侵害是撤销之诉的审查重点，而其中又以违法性的审查为重中之重。违法性审查分为形式合法性审查和实体审查两个部分，合法审查的理论基础是对主观公权利的干涉须有法律依据，如果干涉行政不能找到法律依据，行政行为的合法性就无从谈起，可以直接判断行政行为不具有合法性。如果能够找到具体的法律依据，则须进一步根据法律依据对行政行为的形式合法性和实体合法性进行审查。对起诉人主观公权利的侵害是一个在审查起诉阶段就曾经进行过审查的要点。但审查起诉阶段仅仅就主观公权利受损的可能性进行审查，而在理由审查部分需就当事人的主观公权利是否实际上受损进行审查，可能性审查已经不能满足要求，需要具体审查当事人的具体主观公权利的受损事实。一个撤销之诉的实体审查要素可以总结如下：

Ⅰ. 被动适格（Passivlegitimation）

Ⅱ. 行政行为的合法性

A. 授权基础（Ermächtigungsgrundlage）：根据法律保留原则的要求，干涉行政行为需要一个合宪的法律基础，在有合宪性疑问时要进行合宪性审查

B. 形式合法性（Formelle Rechtmäßigkeit）

a. 管辖权

b. 程序（Verfahren）

c. 形式（Form）

C. 实质的合法性（Materielle Rechtmäßigkeit）

a. 法律中规定的事实要件是否已经得到了满足

b. 行政行为必须符合行政行为合法性的一般要求，包括行政行为内容的确定性、行政行为的可能性，比例性原则

c. 行政机关必须选择所许可的，正确的法律后果

---

① 参见〔德〕弗里德赫尔穆·胡芬：《行政诉讼法》，莫光华译，北京，法律出版社，2003，第 408 页。

Ⅲ. 对主观公权利的侵害

从以上审查要素可以看出，撤销之诉的实体审查包括被动适格、合法性和对主观公权利的侵犯三个方面，其中被动适格指作为被告的行政机关是法律规定的具有相关权责主体的机关。在我国，这一审查要件是在审查起诉阶段的形式审查中进行的，但德国法学界认为，作为被告的行政机关是否正确，是一个实体法的解释问题，因此是实体审查的内容。这一要件在课予义务之诉和一般给付之诉中具有重要的意义，在撤销之诉中，被告在一般情形下是作出行政处分行为的行政机关，对此很少在司法审查中发生争议，因此不是撤销之诉的审查重点。撤销之诉的审查要件主要是合法性和对主观公权利的侵犯两个方面。

由于德国撤销之诉的实体审查采用了违法性和对主观公权利的侵犯的二元审查体制，故违法性与行政行为的被撤销之间没有必然的因果关系。也就是说，一个具有违法性的行政行为可能不具有可撤销性，如果这个具有违法性的行政行为未造成对起诉人主观公权利的侵犯。特别是在形式违法的情形下，由于形式的违法性可以通过事后的补正以治愈，或者对行政行为的效力不发生影响，所以形式违法而行政行为不能被撤销并依然生效的情况并不少见。因此，合法性与有效性并不是直接对应的，违法的行为如果并没有侵犯当事人的主观公权利，法院不能判决撤销这一具有违法性的行政行为。合法的行政行为如果还不具备发生法律效力的条件，其也是一个效力未定的行政行为。一个行政行为是否有效和是否合法可以表现为以下四种形式：第一，合法并且有效的是完美的行政行为，其法律后果已经具有法律上的稳定性。第二，合法但尚未生效的是不完美的行政行为，其法律后果是悬而未决，例如生效附条件的行政行为由于条件还未具备，所以未发生效力。第三，违法但临时有效的是有瑕疵的行政行为，其法律后果表现为可诉请撤销性以及重新作出的可能性。如果此种行政行为被撤回或者撤销，行政行为失去法律效力。相反，如果此行政行为因事后的补正措施变得不可诉请撤销或者过了法定的撤销期限，此行政行为即发生法律效力。第四，违法并且无效的是严重的、明显违法的行政行为，不产生法律效力。下面将就合法性审查和对主观公权利的侵犯的审查展开深入分析。

1. 合法性审查

合法性审查是撤销之诉中实体审查的核心，包括三个方面，即法律基础、形式合法性和实体合法性。

（1）干预基础

根据从法治国家原则所推导出的法律保留原则，干预行政需要具备合法的法律依据，因此首先要审查行政行为的法律依据。

1）必须要有一个（足够具体的）干预基础

作为一个负担性和干预性的行政行为，其应当具备法律规范基础。国会制定的法律、行政机关根据国会授权所制定的行政法规和具有自治权的机关所制定的自治规章或规制都可以作为负担性行政的法律规范依据。首先应当在专门法中寻找规范基础，比如联邦污染排放保护法、联邦建筑法，如果不能从专门性的行政法律中找到规范基础，可以借助于警察法上的更一般的职权规范。如果一个干预行政行为不能找到法律依据，则是违法行政。①

如果作为干预基础的是法律，那么干预基础的合法性在通常情形下是无须审查的，因为法律的合宪性问题的审查应当提交宪法法院。只有在行政法院对其合宪性问题有怀疑时，才会把法律提交联邦宪法法院对其合宪性进行审查。但是，如果干预的基础是一个行政机关根据国会的授权立法而制定的行政法规（Rechtsverordnung）或有自治权的机构所制定的章程、规章（比如大学制定的校规或一个乡镇制定的章程或规章），那么对作为干预基础的法律规范进行合法性审查就是实体合法性的前提，如果作为行政行为依据的法律本身的合法性不能保障，行政行为的合法性也就无从谈起。在行政行为的依据包括行政法规时，对行政法规的合法性审查包括三步：第一，审查作为行政立法的授权基础的国会立法。审查这一国会立法是否违反宪法的规定（特别是基本权条款），审查国会立法的授权条款是否符合基本法第80条第1款第2句对授权立法确定性的要求（国会立法须具体规定行政法规的内容、目的和范围），如果发现国会立法有违宪的可能，需提交联邦宪法法院对国会立法的合宪性进行审查。第二，要对行政立法是否符合国会授权立法的规定进行审查。不仅要审查行政立法的机关和程序是否符合国会法律的要求，而且要审查实体内容是否符合作为授权基础的国会法律的要求。第三，要审查个案中具体的行政措施是否符合行政法规的要求。在行政行为的依据包括自治规章时，也要对自治规章的合法性本身进行审查，审查的步骤与对行政法规的合法性审查类似，

---

① 参见〔德〕弗里德赫尔穆·胡芬：《行政诉讼法》，莫光华译，北京，法律出版社，2003，第416页。

首先要对自治规章制定依据的国会法律进行审查，有违宪疑问时提交宪法法院。其次要对自治规章本身是否违反了其对应的国会立法进行审查，最后要对具体行政措施是否符合自治规章的规定进行审查。

2）对个案的适用性

仅仅具备抽象的法律基础是不足的，还要看个案是否在干预基础法律的适用范围之内，如果不在其适用范围内，也不能认为具备了规范基础。①

（2）形式合法性

1）行政管辖权

行政机关为行政行为时，须对特定的事项具有管辖权。管辖权法律规范包括事务、地域和级别三个维度，即行政机关对个案中的特定事项要具备事务的、地域的和级别的管辖权。根据联邦《行政程序法》第 46 条的规定，如果程序方面的违法对行政行为的实体内容不会发生影响，则行政行为可以不被撤销。因此，虽然管辖权方面的违法不能根据联邦《行政程序法》第 45 条的规定进行补正治愈，但管辖方面的违法并不一定导致行政行为无效或被撤销。关键是看管辖权的违法是否会对实体内容发生影响，如果仅仅违反的是内部的业务分工则不会导致行政行为的被撤销。

2）行政程序

行政行为违反了联邦行政程序法或具体的行政法律中规定的程序性条款的法律后果是一个非常复杂的问题。程序的违法可能导致行政行为的无效或被撤销，但是，行政程序的违法可以事后进行治愈，也可能不对行政行为的效力发生影响。对这一问题的详细论述，请参见行政程序权保护一章。

3）形式

形式方面的违法性的效力也需具体分析，某些形式的违法可以直接导致行政行为的撤销，而某些形式的违法性不对行政行为的效力发生影响。

（3）实体合法性

1）行政行为的事实要件

实体合法性的第一个审查要点是看行政行为是否符合法律法规中规定的事实要件。事实要件要按照法律法规的规定进行具体解释，特别是，不

---

① 参见〔德〕弗里德赫尔穆·胡芬：《行政诉讼法》，莫光华译，北京，法律出版社，2003，第 417 页。

确定的法律概念要进行正确的解释，如果行政机关被赋予了相应的判断余地，对判断余地的内容只进行形式审查。

A. 不确定法律概念解释适用的合法性

法律事实要件的内容的确定性各不相同。如果法律事实要件的确定性程度高，则适用法律和对法律适用的司法审查都相对容易。但行政法律法规中存在大量的不确定概念，如公共利益、共同福祉、重要根据、交通利益、可靠性、能力、必要、特殊困难、难看、对自然风景不利等。① 联邦行政法院早期对不确定的法律概念通常只作有限的审查，但后来对不确定法律概念进行全面审查，即在不确定法律概念的适用和具体化方面从事实和法律两个方面进行全面的审查。只有在明示的例外情形下，方尊重行政机关的判断余地，进行有限制的审查。②

B. 判断余地

德国的理论认为，判断余地与裁量不同，因为判断余地涉及的是在事实要件中不确定概念的解释和适用问题，而裁量是涉及决定的法律后果问题。在某些特殊情形中，不确定概念的评判依赖于决定者本人的主观评价，这就需要尊重评判者的判断余地，在此种情形下，法院的司法审查应受到限制。③ 这种行政机关享有判断余地的情形包括：（a）考试决定；（b）与考试决定类似的决定；（c）公务员法上的考核；（d）由专家和/或利益代表人组成的独立委员会作出的判断性决定；（e）主要在环境法和经济法领域的预测性决定和风险评估决定；（f）具有不确定法律概念具体因素的决定，特别是政策性的行政决定。④ 在这些情形下，法院的司法审查是有限的，比如，在考试法中，法院审查就缩减到下列方面：是否遵守包括考官公正在内的考试程序；是否对事实状况的前提条件满足与否进行了合乎规定的调查；考试机会是否平等；是否遵守了一般的评判原则，如考试内容是否紧扣考试目的。

2）行政行为的一般性要求

行政行为还应当符合行政行为一般性的合法性要求，这种一般性的要

①② 参见〔德〕哈特穆特·毛雷尔：《行政法学总论》，高家伟译，北京，法律出版社，2000，第133页。

③ 参见〔德〕弗里德赫尔穆·胡芬：《行政诉讼法》，莫光华译，北京，法律出版社，2003，第429页。

④ 参见〔德〕哈特穆特·毛雷尔：《行政法学总论》，高家伟译，北京，法律出版社，2000，第137页。

求包括：措施履行的可能性，行政行为内容的确定性，行政行为应当符合比例原则，行政行为应当符合平等原则等。

3）适用的法律后果的合法性

如果具体个案的情形符合法律规定的事实要件，则行政机关即可采取相应的行政行为。但是，行政机关就特定事实适用特定法律后果的行政行为也要符合法律的规定。在拘束行政的场合，此问题相对简单，拘束行政中特定的事实要件下行政机关应当采取特定的措施。而在裁量行政中，法律后果适用的合法性就是实体合法性的一个审查重点。在决定裁量中，行政机关就是否适用法律后果享有裁量权，而在选择性裁量中，行政机关则在各种法律后果中有选择适用的权力。

法院对行政机关裁量的审查与行政复议机关的审查不同，在行政复议程序中，除合法性之外，合目的性也是审查的要素之一。在行政复议程序中，政治性、经济性、平衡性等方面的因素也可成为复议机关撤销行政行为的因素，但在法院对行政行为的司法审查中，法院的审查被限定在法律的界限内，只进行合法性审查，而不包括合目的性审查。对此，《行政法院法》第 114 条对法院的审查范围和强度作了说明："法院也要审查，行政行为的作出，拒绝或不作为，是否因为裁量的法定界线被超越，或者以一种不符合授权目的的方式进行裁量而违法"。需注意的是，法院的审查并非完全不涉及目的性，而是只审查行政行为是否符合法律规范的目的，法律目的之外的政治、经济和社会目的不在其审查范围之内。

根据联邦《行政法院法》第 114 条和《行政程序法》第 40 条的规定，裁量瑕疵包括裁量怠慢，滥用裁量和裁量越权三种情形，裁量瑕疵直接导致行政决定违法，相应的行政行为可以被撤销。裁量怠慢是指行政机关不行使法定裁量权或未充分行使行政裁量权，未行使裁量权指行政机关把裁量行政当做拘束行政来处理，而未充分行使裁量权是指行政机关选择具体的干预措施时未行使裁量权。裁量越权是指行政机关适用法律规定范围之外的法律后果，如超出法律最高罚款数额进行罚款。裁量滥用是指行政机关根本没有遵守裁量规范的目的，也包括裁量过程中没有考虑到基本权利的保护和比例原则的要求，以及其他基本法律原则的要求，如平等原则。[①] 比例原则是约束裁量权行使的重要法律原则，比例原则是德国公法

---

① 参见〔德〕哈特穆特·毛雷尔：《行政法学总论》，高家伟译，北京，法律出版社，2000，第 130～131 页。

教义学中发展起来的约束国家权力行使的一般原则，其内涵包括：（a）适当性原则（Geeignetheit）。其不但要求公权力措施是服务于合法的目的，而且要求公权力措施能够促进目的的实现。① （b）必要性原则（Erforder-lichkeit），即最小伤害原则。其要求在所有能够同等程度促进合法性目的实现的手段和措施中，应选择对公民基本权限制最小的手段和措施。在此，考察的要点有三：其一，是否存在促进此合法性目的实现的多种手段，如客观上只有一种选择，必要性原则即已得到满足。其二，在存在多种手段的情形下，要考察是否多种手段都可同种程度地促进目的的实现。其三，在能同等程度地促进目的实现的多种手段中，应选择对公民基本权限制最小的一种。如虽存在对公民基本权限制较小但在促进目的实现的程度较差时，选择对公民基本权限制较大但能更高程度上促进目的实现的手段并不违反必要性原则。反之，如选择在较差程度上促进合法性目的实现而对公民基本权限制较大的手段，或在同种程度促进目的实现的手段中，选择对公民基本权限制较大的手段，则违反了必要性原则。（c）所谓狭义比例原则，也叫禁止肆意原则（Verhältnismäßigkeit im engerem Sinne，Proportionalität），它要求所采取的手段对公民造成的损害与给社会带来的利益之间要具有合理性，即从总体上看，对公民的损害不得超过给社会带来的利益。

2. 对主观公权利的侵犯

当事人自身的主观公权利受侵犯是撤销行政行为的两大要件之一，仅仅行政行为的违法性还不能导致行政行为的被撤销。正如前文所述，虽然主观公权利的侵犯在审查起诉阶段也是审查要点之一，但在此阶段的审查与审查起诉阶段的审查是不同的，在此阶段，须确定起诉人自身的主观公权利已经事实上受到了违法行政行为的侵犯。主观公权利的受侵害在起诉人是行政行为的直接相对人时可以直接根据负担性行政行为的违法性进行推论。第三人申请撤销行政行为和程序权利的受侵犯则需要进一步讨论。

（1）第三人主观公权利的受侵犯

在第三人申请撤销行政行为时要具体进行审查，例如，因违反没有邻居保护效力的自然保护法而造成自然保护法上的违法性，但由于自然保护法的规范并没有赋予相邻人主观公权利，这种客观的违法性也不能导致相应行政行为被撤销。第三人公法权利可以通过三种方式进行解释确认：其

---

① 参见陈新民：《德国公法学基础理论》，济南，山东人民出版社，2001，第370页。

一，如果具体法律规范中对第三人的主观公权利有明确的规定，则可以直接确认第三人的主观公权利。其二，如果具体法律规范没有规定第三人的主观公权利，则需要借助于保护规范理论来审查第三人是否享有主观公权利。根据保护规范理论，在法律没有明确赋权时判定主观公权利须同时考虑以下两个条件：法律规范使公权机关负有作成特定行为的义务（强制性义务规范的存在）；并且该规范必须至少同时具有保护人民个体利益的目的。其三，当存在法律空缺时，可以直接适用基本权利的条款来确认第三人的主观公权利。联邦行政法院在建筑许可相邻人保护的诉讼中，就曾经直接引用基本法第14条的财产权条款来确认作为第三人的相邻人的主观公权利。

（2）程序性权利的受侵犯

与英美的以行政正当程序为司法审查的核心不同。德国的法教义学认为，司法审查的主要目的是当事人实体主观公权利的保护。因此，绝对程序权利的概念在德国并没有得到承认，即仅仅程序性权利的受侵犯不能导致行政行为可撤销的法律后果。[①] 但是，如果在程序性权利的受侵犯的同时还使原告的某项实体法律权利受到侵犯时，主观公法权利的侵犯才可认定。

（二）课以义务之诉的司法审查要点

与其他诉讼类型一样，课以义务之诉的司法审查也分为两个方面，在审查起诉阶段，法院将对是否受理此一行政诉讼展开审查。在理由审查阶段，法院对当事人的诉讼请求在实体法上是否具备理由进行审查。下面将对德国课以义务之诉的理由审查阶段的司法审查要点进行介绍。

一个以特定行政行为为请求对象的课以义务之诉的理由审查有两种模式。第一种模式是按照撤销之诉的审查模式进行，其审查的要点如下：

Ⅰ. 被告是否正确

Ⅱ. 拒绝采取行政行为（或针对申请不采取行政行为）的违法性

（1）法律基础的合法性

（2）形式的合法性

a. 负责的行政机关是否拒绝了行政行为

b. 是否按照规定履行了相应的程序

① 参见〔德〕弗里德赫尔穆·胡芬：《行政诉讼法》，莫光华译，北京，法律出版社，2003，第435页。

c. 形式：拒绝的形式是否合法？

（3）实体的合法性

a. 请求权的构成要件是否已经满足

b. 在裁量行政的情形：是否具有裁量错误？

c. 起诉人的主观公权利是否因为违法的拒绝或不作为而受到侵犯？

然而，这种以违法性为重点的审查模式虽然与联邦《行政法院法》第113条第5款的文字规定比较相符，但却与课以义务之诉的特点和实际并不相符，因为对拒绝行政行为的形式合法性的审查与是否判决行政机关采取特定的行政行为并不具有直接的相关性，第二种借鉴民法中的请求权方法，以请求权为审查重点的审查模式更符合课以义务之诉的特征，更为可取。这种模式的审查要点如下：

如果一个课以义务之诉是针对正确的被告提起的，行政行为的拒绝或不作为是违法的，并且当事人的主观公权利因此受到侵犯，则课以义务之诉就是具有理由的。当当事人针对特定行政机关享有采取特定行政行为的公法请求权时，则以上三个条件均可得到满足，所以课以义务之诉的审查重点是公法请求权，这种审查模式的审查要点：

1. 起诉人是否享有请求采取一个行政行为的权利

（1）请求权的规范基础：是否具备一个公法请求权的规范基础？

在审查起诉阶段这一要点已经审查，但是在审查起诉阶段只需看法律规范是否具有支持起诉人享有一个公法请求权的可能性。而在理由审查阶段，需审查规范基础是否支持起诉人一个公法请求权，可能性标准已经不能满足要求。所以在审查中不仅要审查法律规范是否能推导出一个公法的请求权，而且要审查起诉人是否属于此公法请求权的主体范围。

（2）公法请求权的形式要件：主要审查起诉人是否按照规定向负责的机关提出了申请？

（3）公法请求权的实体要件：公法请求权的事实要件是否已经满足？

此要点是司法审查的重点所在，要根据具体法律规范中所要求的事实要件一一进行审查。在拘束行政中，如果起诉人所享有的公法请求权的形式要件和实体要件均已经得到满足，那么行政机关就有义务采取行政行为。在裁量行政行为中，起诉人所享有的是无瑕疵裁量的请求权。如果行政机关拒绝了当事人的请求未采取相应的行政行为，则行政法院要审查拒绝采取行政行为的裁量是否有瑕疵。如果行政机关在进行行政裁量时没有裁量瑕疵，则当事人的公法请求权就不能得到实现。如果行政机关具有裁量瑕疵，法院可以判决行政机关作出一个无裁量瑕疵的行政行为。但是，除非裁量缩减至零，否则行政法院不能在裁量行政中要求行政机关采取特定内容的行政行为。

2. 判决

如果诉讼是不许可的或者是不具有理由的，则行政法院驳回其起诉。如果诉讼是许可的并且具有理由，则应当分情况：

（1）在拘束行政中，如果行政机关有义务采取一个具体的、特定的行政行为，行政法院判决行政机关采取特定的行政行为并且撤销拒绝决定。

（2）在裁量行政中，起诉人具有无瑕疵裁量请求权，在裁量缩减至零时，行政法院判决行政机关作出特定的行政行为；在其他情形，则行政法院判决行政机关作出新的决定并撤销旧决定。

（三）一般的给付之诉的司法审查要点

课以义务之诉是公民所提起的要求采取行政行为的诉讼。而一般的给付之诉是以事实行为为请求对象的诉讼。联邦行政法院法并没有明文规定关于一般给付之诉的受理条件和理由审查要点，所以一般给付之诉的司法审查要点是通过类推适用课以义务之诉而发展起来的一种诉讼类型。类推适用课以义务之诉的实体审查法理，一般的给付也应当以请求权的规范基础审查为核心，即审查法律规范是否支持一个以特定的事实行为为对象的请求权，已经起诉人是否具备享有请求权的实体和程序要件。一个一般的给付之诉是具有理由的，如果诉讼是针对正确的被告所提起的，并且起诉人实际享有一个以特定的事实行为为内容的请求权：

Ⅰ. 被告是否正确

Ⅱ. 起诉人是否享有特定的公法请求权？

（1）法律规范是否支持一个公法上的请求权？

（2）起诉人是否属于享有公法请求权的主体范围？

（3）公法请求权的实体和程序要件是否已经满足？

三、中国司法对行政活动审查的模式选择

（一）西方国家司法对行政活动审查的立法及运行模式的经验

一个国家司法对行政审查选择什么样的立法和运行模式，与这个国家司法制度的传统、法律体系特征、司法理念、司法对行政活动审查的价值目标等因素都直接相关。司法对行政审查的立法和运行模式的选择，要贯彻和体现一个国家司法对行政审查的理念和价值目标，更要与一个国家法

律体系的特点和权力构架的特点和实际相契合。

　　事实问题与法律问题的区分模式与诉讼类型化模式究竟哪一种更具有优势？这是一个很难回答的问题。因为一个国家司法对行政审查的立法及运行模式，总是植根于这个国家独特的历史传统、司法制度及政治构架之中，很难脱离开这些复杂的因素进行抽象的评价。英国和美国以事实问题和法律问题区分为基本特征的司法对行政审查的立法和运行模式，与英美法系国家的判例法传统和司法体制有着根深蒂固的关联。英美法系国家的司法对行政的审查权来源于对任何人的非法行为均可给予司法救济的传统司法权威，即不管是私人行为，还是公共行为，只要给他人造成损害，法院都应该和有权提供救济。① 法院的司法审查权是法院固有的，并不取决于具体立法的赋予。但是，普通法系国家这种司法对所有受侵害的权利进行救济的固有司法审查权在传统和宪政体制上却受到了三权分立体制的约束，即这种固有的，不需要具体立法进行赋予的司法审查权不可越过司法权的固有范围，不可过度地干预行政权。正是在这样的背景之下，普通法系国家确立了事实问题和法律问题区分的司法审查运行模式，通过这种区分在维护司法权威的同时恪守司法的固有领域，强调司法的审查主要局限于法律问题的审查而不过度干预到行政机关对事实问题的判断。通过这种运行模式，维护其三权分立的传统和理念。

　　除了上述历史背景外，事实问题和法律问题区分模式的另一重要渊源是陪审团制度和上诉审制度。在英美法系中，法律审可以指下列几种情况②：第一，指在有陪审团参与审理的刑事和民事案件中，事实问题的认定由陪审团负责，而法律问题的审查由法官负责；第二，在有陪审团参与审理而引起的上诉审案件中，上诉审法院通常对陪审团的事实裁决给以较大程度的尊重，主要进行法律审查；第三，在英美最高审级所审理的许可上诉案件中，法院通常仅仅对具有普通法律意义的案件才给予当事人上诉权，法院也仅仅对相应的法律问题作出阐释。然而，行政审判中的事实问题和法律问题区分的模式不能简单地适用陪审团制度和上诉审制度中对法律问题和事实问题区分的模式。英美国家的法院在法律问题上具有完全的审查权，在事实问题上也并非放弃了审查权，只是在事实问题上的审查强

---

　　① 参见孔祥俊：《行政行为可诉性、原告资格与司法审查》，北京，人民法院出版社，2005，第10页。

　　② 参见杨伟东：《行政行为司法审查强度研究——行政审判权纵向范围分析》，北京，中国人民大学出版社，2003，第221页以下。

度远远弱于对法律问题的审查强度，其认定标准低于对法律问题的审查标准。法院对行政机关事实认定的态度是尊重但不放弃审查的中间道路，法院具有一定的选择余地。"如果法院愿意扩大对行政机关进行司法审查的范围，要防止它们是困难的。因为在以何种合适的方式适用诸如合理性和实质性证据这类概念时，法院拥有所必需的司法裁量权。"①

　　大陆法系国家没有陪审团制度，也有没有陪审团制度意义上的事实问题和法律问题区分的传统。但在大陆法系国家的第三审中，法院原则上只对法律问题作出决定，不接受新的事实证据。但这种第三审中事实问题和法律问题区分的惯例与普通的司法对行政活动的审查没有直接的关联。大陆法系国家的司法对行政的审查直接建立于具体立法授权的基础上，对事实问题和法律问题没有明晰的区分，法院依法对行政活动进行全面的审查。从历史的源流考察，大陆法系国家缺乏像普通法系国家那样通过独立的司法机关对行政审查的悠久传统。在德国，司法对行政的审查（起诉行政行为的救济制度）直到 19 世纪才确立，但是其范围非常狭窄，诸如维护公共秩序和警察职能之类的事项长期被作为行使主权的领域而被排除于司法审查的范围之外。第二次世界大战后德国痛定思痛，为了确保人民的权利得到保障，专门在基本法第 19 条第 3 款中确立了公法权利的无漏洞和有效保护的原则，并通过联邦行政法院法，确立了撤销之诉、课予义务之诉等诉讼类型，建立了全面有效的司法审查体制。通过上文的考察可以看出，德国的司法审查的审查标准和强度并不以事实问题和法律问题作区分为基础，而是对诉讼类型进行区分。在法国，按照传统观念，行政行为是一种为了公共利益而行使的公共服务行为，其运作不受包括法院在内的其他力量的干预，只受上级部门和国王的监督，在行政行为违法越权时，国王可以撤销之。② 拿破仑时期成立了具有顾问性质的参事院，辅助国王处理这方面的事宜，后来，在参事院的基础上发展起了其行政法院系统。③ 法国这种行政法院的司法审查很少具有司法干预行政的顾虑，可以对行政行为的合法性及合理性等进行全面深入的审查。④

　　虽然大陆法系国家的司法对行政活动的审查不是以事实问题和法律问题的区分为主线进行组织的，而是以诉讼类型化的方式建立相应的审查标

---

　　① Kenneth F. Warren，*Administrative Law in the Political System*，3rd edition，Prentice Hall，Upper Saddle River，New Jersey，1996，p. 449.
　　②③④　参见孔祥俊：《行政行为可诉性、原告资格与司法审查》，北京，人民法院出版社，2005，第 9 页以下。

准的。但是，英美法系国家根据事实问题和法律问题来决定法院不同的审查强度的精神在大陆法系国家仍有体现。在对待事实问题和专业问题上，除非行政机关的合理性已经达到明显和恣意的程度，法院一般会尊重行政机关的事实判断，这在大陆法系国家的司法审查中也基本上已经形成一种惯例。法院对行政裁量事项并不放弃司法审查权，但除非行政机关的裁量懈怠、逾越裁量权、滥用裁量，法院一般要尊重行政机关的裁量。行政机关的活动要符合平等原则和比例原则的要求，但在司法审查中，除非行政机关的行为明显地违反平等原则和比例原则，否则法院会选择尊重行政机关的决定。

（二）中国司法对行政活动审查立法及运行模式的选择

从国外经验考察可以看出，一个国家司法对行政活动审查的模式的选择，要从这个国家司法制度的传统、法律体系特征、司法理念、司法对行政审查的价值目标等因素出发进行综合考量。从这种思路出发，我国司法对行政活动的审查模式应当选择大陆法系国家以诉讼类型区分的模式，通过立法对各种诉讼类型进行科学的划分，并根据诉讼类型建立起相应的审查标准。之所以进行这样的司法审查模式选择，具有以下理由：

第一，英美法系国家以事实问题和法律问题区分的模式来建立相应的审查标准的做法不符合我国国情，一方面是因为我国没有英美的判例法传统，更重要的是英美法系国家的事实问题和法律问题区分的审查模式是以其较为完善的行政法制度和司法审查制度为条件的，而中国不具备这些条件。① 这些条件包括②：其一，行政机关和公务员拥有精良的技术设备和行政专业知识，在认定事实方面比法院具有较明显的优势。其二，具有成熟的行政程序制度，既能保证行政机关专门知识、专门技能的充分发挥，又能防止行政恣意和行政专横的任意出现，起到保护公民合法权益的作用。其三，完善的司法审查制度，即法院有能力在司法对行政的审查方面掌握一个合理的度，法院有能力承担将法律问题和事实问题进行区分并对行政机关事实认定进行合理性审查的任务，同时法院又必须使司法审查担当起抑制行政机关违法行使职权的作用，不会因此降低司法对行政的监督力度。从我国目前的行政机关硬件设备和人员素质、制度环境、程序意识、司法审查现状等因素考量，我国良性的行政法制尚未建立起来，采用

---

① ② 参见杨伟东：《行政行为司法审查强度研究——行政审判权纵向范围分析》，北京，中国人民大学出版社，2003，第226页以下。

英美事实问题和法律问题区分的审查标准条件不具备。

第二，我国的司法传统，国家权力结构决定了大陆法系国家的诉讼类型化模式更适合我国国情。大陆法系国家因为没有司法对一切侵权进行救济的判例法传统，所以选择通过法律专门授权的方式建立司法对行政活动审查的法律制度。我国的司法制度承续了大陆法系国家的传统，而且，我国司法对行政活动进行审查的历史很短，正是通过由全国人民代表大会通过的《行政诉讼法》及其他相关法律的授权，我国法院才取得了对行政权的审查资格和权力。① 从我国的国家权力结构来看，我国的人大及其常委会居于同级的行政机关和司法机关之上，但在实际的权力配置中，行政权具有非常强势的地位，所以在中国，防止司法权干预过度的问题在中国现实的背景下还是一个显得久远的问题。从制度的需求来看，中国迫切需要通过诉讼类型制度的科学化、体系化和完备化，确立司法对行政活动的审查权力和审查标准，建立对公民公法权利的无漏洞和有效保障体系。推动诉讼类型的科学化、体系化和完备化，也遵循了制度改革中的渐进式改革路径，能够取得较好的改革效果，因为我国现行的行政诉讼法实际上也是选择了诉讼类型化的审查模式，只是现行的诉讼类型化存在不科学、不完备的问题。

第三，以诉讼类型化为中国司法对行政活动审查的运行模式，能够更好地贯彻公法权利无漏洞和有效保护的司法理念和目标，也可以很好地吸收事实问题和法律问题区分模式的合理性。要贯彻公法权利无漏洞和有效保护的理念和目标，就无须在司法审查中过度地强调事实问题和法律问题区分的界限，只要涉及公法权利的问题，司法就可以进行审查。而且从英美的司法经验看，事实问题和法律问题的区分在现实的案例中有时是一个非常困扰人的问题，因为事实问题和法律问题的交错和缠绕在现实生活中也是一种普遍的现象。所以，过分地在此问题上纠缠，不利于对公民的公法权利进行无漏洞和有效的保护。但是，在选择诉讼类型化模式为我国司法对行政进行审查的基本模式的前提下，事实问题和法律问题区分的合理性仍然可以吸收进诉讼类型化的审查标准中，即根据行政机关和司法机关能力的所长，对涉及专业性、技术性的问题更多地选择尊重行政机关的意见，而涉及法律问题，特别是公法权利问题时，司法机关要进行更深入的介入。

---

① 参见杨伟东：《行政行为司法审查强度研究——行政审判权纵向范围分析》，北京，中国人民大学出版社，2003，第189页。

第三节　无漏洞和有效的公法权利保护的制度展开

无漏洞和有效的公法权利保护，是我国司法对行政活动审查的一个基本的理念，也应当作为我国司法对行政活动审查的首要的和核心的目标。这一理念和目标要求在行政诉讼制度的具体制度构架中体现出来。无漏洞和有效的公法权利保护的理念目标的实现，不仅需要行政诉讼法制度保障，也需要行政实体法的保障，更重要的是，需要行政实体法律制度和行政诉讼法律制度密切配合、通力合作来共同保障这一司法对行政审查目标的实现。可以说，几乎所有重要的与行政诉讼有关的程序法和实体法制度都与此目标的实现有关。由于本书的篇幅和笔者的知识面有限，本部分不求面面俱到，只择要点简述之，以达抛砖引玉之效。

一、行政诉讼组织制度的改革

司法权与行政权的关系是司法对行政审查（行政诉讼）制度所涉及的最重要和最基础的关系。通过司法审查来实现公民公法权利的保护，实际上是在公民作为实质上的弱者在与政府的关系中其公法权利受到政府侵害或得不到实现时，借助司法的力量来保障和实现自己的公法权利这样一种机制。因此，司法的组织机构是否有足够的权威和资源来通过其介入达到平衡，就成为司法保护公法权利的关键和前提。本部分将简要总结我国行政诉讼组织制度存在的问题并提出对策要点。

（一）我国行政诉讼组织制度存在的主要问题

我国行政诉讼组织制度存在的问题很多，从公法权利的无漏洞和有效保护的角度看，以下三个核心问题从根本上制约了行政诉讼对公法权利的保护。第一，从司法权与其他公权力的关系看，司法保障公民公法权利的权威和资源严重不足。按照宪法规定，我国的政府、法院和检察院都由人大产生，三者的宪法地位平等，法院在理论上具有独立于政府的平等地位。但是，由于人民法院实行的是党委领导、政府管理人财物的体制，事实上司法权在与行政权的关系中处于弱势地位，而行政机关处于权力的优势地位。[①] 特别是，当法院的财政和物质保障被控制于同级政府手中时，

---

① 参见谭宗泽：《行政诉讼结构研究——以相对人权益保障为中心》，北京，法律出版社，2009，第201~202页。

司法独立也就在事实上难以保障，"如果没有司法的独立性和合理性，美好的法律原则和规定都只是一纸空文"①。从理论上讲，司法权的核心任务在于依法判断和处理个案纠纷，而行政权的核心在于服务和管理，社会个案纠纷（当然包括民告官的行政争议案件）应当履行司法最终解决的原则②，但我国司法权的弱势使得相当一部分行政争议案件并没有通过司法最终解决的原则来处理。第二，从司法权与党权的关系看，党领导人民法院的法治化程度不高。③根据宪法的规定，中国共产党是我国的执政党，法院在各级党委的领导下开展工作，然而，如何加强和改善党对法院的领导，却一直是"党对法院领导"的薄弱环节。党委对法院的领导还没有完全实现规范化，一些地方的党委以服从大局为名，直接干预个案的审判，而法院在审理案件的过程中，首先考虑的是如何最大限度地贯彻落实党委的意图，把合法性审查和对公民公法权利的保护放在第二位，在这样的情况下，司法无漏洞和有效地保护公民公法权利的原则必然大打折扣。④

（二）我国行政诉讼组织制度的改革

行政诉讼组织制度的改革是贯彻无漏洞和有效的公法权利保障原则的前提。我国的行政诉讼组织制度应当根据无漏洞和有效的公法权利保护的需要，根据当前的改革条件，进行有策略和有步骤的改革，既不能急于求成，也不能故步自封、停止不前。改革应当分长期策略和近期策略两个部分。

1. 我国行政诉讼组织制度改革的长期措施

首先，改善党对法院工作的领导，推动党的领导法治化和宏观化。党对法院的领导是一种政治领导，而不是一种业务领导。要加强和改善党对法院工作的领导，除了观念的转变外，更重要的还需要法院干部绩效评估制度和任用制度的改革。以下几个要点对未来的改革是比较关键的：第一，从观念上来看，要树立宪法和法律至上的原则，党的政策需通过法律去实施而不是直接凌驾于法律之上。第二，各级党组织自身必须严格按宪法和法律的规定在宪法和法律的范围内活动。根据宪法的规定，中国共产党各级组织及其党员都必须在宪法和法律的范围内活动，没有超越宪法和法律的特权。第三，党要接受法律的监督，承担相应的法律责任，并以制度为保障。在理论上讲，我国已经确立了党政分开的原则，各级党组织不能代替行政机关实施行政行为，但在一些地方，党政分立的原则并没有得

---

① 季卫东：《法律职业的定位》，载《中国社会科学》，1994（2）。
② 参见马怀德主编：《行政诉讼原理》，北京，法律出版社，2003，第325页。
③④　参见谭宗泽：《行政诉讼结构研究——以相对人权益保障为中心》，北京，法律出版社，2009，第201～202页。

到很好的贯彻执行，党接受法律监督和承担法律责任的法律制度也还没有建立。第四，要建立科学的法院干部任用及绩效评估制度。不能以地方党委，特别是地方党委一把手的意志来决定地方法院领导干部的任用和考核。法院干部的考评和任用应当符合司法的规律，体现不同于其他行政干部考核任用的特点，以保障司法独立和司法对行政的审查。

其次，改革行政诉讼体制，实现司法独立。这方面，国内的文献讨论很多，包括司法机关组织体系，人事制度以及财政制度等的改革，建立司法经费全国统筹制度，重构上下级之间关系，改革审判委员会运作机制，建立法官终身制，建立法官的任职资格及晋升制度等。

2. 我国行政诉讼组织制度改革的近期对策

由于受到宏观政治体制改革进程的制约，司法独立及党对司法领导的科学化、合规范化在短期内要实现仍有许多困难。在当前的现实条件下，为了实现公法权利的无漏洞和有效的保护的目标，可以通过管辖制度的改革，消除审判法院与所审理行政案件的行政机关的关联性，确保行政审判公正，即实现行政审判实体公正、程序公正和行政裁判的有效率性。

（1）提高一审案件的管辖级别，规定行政案件的最低管辖法院为中级法院或中级法院的巡回法庭。[①] 在中国目前的司法环境下，取消基层法院对行政案件的管辖权，规定大多数案件由中级法院对行政案件进行审理，并不存在体制上的障碍，与我国宪法的规定也无任何冲突。[②] 而且，规定大多数行政案件由中级法院管辖，这种做法符合国外法治国家的惯常做法，有利于行政审判实现现代化和国际化，更有利于法院摆脱地方党政对行政案件的不当干预，对当事人的公法权利提供有效的救济和保护。规定大多数行政案件由中级法院进行管辖，可能会给当事人造成一定程度的不便，但这一问题可以通过电子法院、巡回法庭等技术改革措施解决。

（2）重构高级法院一审行政案件管辖的范围，扩大高级法院一审行政案件的范围。[③] 针对高级法院的管辖权标准，通过具体的列举和清晰的界定将高级法院一审行政案件的范围具体化。例如，被告为海关、专利行政机关、省级人民政府、国务院工作部门的案件交由高级法院管辖就比较有利于案件的审理和公民公法权利的保护，因为这类行政纠纷案件被告的行政级别较高，同时也往往涉及政策性问题或专业性、技术性较强的问题，

---

①②③　参见张显伟：《行政诉讼级别管辖制度之完善——基于行政诉讼目的的角度》，载《河北法学》，2009（6）。

由高级法院进行管辖较为合理。又如，原告为多人的集团诉讼案件涉及多人，社会影响较大，处理起来需要多方面诉讼价值的权衡，对行政审判的技巧有较高的要求，也需要提高一审管辖法院的级别，规定为高级法院管辖不仅符合国际惯例，而且更有利于公法权利的保护。[①]

（3）扩大异地管辖的适用范围。我国在刑事诉讼中的异地管辖制度已经比较成形，通过适用指定管辖实现异地管辖，取得了很好的法律和社会效果，遗憾的是，这种制度在行政诉讼中并没有形成气候，将来的行政诉讼制度改革，可以通过规定异地管辖的条件，赋予作为原告的公民申请异地管辖的权利，使符合特定条件的行政诉讼能够实现异地管辖，更好地保护公民的公法权利。

二、行政诉权的最大可能保障原则及其实现

从公法权利的无漏洞和有效保护原则中可以推导出行政诉权的最大可能保障原则，公法权利最重要的特征是能够得到国家强制力的最终保障，这种国家的强制力的最终保障在法治国家体现为司法保障。如果赋予一个主体一种权利而不赋予能够诉诸司法保障的法律上之力，从法律的角度来看，这种权利距离一种真正法律上的权利还有一定的差距。要对公民的公法权利进行无漏洞和有效的保护，首先应当最大可能地保障权利主体的诉权。这里主要涉及两个重要的议题，一是行政诉讼的受案范围扩张问题，二是原告资格的解释问题。下文将择其要点阐述之。

（一）行政诉讼受案范围的扩张

1. 行政诉讼受案范围的概念

行政诉讼的受案范围，指"行政诉讼范围或者行政诉讼主管范围，是指人民法院受理行政案件的范围，主要指人民法院对行政主体的哪些行为拥有司法审查权力"[②]。所以，行政诉讼的受案范围的本质是司法审查的可行性问题（或称可审性问题），即通过受案范围的审查将那些司法机关没有审查能力，不适宜由司法权进行判断的案件排除在外，而不是为了限制公民的诉权。[③]需指出的是，行政诉讼的受案范围专指行政诉讼案件的

---

① 参见张显伟：《行政诉讼级别管辖制度之完善——基于行政诉讼目的的角度》，载《河北法学》，2009（6）。

② 江必新、梁凤云：《行政诉讼法理论与实务（上卷）》，北京，北京大学出版社，2009，第115页。

③ 参见孔繁华：《行政诉讼性质研究》，北京，人民出版社，2011，第332页。

范围，不包括非诉执行行政案件。行政诉讼的受案范围界定了哪些行为可以得到法院的司法审查，是行政诉讼原告资格确定、管辖等问题的前提。

　　与行政诉讼受案范围相近的一个概念是行政诉讼中的审查范围（或称审查深度），一般来讲，审查范围（或审查深度）是法院对于已经受理的案件的哪些方面可以进行审查，是进行合法性审查还是进行合法性审查与合理性审查，是审查事实问题还是法律问题。① 因此，审查范围（或审查深度）主要指审查标准的问题。受案范围和审查深度从横向和纵向两个方面决定了司法审查的广度和深度。

　　2. 以公法权利保护的理念确定和扩展行政诉讼范围

　　制约一个国家行政诉讼范围的因素很多，行政诉讼范围的宽窄绝不是立法者的一种任意选择，行政诉讼范围的确定要受到行政机关行使职权的状况及自我约束机制状况、司法机关解决行政争议能力、公民权利意识和自主意识发展的程度，国家的权力结构及其权力结构之间的关系以及行政法理论等因素的影响。② 根据我国《行政诉讼法》第 2 条、第 11 条、第 12 条以及最高人民法院《关于执行〈中华人民共和国行政诉讼法〉若干问题的解释》第 1 条的规定，我国行政诉讼受案范围事实上主要取决于三个因素：行政行为的内涵和外延、行政行为侵害的权益的性质、法律法规的特别规定。③ 从西方司法对行政审查的历史来看，各国都经历了一个司法对行政审查的范围不断扩大的历史，主张不断扩大我国行政诉讼的范围也成为国内的一个通说。④ 然而，我国的行政诉讼范围的扩展之路，必须正确处理好以下关系：第一，行政权和司法裁判权的关系，对那些不适宜进行司法裁判的政治性争议，应当排除在行政诉讼的范围之外。⑤ 第二，必要性和可行性的关系。确定行政诉讼的范围一方面要满足公民权利保护

---

　　① 参见江必新、梁凤云：《行政诉讼法理论与实务（上卷）》，北京，北京大学出版社，2009，第 115 页。

　　② 参见江必新、梁凤云：《行政诉讼法理论与实务（上卷）》，北京，北京大学出版社，2009，第 138 页以下。

　　③ 参见姜明安主编：《行政法与行政诉讼法》，北京，北京大学出版社、高等教育出版社，2005，第 465～466 页，本部分由江必新撰写。

　　④ 参见江必新、梁凤云：《行政诉讼法理论与实务（上卷）》，北京，北京大学出版社，2009，第 115 页以下；参见谭宗泽：《行政诉讼结构研究——以相对人权益保障为中心》，北京，法律出版社，2009，第 216 页以下。

　　⑤ 参见江必新、梁凤云：《行政诉讼法理论与实务（上卷）》，北京，北京大学出版社，2009，第 141 页。

和公法秩序维护的需要，另一方面也不可超出我国现实的司法能力。[①] 第三，借鉴国外经验与从本土实际出发的关系。我们不能过分地强调国情，以不符合国情为由盲目排斥西方的成功经验，同时也不能把西方经验简单照搬，需要在研究西方经验和发展趋势的基础上，通过反复权衡现阶段我国法治发展进程、政治经济状况等因素予以合理的确定。根据权利保护的理念和需要，我国的行政诉讼范围应当选择渐进式的扩张道路。

（1）尽可能地扩大行政诉讼范围

在条件允许的情况下，立法和司法都应当尽可能地扩大行政诉讼范围，只有这样才能促进公法权利的保护。首先，在立法上，对行政诉讼范围应当采纳原则许可，例外排除的立法主义。"从理论上说，一切行政争议都应当属于行政诉讼受案范围。法院不能审查的纠纷和争议仅限于政治问题。即使是一些涉及高度专业性、技术性问题的行政案件，法院也有能力进行审查，只不过是法院只作有限的审查，即不审查事实问题，只审查法律问题，或者，不审查实体问题，只审查程序问题而已。但这些案件在性质上仍然属于行政诉讼的受案范围。"[②] 从西方的立法例考察，西方行政诉讼的受案范围主要有几乎全部纳入（美国为典型），概括性规定列举排除（以德国和我国台湾地区为典型）和采取多元标准规定三种。根据我国《行政诉讼法》第2条、第11条、第12条的规定，我国关于行政诉讼的受案范围采取了概括规定（第2条），肯定列举（第11条）和否定列举（第12条）的独特立法方式。这些规定的目的是体现原则性和灵活性相结合的原则，不仅通过行政诉讼法本身划定受案范围，而且通过"法律、法规"扩大行政诉讼的受案范围，以适应今后发展的需要。这样的立法方式可谓是用心良苦，然而，一方面，民众（特别是法院）的法律观念与西方不同[③]，另一方面，因为《行政诉讼法》第11条第1款的受案范围的列举局限于财产权和人身权，在现实的司法实践中往往更关注是否属于第11条规定的列举的受案范围，在确定是否能够起诉时更多的是"对号入座"，而忽略了行政诉讼的一般的受案范围的内在标准。[④] 这使我国的行

---

　　① 参见江必新、梁凤云：《行政诉讼法理论与实务（上卷）》，北京，北京大学出版社，2009，第141页。

　　② 刘东亮：《行政诉讼目的论》，中国政法大学2004年博士论文，第31页。

　　③④ 参见张树义主编：《寻求行政诉讼制度发展的良性循环》，北京，中国政法大学出版社，2000，第3页。

政诉讼受案范围的格局演变为以列举为受案范围的原则，未列举到的情形被普遍认为原则上不属于行政诉讼受案范围。而由于列举到的公法权利主要局限于人身权和财产权，授权具体法律法规来列举更多的行政诉讼受案范围又由于法律法规衔接的原因并没有很好地处理好这个问题，事实上导致了我国行政诉讼的受案范围比较狭窄的局面。要改变这种局面，需回复当初立法者的本意，明确规定除非属于排除列举的范围之外，只要侵犯公民的公法权利的，都属于行政诉讼的受案范围，属于行政诉讼范围的具体事项，不需列举，如果要列举，当采用公法权利类型的列举方式，尽量穷尽所有公法权利的类型。

其次，在立法上采用清晰的原则属于行政诉讼受案范围，例外排除的立法主义的同时，司法在适用、解释有关行政诉讼受案范围的条款时应当贯彻尽可能地扩大受案范围的原则。在行政行为的类型方面，严格解释有关排除于行政诉讼的受案范围的条款。并非所有的内部行政行为都不属于行政诉讼的受案范围，部分抽象行政行为也应当纳入行政诉讼的受案范围，严格限制和减少行政终局行为。在涉及的公法权利方面，所有类型的公法权利受到侵犯都应该属于行政诉讼的受案范围，除非有具体的行政法律法规明文规定不通过行政诉讼解决相关的行政纠纷。

（2）渐进式地扩大行政诉讼范围

扩大行政诉讼的受案范围是一个总体的改革方向，然而，在具体的改革策略上，也应当考虑到现实的司法能力和其他配套改革的进展情况，采取分步骤、渐进式的改革策略，只有这样，方能达到最佳的效果。

第一步，在目前的条件下，通过行政诉讼法修订和相关的解释活动，确立行政诉讼受案范围原则许可，例外排除的原则，把部分内部行政行为纳入行政诉讼的受案范围，并将政治敏感性不强的教育权、平等权、劳动权、公众参与权、社会权等不属于传统人身权和财产权范畴的公法权利受侵犯的案件纳入行政诉讼的受案范围。第二步，在法官素质得到提高和司法能力得到增强的情况下，通过立法法等相关法律的修改，把规章以下的抽象行政行为的争议纳入行政诉讼的受案范围，并把涉及税收使用、国有资产管理、环境保护、消费者权益保护等与公共利益密切相关的公益诉讼纳入行政诉讼的受案范围。第三步，在司法改革取得突破性进展，司法独立在事实上能够得以实现的情况下，把政治敏感性强的政治权利受侵害的行政争议也纳入行政诉讼的受案范围，真正实现公法权利的无漏洞保护。

（二）原告资格问题的解释

在原告资格问题的解释上，德国和许多国家所采纳的可能性标准很值得我国的司法界在现实的司法实践中学习和借鉴。按照可能性标准，只要不能百分之百地排除行政机关的作为或不作为能对公民或法人的任何一种公法权利造成侵害，就应当认为原告资格成立。因为原告资格制度的目的是把那些权利不可能受到侵害的公民挡在法院的大门之外，而不是为了限制公民的诉权，所以只要不能百分之百地排除，原告的诉讼资格就应当得到承认，因为原告的权益事实上是否受到行政机关行为的侵害，是一个需要在实体审查阶段通过法律法规的解释和相关的证据进行审查的问题，不应当在原告资格审查阶段进行审查。

三、全过程的公法权利保障原则

贯彻无漏洞和有效的公法权利保障原则的一个关键是建立起一个全过程的公法权利司法保障和救济制度。全过程的公法权利保护体系包括事前的保护制度、事中的保护制度和事后的保护制度三个方面。我国目前的司法对公法权利的救济和保障主要是一种事后的救济和保障制度。当行政机关的作为或不作为侵犯了公民的公法权利时，公民方可提起行政诉讼，在法院的判决下来之前，行政机关的行政行为在一般情况之下根据行政行为的公定力对当事人具有约束力。由于缺乏事前和事中（或称审判前和审判中）的公法权利救济和保障制度，公法权利的无漏洞和有效保障原则没有得到实现。为弥补此公法权利保障的漏洞，我国需要建立预防性诉讼制度和暂时权利保障制度。

（一）预防性诉讼制度

1. 行政预防性诉讼的概念和特征

所谓预防性行政诉讼，根据我国学者胡肖华的界定，"是指为了避免给行政相对人造成不可弥补的权益损害，在法律规定的范围内，允许行政相对人在行政决定付诸实施之前，向法院提起行政诉讼，请求法院审查行政决定的合法性，阻止违法行政行为实现的诉讼"。而刘飞将之界定为："为了避免给行政相对人造成不可弥补的权益损害，在法律规定的范围内，允许行政相对人在具体行政行为执行之前，向法院提起诉讼，请求法院审查具体行政行为的合法性，阻止违法行政行为实施的诉讼。"[①] 相比这两个学者的界定，解志勇的界定最为全面："相对人认为行政机关的行政行

---

① 陈金波：《论我国实行预防性行政诉讼的必要性及其策略》，载《云南行政学院学报》，2001（5）。

为或事实行为正在侵害或即将侵害自己的合法权益，向人民法院提起诉讼，要求确认法律关系、行政行为无效、事实行为违法，或者判令禁止行政行为或事实行为实施的司法制度，其目的在于防止发生可以预期的损害，结果表现为确认法律关系、行政行为无效、事实行为违法，或者禁止实施行政行为或事实行为。"① 根据其界定，预防性诉讼制度具有以下特征：

第一，预防性行政诉讼具有预防性，其诉讼对象非常广泛，既包括事实行为，也包括法律行为，还有不作为。预防性诉讼并不是与撤销诉讼、确认诉讼、给付诉讼等行政诉讼并列的一种新类型诉讼，而是与"事后救济型行政诉讼"并列的一种事前、事中救济型行政诉讼。具体可以分为预防性确认诉讼、预防性给付诉讼（包括预防性不作为诉讼），但不包括撤销诉讼。②

第二，预防性诉讼的目标是制止正在发生的损害或者阻止即将到来的损害，审查的内容包括：是否存在正在发生的损害；损害是否合法；实施救济的急迫性，即是否必须马上实施。其目的是对权利损害提供有效、及时的救济，因而不必过分强调受损权益是否具有不可弥补性。为了对权利提供有效、及时的救济，即使权利损害不具有不可弥补性，预防性诉讼仍然可以成立。

第三，预防性诉讼的判决方式非常丰富，可以根据当事人的诉求作出判令停止执行、停止实施事实行为，或禁止作出行为等。

第四，预防性诉讼在启动程序上具有直诉性。所谓预防性诉讼的直诉性是指预防性诉讼的提起不需穷尽一切行政救济渠道。而普通的行政诉讼一般要求首先利用行政内部存在的最近的和最简便的手段，不能达到目的后方可提起司法救济，预防性行政诉讼无此要求。

第五，预防性行政诉讼具有执行停止性的效力。为了达到预防性诉讼的权利保障目的，起诉人可以申请停止执行具体行政行为或事实行为。

2. 我国引入预防性行政诉讼的必要性

预防性诉讼在我国的引入既具有理论上的必要性，也具有实践上的必要性。首先，引入预防性诉讼制度，是我国行政诉讼法律制度与国际行政

① 解志勇：《预防性行政诉讼》，载《法学研究》，2010（4）。
② 参见刘飞：《行政诉讼类型探析：德国法的视角》，载《法学》，2004（3）。

诉讼制度接轨的需要。① 从比较法角度考察，德国的一般给付之诉中包含有预防性诉讼。一般的给付之诉的目的是请求行政机关为行政行为以外的其他作为或不作为，其中包括要求行政机关停止作为（停止作为之诉），将来不作出某种作为（预防性不作为之诉）等，台湾地区和日本也建立了相应的预防性诉讼。在英国，其阻止令、禁止令所扮演的功能与大陆法系国家和地区的预防性行政诉讼的功能相近。美国具有承担预防性救济的制度供给。可见，预防性行政诉讼制度是国际的一个普遍趋势和共同规律，我国应当予以大胆借鉴。其次，更为重要的是，预防性诉讼制度是人权保护的需要，是贯彻公法权利无漏洞和有效保护的必然要求。对公民的公法权利提供无漏洞和有效的救济，需要尽量提高权利救济的实效性。许多情形下，权利一旦受到侵害，在事实上已经很难得到回复，所以要（1）在公民权利将要遭受侵害之前，应当尽量地预防性地避免侵害；（2）正在遭受侵害时，尽量阻止损害继续。②

3. 预防性诉讼的适用范围

暂时权利保障制度主要适用于从起诉到判决作出之前的权利保护问题，暂时权利保障不是一种独立的诉讼程序，其本质上是一种从程序。而预防性诉讼主要适用于防止正在发生或将要发生的权利侵害，其本身是一种独立的诉讼程序。其主要的适用范围如下③：第一是有特别救济需要的行政行为。所谓特别救济需要，是指对那些有现实威胁的行政行为，如果该行为作成后才提起撤销诉讼，将难以对相对人权益进行救济的案件；第二是行政行为的执行行为，特别是直接指向人身自由、重要财产权利的行为，如基于行政拘留、劳动教养的执行行为，基于房屋拆迁决定的行政强制拆除等；第三是其他不利事实行为。

（二）暂时权利保障制度

1. 暂时权利保障制度的界定

所谓暂时权利保障制度，是"在行政诉讼程序尚未终局确定之前，在不违反重大公共利益的前提下，由人民法院裁定行政机关暂时停止原具体行政行为的执行，或裁定行政机关暂时保持某一特定的法律状态，以使将来法院终局判决的实效性得以保全，从而有效维护公民诉讼权的一种权利

---

① 参见胡肖华：《论预防性行政诉讼》，载《法学评论》，1999（6）。
②③ 参见解志勇：《预防性行政诉讼》，载《法学研究》，2010（4）。

保障制度"① 第二次世界大战以后，随着司法权的扩张和行政救济民主化的发展，在德、法、日等大陆法系国家以及我国台湾地区有关行政诉讼制度的变迁历程中，有关行政诉讼中暂时权利保障制度的理论学说、立法和判例均获得了长足的发展，逐步确立了一套以停止执行程序和保全程序为主要类型的规则体系。② 英美法系国家的禁制令（Injunction）和强制令（Mandamus）已经形成了相应的判例和规则体系，提供了有效和及时的暂时权利保障。纵观各国的暂时权利保障制度，虽然名称和具体规则有所差异，但都涉及两个基本问题：其一，在案件最终裁决作出之前，是否可以限制或者强迫行政机关停止实施行为；其二，在案件最终裁决之前，是否可以采取某种措施来保障某一种法律状态。③ 前者指的是停止执行制度，后者则涉及保全程序。

2. 我国行政诉讼中暂时权利保障制度的完善

行政诉讼中暂时权利保障制度主要由行政诉讼中的停止执行制度和行政诉讼中的保全制度两项制度构成。行政诉讼中的停止执行制度主要适用于形成之诉和确认之诉中的当事人权利保护，而行政诉讼中的保全制度主要适用于给付之诉中当事人权利的保护。

（1）我国行政诉讼中停止执行程序的优化

我国《行政诉讼法》第 44 条规定：诉讼期间，不停止具体行政行为的执行，但在下列三种情况下停止执行，即被告认为需要停止执行，或者原告申请、法院认为具体行政行为的执行会造成难以弥补的损失且停止执行不损害公共利益的，或者法律、法规规定停止执行的。可见，我国现行的行政诉讼法中的停止执行程序采用的是以不停止执行为原则，以停止执行为例外的制度。此外，最高人民法院《关于执行〈中华人民共和国行政诉讼法〉若干问题的解释》第 94 条规定："在诉讼过程中，被告或者具体行政行为确定的权利人申请人民法院强制执行被诉具体行政行为，人民法院不予执行，但不及时执行可能给国家利益、公共利益或者他人合法权益造成不可弥补的损失的，人民法院可以先予执行。"

---

① 庄汉：《正义与效率的契合：以行政诉讼中暂时权利保护制度为视角》，北京，清华大学出版社，2010，第 16 页。

② 参见庄汉：《正义与效率的契合：以行政诉讼中暂时权利保障制度为视角》，北京，清华大学出版社，2010，第 1 页。

③ 参见〔印〕M. P. 赛夫：《德国行政法—普通法的分析》，周伟译，济南，山东出版社，2006，第 236 页。

从比较法的角度观察，国际上行政诉讼的停止执行程序主要有两种立法主义。第一种是以行政相对人起诉停止执行为原则，以不停止执行为例外；第二种以不停止执行为原则，以停止执行为例外。德国是实行停止执行为原则，以不停止执行为例外的国家。德国《行政法院法》第 80 条规定了诉讼停止执行制度。其第 1 款规定："诉愿与撤销具有停止执行之效力。形成与确认之处分，以及有双重效力的行政处分皆同其适用"，其第 2 款具体列举了无执行停止效力的四种情形，第 3 款规定了无停止执行效力的形式要件：须以书面形式说明立即执行的理由。日本是实行不停止执行为原则的典型国家，《日本行政案件诉讼法》第 25 条规定："（1）撤销处分之诉的提起，不妨碍处分的效力、处分的程序或程序的继续履行。（2）提起撤销处分之诉时，为避免因处分、处分之执行或程序之续行造成难以回复的损害，有紧急必要时，法院得依申请决定全部或部分停止处分之效力、处分之执行或程序之续行。"

从理论上讲，德国以起诉停止执行为原则，不停止执行为例外的制度更有利于公民公法权利的保护，在此种立法例之下，申请行政行为立即执行的证明责任在于行政机关，而在以不停止执行为原则，停止执行为例外的立法例下，行政行为的执行力不因公民的起诉而丧失，如果公民为了自身权益的实际保障的需要申请停止执行，需要履行相关的程序手续并证明其理由正当。国内的研究表明，行政行为停止效力制度，必须充分考量对相对人权利的保护、公益以及维护行政效能，还必须充分考量对第三人的权利保护。其客观的法律效果，不仅取决于立法的条文设计，更取决于法官在实际的个案中对原告公法权利、公共利益以及第三方利益的司法衡量。虽然就客观的实际效果而言，实行停止执行为原则的德国和实行以不停止执行为原则的日本并无天壤之别，所以庄汉博士主张超越原则和例外之争，通过审查条件的明细化，引入阶段性审查模式等方式来规制法官的裁量和利益衡量活动，从而改善我国诉讼中停止执行制度的运行状况。笔者认为，从两种立法例的比较来看，原则和例外之争是一个具有决定性意义的问题，因为这涉及是行政机关还是公民应当就停止执行或执行行政行为履行相关程序及承担证明责任的问题。从公法权利无漏洞和有效保护的角度来看，德国的以停止执行为原则，不停止执行为例外的立法例无疑更有利于公法权利的有效保护，应该为我国所采纳。

综上，我国一方面应当采取德国以停止执行为原则，以不停止执行为例外的立法例，依此原则来修正我国目前的以不停止执行为原则的立法模式；另一方面，要学习西方国家审查条件明细化和阶段性审查的策略，控制和规范好法官的裁量和利益衡量活动，以促进公法权利的有效保护。

（2）扩大诉讼中或诉前先予执行的适用范围

根据最高人民法院《关于执行〈中华人民共和国行政诉讼法〉若干问题的解释》第 48 条的规定，先予执行仅限于追索抚恤金、社会保险金、最低生活保障费等几类与财产有关的行政案件。这一规定是我国行政诉讼制度中先予执行制度的依据。从这一条文可以看出，我国的履行职责之诉的给付只有涉及财产性给付时，方可以适用先予执行制度。但履行职责之诉中的许多给付内容，不一定涉及财产给付，例如行政机关认定原告没有资格参加公务员考试，不给原告核发准考证，法院就有权通过裁定被诉行政机关应当暂时允许原告考试来实施暂时权利保护，在诸如此类的行政诉讼中，原告即使最终胜诉，也常常因为判决生效时，当年公务员考试时间早已过去，而使原告的胜诉变得毫无意义。因此，在我国现有制度的框架下，我国需要将先予执行的适用范围扩大至其他的给付之诉，使给付之诉所保护的公法请求权内容能在事实上得以实现，不至于造成为像张先著案中赢了官司，但其公法权利已事实上不可能实现的状况。

四、行政诉讼审查标准的明晰化与类型划分科学化

（一）中国撤销之诉审查范式的构建和公法权利的保护

撤销之诉是一种直接体现对当事人公法权利保护的重要诉讼类型。我国在最初的行政诉讼法中就把此种诉讼类型予以规定。在司法实践中，撤销之诉得到了广泛的运用，对公民和法人防御性公法权利提供了积极的救济。然而，参照德国撤销之诉的理论及其对当事人自由权的保障，我国撤销之诉还应当在以下方面积极改革以更好地实现其对当事人公法权利保护的功能。

其一，我国的撤销之诉的司法审查的实体审查阶段没有形成一个科学合理的审查模式。实体审查主要是以合法性审查为主，但合法性审查应当审查哪些要点，在理论界并没有形成共识。而实务中法官判案的随意性很强，往往是只审查案件的关键问题。这与德国的司法审查模式不同，德国对撤销之诉的司法审查是按照成形的审查要点去审查的，从起诉受理到实体审查，从形式合法性到实体合法性，在司法审查中要一一进行审查，这样就避免了司法审查的随意性，有助于科学、系统、全面地对当事人的公法权利提供保护和实现权利保护与行政效能之间的平衡。所以，借鉴德国

经验，我国应当发展出撤销之诉司法审查的基本模式和审查要点，在案例中按照要点进行一一审查。

其二，对起诉人合法权益的损害应当成为我国撤销之诉的一个审查要点。我国目前主要在受理起诉阶段对起诉人与所诉行政行为是否具有利害关系进行审查，而在实体审查中主要是以合法性审查为核心。这种审查方法有其局限性，正如上文所述，违法性并不能当然地导致行政行为的被撤销，违法性的程度和类型决定行政行为是否应当被撤销。而当事人的合法权益是否在事实上被侵犯是决定违法性的程度和类型的一个重要维度。德国在实体审查阶段仍然要对当事人主观公权利是否受侵犯进行审查，这种做法很值得我国借鉴，审查起诉阶段对利害关系的审查只能是一种可能性审查，只要不能确信地排除不存在利害关系就应当推定存在利害关系。当事人的合法权益是否实际上被侵犯应当在实体审查阶段进行审查。

（二）履行职责之诉的改革与公法权利保护

对公法权利的保护是行政诉讼的最基础的功能，但我国目前的行政诉讼制度还未能确保公民公法权利保护这一基础性功能的实现。只有对公法请求权提供无漏洞的保护，才能实现公法请求权所服务的基础性公法权利的无漏洞保护，而公法请求权的保护在我国目前的行政诉讼制度架构中还有许多漏洞和不足之处，需要扩展相关行政诉讼制度的制度功能来实现行政诉讼制度对公法请求权的无漏洞保护的应有贡献。行政诉讼制度对公法请求权的有效保护，是公法权利无漏洞保护一个必要（但不充分）的环节。

我国行政诉讼的类型被划分为撤销之诉、履行法定职责之诉、变更之诉、确认之诉和行政赔偿之诉。撤销之诉的功能在于对公民的防御请求权中的撤销请求权提供保护，赔偿之诉以保护当事人的行政赔偿请求权为核心任务，履行职责之诉的功能是保护当事人的给付请求权，以上对各种诉讼类型的功能界定在我国理论界是没有太大争议的。而撤销请求权、行政赔偿请求权和给付请求权以外的其他请求权，包括干扰防御请求权中针对事实行为的停止作为请求权、预防性干扰防御请求权、违法后果消除请求权[①] 等请求权在内的众多请求权在我国目前的行政诉讼体制中如何进行保护却是一个并不清晰的课题。变更之诉和确认之诉的主要功能在于变更

---

① 解志勇在一篇文章中对如何在行政诉讼制度中对预防性不作为请求权进行保护进行了详细论述，请参见解志勇：《预防性行政诉讼》，载《法学研究》，2010（4）。

或确认某种行政行为、行政法律关系或行政事实，与本书所讨论的公法请求权的保护并无直接关系，赔偿之诉保护赔偿请求权，其边界相对清晰，不可能拓展出对其他公法请求权进行保护的功能；但目前的撤销之诉和履行职责之诉还远远没有发挥其在公法请求权保护方面的应有功能。为改善我国行政诉讼制度对公法请求权的保护状况，一方面，需要扩展撤销之诉所保护的请求权范围，把撤销之诉所保护的撤销请求权从违法具体行政行为撤销请求权扩展到包括违法具体行政行为撤销请求权、违法抽象行政行为撤销请求权、违法行政事实行为撤销请求权在内的涵盖全面的撤销请求权；另一方面，需要通过履行职责之诉的再造来对公法请求权进行补充性和兜底性的保护。之所以要对履行职责之诉进行再造，其原因如下：

首先，支撑我国目前履行职责之诉实体审查的理论是行政不作为违法理论，这一理论不能对包括停止作为请求权和预防性不作为请求权在内的干扰防御请求权等公法请求权的保护提供支持。正如上文所述，公法请求权包括请求作为和请求不作为两种，以行政不作为理论为实体审查理论基础的履行职责之诉的审查模式仅仅能够对请求行政机关从事特定作为的请求权进行保护，而对请求行政机关不进行某种作为的停止作为请求权和预防性不作为请求权不能提供保护。按照公法请求权全面保护的理念，我国需要对履行职责之诉进行改革，放弃把行政不作为理论作为所有履行职责之诉实体法理论基础的分析思路。

其次，由于公法请求权是一个体系复杂、类型众多的体系，理论的分析和列举也不一定能穷尽公法请求权的所有形态，而且，随着现实立法的发展还可能会催生新的公法请求权类型，所以需要设计一种诉讼类型对公法请求权进行补充性和兜底性的保护，即在公民的公法请求权不能通过其他诉讼类型进行保护的情形，都可以诉诸此种兜底性的诉讼类型进行保护。在德国，课以义务之诉以行政机关采取特定行政行为（德文 Verwaltunsakt，相当于我国的具体行政行为）的公法请求权为保护对象，而非以行政行为为请求对象的其他公法请求权，包括预防性不作为请求权、公法上不当得利请求权、违法后果消除请求权、以作出特定事实行为为请求对象的公法请求权、颁布行政规范的请求权等，都可通过一般给付之诉进行保护，也就是说，德国的一般给付之诉对公法请求权的保护起到了一种补充和兜底的作用，凡是通过其他诉讼类型不能得到保护的公法请求权，都可以通过一般的给付之诉得到保护。我国应当学习德国的这种做法，赋予某种诉讼类型对公法请求权进行补充和兜底保护的功能，履行职责之诉是最有可能担当对公法请求权进行补充和兜底保护功能的诉讼类型，但目前的以行政不作为理论为实体法理论背景的履行职责之诉不可能具有此种公法请求权兜底性保护功能，需要积极地进行变革。

如何改革我国的行政诉讼制度以弥补我国行政诉讼法在保护公法请求权上的不足，是我国行政诉讼法改革需解决的一个重要议题。从近期看，通过公法请求权反向推导行政机关职责的解释方法可以在一定程度上扩展职责的内容，弥补现行履行职责之诉对公法请求权保护的漏洞。从远期看，在扩展撤销之诉的适用范围的同时，有必要在行政诉讼法中引入对公法请求权进行兜底保护的诉讼类型。在未来的行政诉讼类型讨论中，有学者主张我国未来的行政诉讼类型为撤销之诉、课以义务之诉、一般的给付之诉和确认诉讼[①]，在这种新的诉讼类型构造中，课以义务之诉、一般的给付之诉能够和撤销之诉一起承担起对公法请求权有效保护的功能。这实际上是一种整体性照搬德国的诉讼类型设计的做法。另一种思路则是把履行职责之诉改造为以公法请求权作为诉讼实体审查的理论支持的给付之诉，这样，给付之诉就不仅能对请求作为（积极给付）的公法请求权进行保护，而且能够服务于请求不作为（消极给付）的公法请求权；不仅能对行政法律法规规定的公法请求权提供保护，也能对其他没有行政法律法规直接支持的公法请求权进行保护。另外，这种给付之诉还可以担当对公法请求权进行兜底保护的功能，即在当事人的公法请求权不能通过其他诉讼类型进行保护时，给付之诉可以提供保护。以公法请求权理论为实体理论支撑的给付之诉，司法审查中的实体审查部分可以充分借鉴私法的请求权方法，以当事人的公法请求权的成立与否为审查核心，全面检索和审查当事人请求权的各种规范基础，以实现对当事人公法权利最大可能的保障。总之，从我国的实际出发，把履行职责之诉改造为以公法请求权理论为支撑的给付之诉，是一种改革成本较低，又能实现对公法请求权充分保护的策略。由于课以义务之诉和一般给付之诉在受理条件和实体审查内容上有许多共通之处，故将之合二为一也未尝不是合理的选择，我国不必非得走到把履行诉讼分为课以义务之诉和一般给付之诉的德国道路上去。实际上，德国的一般给付之诉也是类推适用课以义务之诉的法条的，因为在行政法院法的法条中，并没有一般给付之诉的直接的法律规定。

① 参见章志远：《行政诉讼类型构造研究》，北京，法律出版社，2007，第127页以下；另参见赵清林：《行政诉讼类型研究》，北京，法律出版社，2008，第201页以下。

　　总而言之，公法请求权理论提供了对公法权利进行细化分析的重要路径和方法。公法请求权根源于基础性公法权利并服务于基础性公法权利，但具有相对的独立性。公法请求权的确认和保护，对基础性公法权利的实现具有重要的意义。只有实现对公法请求权无漏洞的全面保护，方可实现对基础性公法权利的全面保护。我国行政立法应当树立公法请求权立法确认的理念，并在行政诉讼制度中通过对相关制度的改革，促进我国公法请求权的保护。

第五章　公法权利与行政规制的最佳性分析

第一节　行政法学研究范围的扩展和研究方法的变革

一、大陆法系传统行政法学的主要研究范围和研究路径

传统大陆法系行政法学理论体系是在借鉴民法体系化方法的基础上建构起来的。民法的法教义学和法解释学的方法在行政法中也成为最重要的法学方法。所谓法教义学，本质上是指运用法律自身的原理，按照逻辑的要求，以原则、规则、概念等基本要素制定、编撰与发展法律以及通过适当的解释规则运用来阐释法律的做法。[①] 按照这种方法，行政法学对行政活动进行类型抽象并建构起相应行为规范，即从"权限"（何种机关有作成何种行为的权限）、"程序"（该行为依何种程序而作成）、"法律效果"（依该行为可发生何种实体法上权利义务）以及"诉讼类型"（对该行为所生争议依何种诉讼途径解决甚至采用何种判决形式）进行规范化对接，以此来建构行政法学的理论体系，在行政法学的教学中也是以此方法为指导的。[②] 大陆法系这种传统的行政法学理论体系具有以下几个鲜明的特征：其一，法律编撰和司法适用是其研究的主要范围，主要是以法院和立法为中心，甚至可以说就是以司法审查为中心；其二，对行政活动的类型化是其主要方法。把行政活动抽象为行政处分行为、抽象行政行为、行政契约等并建构起相应的合法性标准和司法审查标准。其三，在此种路径下，行政法学的总论成为行政法学的最重要的内容。

---

① 参见许德风：《论法教义学与价值判断：以民法方法为重点》，载《中外法学》，2008 (2)。

② 参见朱新力、唐明良：《现代行政活动方式的开发性研究》，载《中国法学》，2007 (2)。

二、传统行政法学理论体系的不足和困境

传统行政法学的理论体系在行政权力不断扩展，行政承担着越来越多的立法功能和规制任务的今天，已经显现出其不足和困境，主要表现在以下方面：

第一，传统以司法审查和以国会立法为核心任务的一般行政法学不能对日益扩张的行政提供有力的解释。行政权在立法权和司法权之外已经具有充足的独立空间，行政已经承担起越来越广泛的立法功能和公共政策功能。指向诉讼和程序路径的类型化研究对行政实体政策面向的关注先天不足，不能对行政任务的实现提供有力的理论支持。因为诉讼主要的功能是一种底线防御，而要真正实现善治，需要对行政过程、行政手段的选择等进行分析。

第二，现代行政国家承担着越来越多具有专业性的公共管制任务，如金融监管、环境保护、社会保障等。实现公共管制目标有多种灵活手段可供选择，需要一种以公共管制上的问题（目标任务）为导向的分析框架。行政机关可以通过公法手段来实现公共任务，也可以通过私法手段来实现公法任务，在完成规制任务时，复杂的行政实践使得许多非正式的行为形式很难予以恰当的类型化，按照传统合法性的要件来分析各种行为形式也显得单薄，很难为问题的解决提出具有说服力的方案。因为行政机关面对的问题是一个综合的、具体的、动态的问题，合法性仅仅是其中的一个维度。

第三，公法权利的实现不仅依赖于国会立法和司法的防御，更依赖于强有力的、善治的政府。因此，行政法学的贡献和研究领域不应当局限于对行政的司法审查，而是需要融合制度经济学、政治学、政策学、法经济学的研究方法和理论，对制度建构和政府的政策策略作出更多的贡献。

第四，从人才培养的角度来看，现代社会的法学教育不仅仅是培养纠纷解决的能力，更着眼于社会管理。在现代社会，除了司法机关外，政府部门成了法科毕业生的最重要的就业去向。因此，法学的训练不应当仅仅局限于案件的起诉和判决，还应当着眼于公共政策制定及执行能力的培养，以适应现代社会对法科学生多面化的综合素质要求。而且，"当今社会普遍出现了某些迥异于传统社会法律现象的征候。从由国家以及地方自治体主导的规范制定来看，已经从传统的权利义务规范之创设的单一局面转向与资源分配规范之创设并重的局面。从司法领域来看，出现了前所未

有的政策性诉讼（或者称为公益性诉讼）"①。

在此背景下，行政法学要面对具体的行政任务和社会问题的解决和法律方案的探讨，就要深入部门行政法中去，深入行政过程和规制过程中去。规制理论和部门行政法学因此兴起，行政法学从而实现从法解释学、立法学到法政策学的升华。

第二节　规制分析作为一种新的行政法学研究范式的兴起

一、规制的含义

规制由英语 regulation 一词翻译而来，或翻译为管制、监管、调节、管理等，是政策学、经济学等多学科研究的一个共同主题。规制这一术语在英美国家应用得更为普遍，在大陆法系国家，特殊行政法的相关理论所讨论的问题与英美的规制理论有一定的相通之处，例如德国法上的经济行政法（Wirtschaftsverwaltungsrecht）、法国法上的经济公法（driot public economique）所讨论的问题和英美法系中的经济规制就有相通之处。② 但是，大陆法系的特殊行政法（或称为部门行政法）与英美法系中的规制理论还是有着显著区别，虽然大陆法系国家的特殊行政法也讨论为达到特定的目标而采取的一系列工具或手段以及支配这些工具的法律，但大陆法系国家对特殊行政法领域问题的讨论还主要是应用传统的法学规范分析和解释学的方法，并不强调融合法经济学、公共管理学、政策学等学科手段和理论来拓展行政法学的研究领域和手段。近年来，随着发源于英美新公共管理运动的兴起和在大陆法系国家的推进，英美规制理论在大陆法系国家产生了越来越重要的影响，但如何把英美的规制分析理论融合到大陆法系国家的法学理论体系中在今天仍然是一个未决的问题。

综上，讨论规制一词的含义，只能从英美的语境中去讨论。但即使在英美国家，由于"规制"一词频繁地出现在各种法学和非法学的文献上，

① 解亘：《法政策学——有关制度设计的学问》，载《环球法律评论》，2005（2）。
② 参见〔英〕安东尼·奥格斯（Anthony I. Ogus）：《规制：法律形式与经济学理论》，骆梅英译，苏苗罕校，北京，中国人民大学出版社，2008，第 2 页。

它是一个含义广泛的词汇①，甚至美国著名的研究规制的专著《规制及其改革》一书有意回避了对这一术语的界定和讨论。② 按照安东尼·奥格斯的分析，规制在法学上指支撑社群体系和公共利益实现的法律体系，他认为，在所有的工业化社会中，总是存在两类经济组织体系的紧张关系：第一类，可以称之为市场体系（market system），在这种体系中，私人、私经济组织可以自由地追求各自的经济目标，只受到一些基本的限制；第二类是社群体系（collectivist system），指国家为了纠正市场失灵以满足集体或公众利益的目标采取对经济活动进行干预。③ 规制指的是支持第二类体系的法律，在传统上，规制具有以下特点："第一，规制包含了一个更高主体的控制这一理念，它具有指导的功能。为了达到理想的结果，私人受制于一个更高的主体—国家—并被要求按照特定的方式行为，如果违反规则，则以惩罚为后盾。第二，国家及其代理机构运用的主要工具是公法，实施已不能通过私主体间的私合同来达到。第三，因为国家在法律的形成及实施中扮演了最基本的角色，因此该法律体系是集中化的。"④ 但在当代社会，伴随着规制革新和新公共管理运动，通过私法来完成公共任务成为规制的一种重要形态，规制不总是指令性的和集中化的。⑤ 首先，在某些领域，规制的形成和实施都是通过自我规制机构，而非国家公共机构完成，伴随着民营化运动，私人组织参与到公共任务的承担主体中来；其次，规制中需要综合运用多种规制工具，合同等私法的工具和手段也被整合运用于规制目标的实现。⑥

在国内，规制一词的含义运用得也非常广泛。在法学文献中，规制一词在狭义上主要有两种意思：其一是指国家为了特定的公共利益目标而对公民的自由和权利进行限制的活动，在此意义上，规制行政常常和给付行

---

① 参见〔英〕安东尼·奥格斯（Anthony I. Ogus）：《规制：法律形式与经济学理论》，骆梅英译，苏苗罕校，北京，中国人民大学出版社，2008，第1页。

② 参见〔美〕史蒂芬·布雷耶：《规制及其改革》，李洪雷、宋华琳等译，北京，北京大学出版社，2008，第10页。

③ 参见〔英〕安东尼·奥格斯（Anthony I. Ogus）：《规制：法律形式与经济学理论》，骆梅英译，苏苗罕校，北京，中国人民大学出版社，2008，第2页。

④ 〔英〕安东尼·奥格斯（Anthony I. Ogus）：《规制：法律形式与经济学理论》，骆梅英译，苏苗罕校，北京，中国人民大学出版社，2008，第2页。

⑤ 参见王维达：《通过私法完成公共任务及其在中国的发展》，载王维达主编：《以私法完成公共任务》，上海，百家出版社，2003，第10页以下。

⑥ 参见〔日〕米丸恒治：《私人行政——法的统制的比较研究》，洪英、王丹红、凌维慈译，北京，中国人民大学出版社，2010，第5页。

政并列为行政的两大重要形态。其二是指由具有相对独立性的，集立法权、司法权和行政权于一身的、不同于传统行政部门的规制机构所进行的特定领域的管理和调控活动，这又被称为经典规制。在广义上，规制可以界定为特定主体为了实现公共的经济或社会政策目标而根据一定的规则，采取特定的手段，对企业和个人进行的调节和控制。在法学文献中，使用得最多的是广义上的"规制"，本书采用广义的规制概念。对这一广义上的规制，可以从以下几个角度进行理解：第一，规制主体：规制主体分为经典规制主体和非经典规制主体两类。经典规制主体又称为第四部门，是特指相对独立的，不同于传统的行政部门的规制机构，集中立法权、司法权和行政权于一身。非经典规制主体指传统经济和行政管理部门和非政府组织。① 第二，被规制主体：主要涉及企业和个人，由于作为营利性的企业在公共利益的实现中扮演着重要的角色而且有能力承担更多的社会责任，企业是最重要的被规制主体。但是，个人的行为模式对公共政策目标的实现同样具有重要的意义，所以个人也在越来越多的规制行动中成为被规制主体。第三，规制的依据包括法律法规和规章，裁量准则，政策指引以及其他规范性文件。第四，规制的目标包括经济性目标和社会性目标，经济性目标着眼于解决市场失灵，维持市场经济秩序，提高资源配置效率；而社会性目标着眼于管理社会风险、实现社会福利（权利）。第五，规制可供选择的规制手段很多，不仅可以选择命令控制式的传统强制性规制手段，也可选择行政指导、经济调控、信息规制等非强制性的规制手段。规制主要依赖于公法手段的运用，但也可以运用私法手段来促成公法任务的实现。第六，规制的目标可以通过对公民和企业的行为自由的限制或是诱导来实现，也就是通常所说的强制性规制和诱导性规制。

二、规制的主要类型

规制的类型划分方法很多，从不同的角度可以作出不同的类型划分。从规制主体的角度可把规制分为经典规制和非经典规制，从规制手段类型的角度可把规制分为命令控制式规制和诱导式规制，从规制的目标和领域可把规制分为经济性规制和社会性规制。前两种类型划分上文已经简单述及，经济性规制和社会性规制的划分是许多研究文献中采用的类型划分，在此作进一步的说明。

① 参见马英娟：《政府监管机构研究》，北京，北京大学出版社，2007，第32~33页。

(一) 经济性规制

经济性规制（或监管）是指为防止发生资源配置低效和确保利用者的公平利用，政府机关或其他机构利用法律权限，对企业的进入或退出、价格、服务的数量和质量、投资、财务会计等有关行为进行的调节和控制。[①] 经济规制最重要的适用领域是具有自然垄断性的产业。垄断总体上是不被肯定的，而且是被竞争法所禁止的。但是，在特定条件下，当经济偏好只允许存在一家供应商时，就可能存在自然垄断，在此种情况下，就需要政府的规制保障效率和公共利益目标，提供替代性竞争。主要有三种方式：（1）共有制：通过政治指令和责任机制来满足公共利益的需求（2）对私有化的公司施加价格或质量的外部控制。（3）政府通过招标来确定具有垄断经营权的公司，公司按照事先拟定的条件和质量来提供产品和服务。

(二) 社会性规制

规制的目标不仅是经济性的，在经济性目标之外还有政治和社会的目标，例如健康、安全、环境、社会分配等。[②] 社会性规制是以保障劳动者和消费者的安全、健康，卫生以及环境保护，防止灾害等为目的，对物品和服务的质量和伴随着提供它们而产生的各种活动制定一定标准并进行引导或限制的活动。[③]社会性规制的主要目标有两个：第一是实现社会权利，保障社会福利；第二是管理社会风险。现代社会是一个风险社会，一方面，社会分工和陌生人社会所引发的信息和外部性问题使人民处于风险之中；另一方面，科技发展和人类的开发活动在带给人民极大便利的同时，也给人们带来了巨大的风险。风险社会对国家管理、规制和减少社会风险提出了要求，因此需要针对不同的社会风险采取相应的规制措施。

三、规制分析作为一种新的行政法学研究范式

规制已经成为现代社会一个普遍的现象，伴随着规制改革和新公共改革运动的热潮，行政的面貌已经发生了翻天覆地的变化，行政法学如何在传统的法解释学和行政立法学的理论框架之上，积极拓展其理论空间和分析方法，以积极应对现实规制的需要，对现实的规制活动作出自己特有的

---

①③　参见马英娟：《政府监管机构研究》，北京，北京大学出版社，2007，第27页。

②　参见王俊豪：《政府管制经济学导论——基本理论及其在政府管制实践中的运用》，北京，商务印书馆，2008，第31页。

学科贡献，此已成为近年来我国行政法学界热烈讨论的一个话题。对行政规制的法学分析（以下简称规制分析）应当作为行政法学的一种新的研究路径和范式，对其必要性国内学者已经基本形成共识。① 但是，法学的规制分析这一研究范式究竟有何特点？法学的规制分析究竟如何进行？对这两个更为关键的问题，我国法学界还处于学习和探索阶段，现先将在我国行政法学界中研究规制分析的几种比较有影响的观点进行梳理。

（一）叶俊荣的三层次分析法

我国台湾地区学者叶俊荣先生的三层次分析法作为分析行政法案例的一种研究范式在大陆行政法学界产生了广泛影响。② 传统的行政法学的分析方法是一种法解释学的分析方法，即以请求权基础为核心的分析。这种分析方法是以法官的视角去展开研究的，强调当事人在个案中得以依何法律主张什么样的权利以及权利如何实现救济为主线。叶俊荣先生提出的行政案例的三层次分析方法，在传统从司法审查角度分析的基础上，进一步拓展出制度和程序分析、政策与策略分析，后两个层面的分析，已经超越了司法审查的范围，向制度建构和政策学进行了积极拓展。具体而言，叶俊荣先生的三层次分析法的思路如下③：第一层次的分析，以古典行政法所关心的保障人民权益和防止行政滥权为出发点，着重于考察当事人是否因为行政机关的违法或不当行使职权而受到损害，进而探究救济的可能性与途径，是以法院的司法裁判为中心的分析模式，在具体的分析中，着重分析权利是否已受侵害、诉讼要件是否已经满足、是否具备违法性。第二个层次的分析，超越个人权利救济的格局和法院司法裁判的考量，从整体制度的内涵与程序，探究事件发展过程中各种权力部门的互动，及事件之所以发生的背景原因，进而思考制度与变革的方向，具体分析的内容包括各个公权力部门之间的权责配置和相互关系、制度设计和程序设计三个单元。第三个层次的分析，则更进一步，不仅超越司法裁判的考量，而且超越制度层面的考量，深入探讨案例背后的政治系统与民间部门的政策取向与策略思考，此一层次的分析不仅限于分析当下的案例，在另一方面也举

---

① 参见朱新力、宋华琳：《现代行政法学的建构与规制研究的兴起》，载《法律科学》，2005（5）；朱新力、唐明良：《现代行政活动方式的开发性研究》，载《中国法学》，2007（2）期；章志远：《公交特许经营、规制改革与新行政法的兴起》，载《中国法学》，2009（2）。

② 有学者已经在运用叶俊荣先生的三层次分析方法来研究大陆的案例，典型的如唐明良：《行政法研究疆界的拓展——以案例分析为切入点》，载《政法论坛》，2005（2）；章志远：《个案变迁中的行政法》，北京，法律出版社，2010。

③ 参见叶俊荣：《行政法案例分析与研究方法》，台北，三民书局，1999，第44页以下。

一反三，预测未来，在分析中，涉及政治运作当为如何、影响评估和策略考量三个单元。

（二）规制手段和目标的匹配性分析模式

美国规制分析的大师史蒂芬·布雷耶在其名著《规制及其改革》中提出的规制分析的匹配性模式在我国也产生了广泛影响。匹配性分析已成为对一个政府的规制政策或措施进行法学分析的重要分析模式之一。匹配性分析分三个步骤[①]：第一步：分析政府干预市场的目标和正当性基础，政府的规制措施必须以正确的、合规范的公共政策目标为导向，如果公共政策的目标定位错误或没有正当性基础，则规制必然会导致错误的结果。第二步：从理论上对各种规制手段进行分析。第三步：评估实际选择的规制手段，及对所选择的规制手段和所要解决的问题之间的关系进行分析，分析所选择的规制手段是否能够实现其所欲达成的公共政策目标。布雷耶运用这一匹配性分析的思路，具体分析了美国的各种经济和社会的，从航空业规制到环境规制等各种具体的规制问题，分析了具体规制中匹配与不匹配的原因，并在此基础上提出了如何通过人力资源的改善、程序改革、结构改革和实体改革来完善美国的规制。

（三）日本的行政过程理论

日本的行政法理论长期以德国为蓝本，然而却有着自身独特的理论贡献。行政过程理论即是日本行政法学界为回应传统行政法解释学在应对当代复杂的现实问题的不足而提出的一种新的理论视角和分析方法，是日本行政法学界一个独特和重要的理论贡献。行政过程论是在 20 世纪 60 年代末期到 70 年代由远藤博也教授、盐野宏教授等倡导提出，后经阿部泰隆和大桥洋一等学者的进一步发展，虽然难说已经形成完整和系统的理论体系，但仍可被视为大陆法系法学理论对规制理论的重要贡献，提供了许多具有启发性的观点、思路和方法。

盐野宏教授是日本行政过程理论的重要奠基人，他在分析了传统行政法理论构造不适应现实的情形之后，提出了三个新的分析范畴来增强行政法理论对现实的解释力量[②]：第一个重要的范畴是"行政的行为形式"，行政的行为形式包容了把行政处分行为以及其他所有行政活动方式（包括

---

① 布雷耶在规制方面的力作《规制及其改革》就是按照匹配性分析思路展开的，具体参见〔美〕史蒂芬·布雷耶：《规制及其改革》，李洪雷、宋华琳等译，北京，北京大学出版社，2008。

② 参见鲁鹏宇：《日本行政法学理构造的变革——以行政过程论为观察视角》，载《当代法学》，2006（4）。

行政立法、行政指导、行政计划、行政契约、私法手段等），盐野宏认为，各种行为形式是行政过程的基本构成要素，必须从整体法构造的宏观视角来判断这些基本单元的合法性问题，而不是仅仅攫取行政过程中的某一个片段来判断合法性。第二个重要的范畴是"行政的法律构造"，行政过程通常由复数的行为形式和法律关系连锁构成，而在此一连锁构成背后，通常皆由一套或数套法律构造，这些法律构造通常由立法事先设定，例如行政许可、行政处罚、行政强制等。各种法律构造分散在不同的行政领域并可能具有多样的排列组合变化，一方面要建立各种行政法律构造的一般理论，另一方面要分析在具体的行政领域中法律构造的具有多样的排列组合变化。第三个重要的范畴是"行政过程的私人"，主要包括行政过程中的"私人地位"与"私人行为"两方面。"私人地位"即私人在行政活动中的防御地位、请求给付的地位和参与地位，私人行为包括私人资格（权利能力、行为能力），意思表示瑕疵，行为的法律效果等问题。[1]

　　盐野宏教授的行政过程理论虽然提出了和传统行政法学理论不同的范畴，但其行政过程理论还是限定在传统法解释论的框架之内，其目的在于改造传统行政法解释学使其更好地适应现实生活的发展。[2] 其继承和发展者则试图突破法解释学的框架开拓行政法的新的研究领域和理路。例如阿部泰隆将行政过程论的动态分析方法主要应用在了有关立法过程、法制度设计方面，他主张在自足的法解释学以外，构建独立的行政法政策学体系。[3] 大桥洋一教授则主张行政法学应当回归 19 世纪之前那种政府学和国家学的广泛和综合的研究方法，这样能更好地说明和解决问题，因为纯化的行政法学方法论与 19 世纪夜警国家比较适应，但对现代全能的行政国家的解释力却非常有限。[4] 所以，他主张行政法学应当加强与行政学和立法学的融合，而行政法学总论应当发挥以下功能：（1）概括和阐释法律实务的功能；（2）提供法解释理论的功能；（3）提供法政策建议的功能；（4）将国际共通规则纳入国内法秩序的法继承功能；（5）提示行政法制发

---

　　① 参见江利红：《行政过程论研究——行政法学理论的变革与重构》，北京，中国政法大学出版社，2012，第 126 页以下。

　　②③ 参见鲁鹏宇：《日本行政法学理构造的变革——以行政过程论为观察视角》，载《当代法学》，2006（4）。

　　④ 参见〔日〕大桥洋一：《行政法学的结构性变革》，吕艳滨译，北京，中国人民大学出版社，2008，第 18 页以下；江利红：《行政过程论研究——行政法学理论的变革与重构》，北京，中国政法大学出版社，2012，第 126 页以下。

展方向的法改革功能。①

（四）多元行政法律关系理论

多元行政法律关系理论于 20 世纪 60 年代诞生于公法理论发达的德国并得到迅速发展，并在我国和台湾地区学界引起了一定程度的反响。德国著名行政法学者巴霍夫（O. Bachof）教授是行政法领域"法关系论"的最早的系统提倡者，后经由阿特贝格（N. Achterberg）、鲍尔（H. Bauer）、海伯勒（P. Haberle）等学者的进一步发展阐发，行政法律关系理论的内容更加丰富。② 多元行政法律关系理论认为，传统行政法学是以"行政活动的法律形式"为基础建构的体系，行政处分成为传统行政法学理论体系的核心，然而，由于现代社会利益冲突的复杂化与行政活动方式的多元化发展趋势，导致"行为形式理论"在法律事实的认知与解释的功能上弱化，行政处分所能分析和捕捉行政活动实践中的一个静态的片段。③ "法律关系理论"主张通过对具体的、多元和双向的行政法律关系的分析来对与行政有关的法律现象进行研究，以适应不同的、形态多样的社会利益关系结构的分析和研究，从而增强行政法学理论对现实行政的解释功能。

（五）行政最佳性分析

我国朱新力和唐明良两位学者在分析和借鉴西方规制理论的基础上，提出了其规制分析的思路及构架。④ 朱新力和唐明良两位学者认为，法治行政实践中贯穿着两条主线，一是以约束公权力、保障私权利为核心的合法性考量，二是以提高政府效能为核心的最佳性考量，因此行政法理论应当围绕合法性和最佳性的二维结构展开，在具体的展开路径上，虽然合法性考量和最佳性考量均以主体—行为—程序—监督为逻辑顺序，但在内容向度和考量节点上大相径庭。合法性与最佳性应当并且可能进行互动与循环，从而促进行政治理的合规范性和合目的性的统一，法治政府与善治的

---

① 参见〔日〕大桥洋一：《行政法学的结构性变革》，吕艳滨译，北京，中国人民大学出版社，2008，第 18 页以下；江利红：《行政过程论研究——行政法学理论的变革与重构》，北京，中国政法大学出版社，2012，第 126 页以下；鲁鹏宇：《日本行政法学理构造的变革——以行政过程论为观察视角》，载《当代法学》，2006（4）。

② 参见赖恒盈：《行政法律关系论之研究——行政法学方法论评析》，台北，元照出版公司，2003，第 101 页以下。

③ 参见鲁鹏宇：《论行政法学的阿基米德支点——以德国行政法律关系论为核心的考察》，载《当代法学》，2009（5）。

④ 参见朱新力、唐明良：《法治政府建构的二维结构——合法性、最佳性及其互动》，载《浙江学刊》，2009（6）期。

耦合，以实现最佳的政策制定和政策执行。[①] 合法性考量是传统行政法理论的主要着力点，其主要的法学方法论是规范分析及法解释学的方法，最佳性考量是行政法理论的新的领域，需要采用新的方法和路径去分析。合法性考察的节点主要在司法，而最佳性考量的节点则主要分布于"立法"和"行政"，立法不仅包括立法机关的立法，而且包括行政机关和其他承担公共管理的机构制定行政法规、规章及各种政策性文件的行为，"行政"，它一方面是对立法层面最佳性考量形成的好政策之执行，并通过政策执行中的绩效评估等手段反过来检验政策的"最佳性"，另一方面也在具体的执行层面通过规制手段的选择运用，程序改造等来进行最佳性考量。根据其观点，最佳性考量也主要涉及主体—行为—程序—监督这四个层面。在主体论层面的分析重点包括：（1）行政任务与组织形态的匹配性分析，即分析具体的行政任务应当采取什么样的组织形态来完成；（2）政策目标与行政组织的匹配性分析；（3）公共行政组织中引入私的管理技术和市场竞争原理的行政效能性分析。在行为层面，最佳性考量着重于立法与行政层面的制度设计与政策选择，即根据特定的政策目标选择怎样的行政手法与政策工具达致最佳的行政效果，具体而言，要根据具体的政策目标在各种传统和新兴的行政手法和政策工具中进行选择和组合，以达到最佳的效果。行政手法和政策工具不仅包括为行政行为形式论所类型化的传统行为方式（如行政许可、行政强制、行政处罚），而且包括未被行政行为论所类型化的新型的行为方式和政策工具（如建议、警告、推荐、协商等非正式行政活动，包括以私法形式完成公法任务，还包括经济手段的激励、诱导等）。在程序层面，最佳性考量下的程序论也不再唯导控行政权马首是瞻，转而讨论什么样的程序设计可以达致最佳的行政、提升行政的效率，通过参与性程序的设计，既保障民主性，又通过构筑合意平台和实现公共政策目标，实现最佳行政。在监督环节，法院通过对行政活动的审查自觉或者不自觉地输出政策意图：第一，法院通过适用法律和法律解释间接否定某项政策；第二，在判决中或者判决外要求、建议行政主体对政策的最佳性予以改进。

（六）本书对规制分析的定位——行政最佳性分析

以上几种规制分析的思路都具有其独特的贡献和理论视角。三层次分

---

① 参见朱新力、唐明良：《法治行政与政府"善治"的互动与耦合》，载《法制日报》，2007 - 04 - 29；朱新力、唐明良：《法治政府建构的二维结构——合法性、最佳性及其互动》，载《浙江学刊》，2009（6）。

析法在传统合法性分析的基础上进一步拓展出制度分析（第二层次分析）和政策策略分析（第三层次分析）。匹配性分析模式以规制手段和目标的匹配为分析工具，为规范分析和实证分析的结合提供了一种很好的分析理路。行政过程理论和行政法律关系理论强调在具体的行政过程和动态、多元的法律关系中对各种行政行为的形式进行综合的分析，对突破大陆法系传统的片段化、形式化进行合法性分析的理论局限作出了重要的贡献。行政最佳性分析是一个把以上几种分析模式吸收和综合的分析模式，这一模式提出了规制分析在行政法学中与传统大陆法系行政法学的合法性分析不同的核心维度：行政最佳性分析，并以规制目标为参照点，具体分析行政组织和规制目标的匹配性、规制手段（具体的行政行为形式及其组合）与规制目标的匹配、行政程序与规制目标的匹配以及监督模式与规制目标的匹配，一方面吸收了规制手段和目标匹配性分析的目标导向分析的思路，另一方面又通过以行政最佳性的目标设定，把三层次分析方法中后两个层次的分析理路，以及行政过程理论和行政法律关系理论中对动态、多样化行政行为综合考察的思路整合到其分析框架中（行政程序和政策目标的匹配性分析、规制手段与政策目标的分析），是一种全面、具有可操作性的规制分析框架。行政最佳性分析虽然不能概括规制分析相关理论的全部内容，但其抓住了规制分析的最本质和最重要的内容，而且，行政最佳性分析以行政最佳性作为规制分析的目标，也对传统的以行政合法性为目标的分析方法进行了相对明确的区分。基于上述理由，本书将规制分析定位为行政最佳性分析，对规制分析的其他方面不进行讨论。

第三节　公法权利在行政最佳性分析中的功能

将规制分析定位为行政最佳性分析，虽然不能概括规制理论的丰富内容，但是抓住了规制理论中最重要的部分。公法权利是公法最重要的规范内容，其在行政最佳性分析中具有重要功能。公法权利不仅在目标和价值上为行政规制提供导向，从规范导向上为行政规制的最佳性作出贡献，而且，公法权利还通过对整个行政规制过程的重塑，从程序上保证行政规制的民主性和对民众需求的回应性，并以此来促进行政最佳性（善治）。本书将公法权利在行政最佳性分析中的功能提炼为两个大的方面，第一是公法权利的价值导向功能，第二是公法权利对行政规制的过程塑造功能。前

者侧重于实体性公法权利的功能，后者侧重于参与性公法权利在行政最佳
性促进中的功能。

一、公法权利的价值导向功能

以实际、具体问题为导向的规制分析，与传统行政法学以司法审查为
中心、以对当事人的个体公法权利保护和救济为目标的传统行政法学方法
不同，它是以行政为中心，以公共利益的最大化实现为目标的分析路径。
对于这种承担了公共政策角色的规制分析，公法权利理论在其中是否还发
挥和担当着重要角色？

尽管规制法学与传统的行政法学方法在分析对象和理论目标上均有着
显著差异，但笔者认为，公法权利理论在规制法学中仍然应发挥重要角
色。而且，充分地挖掘出公法权利理论对规制法学的适用价值，能够对法
学公共政策分析的学科独特性作出一定的贡献，使规制法学不至于迷失在
公共政策分析的经济学、政治学等学科的海洋和包围中。公法权利对于规
制分析的重要意义之一来源于公法权利的客观价值秩序效力和功能。公法
权利不仅赋予人民请求行政机关作为或不作为的个体权利，而且，公法权
利还建构起相应的价值秩序，行政机关在制定和执行公共政策时，应当以
此价值秩序为导向，以使公共政策的制定和执行不偏离此价值秩序所指引
的方向。规制分析与司法审查分析最重要的不同之处在于：规制分析的目
标在于如何更好地促进公共利益，而司法审查则以个体的公法权利的维护
为目标。然而，公共利益也并非与个体权利毫无关联的抽象概念，公共利
益虽然不能简单地理解为个体权利和利益的简单叠加，但它是以个体和群
体的权利和利益为基础的，规制分析方法并非要彻底抛弃公法权利理论，
而是通过公共政策力图在相互冲突的各个群体的公法权利和利益之间作出
协调，以实现公共利益的最大化。公共利益的最大化本身就是一个需要公
法权利所塑造的价值秩序提供指引的目标，否则，公共政策很有可能掉入
功利主义的泥潭，虽然整个社会的国民生产总值得到极大提升，人的价值
和社会的和谐却在经济狂飙中迷失。具体而言，公法权利规范在规制分析
中的适用意义可以体现在以下两个方面：

（一）公法权利规范作为价值规范嵌入公共政策目标

在规制国的背景之下，行政机关承担最主要的公共政策制定的功能。
一方面，由于现代行政机关承担着纷繁复杂的行政任务，要面对和及时地
应对现代社会的众多新型和复杂的社会问题，授权立法在这一背景之下成

为重要的立法形式，管理社会生活的众多立法是通过授权立法来实现的。另一方面，即使在国会对相关事项有立法的情形下，为了应对法律实施过程中呈现的众多问题，也需要行政机关颁布具体的、操作性的实施办法或配套文件。特别是在我国，行政机关在规制中扮演着中心的角色，行政机关的行政法规、政府规章和其他规范性文件是数量最多，也是最重要的公共政策载体。

公法权利规范对公共政策的制定具有重要的导向意义。行政机关在制定行政立法、政府规章和其他规范性文件时，都应当自觉地尊重、促进和保护公法权利。对于一个公共政策来说，政策的目标无疑具有至关重要的意义，如果公共政策的目标设定错误，则公共政策将会走向错误的方向，正确的公共政策目标是一个公共政策成功的最基本前提。在确立公共政策目标的过程中，除了事实因素和技术因素外，还必须考虑价值规范，公法权利规范是其中最重要的价值规范。公共政策的制定与司法审查不同，司法审查是被动的，在司法审查中，法院只对当事人所主张的权利进行审查和保护。在公共政策制定中，行政机关则要全面地评估公共政策可能影响的各个群体的公法权利的状况，特别是组织性不强的分散的弱势群体的权利和利益（这一群体的权利通过司法救济的可能性相对较低），在各种相互冲突的权利和利益之间作出协调和政策选择，制定出符合宪法和行政法律公法权利规范所确立的价值规范秩序的公共政策。

在公共政策目标的设定中，因为不遵守公法权利规范所建构的价值规范秩序而导致公共政策偏离正确的方向的教训在我国不可谓不深刻。以我国的房地产调控公共政策为例，我国房地产市场房价一路飙升，远远超出公民正常的承受能力的现实与我国这些年房地产调控公共政策的目标设定有着直接的关系。我国一直以来将房地产行业作为推动经济增长的重要支柱产业来看待，维持房地产市场的正常秩序成为房地产调控管理政策的首要政策目标。这种政策目标定位与我国宪法规范和相应行政法律所规定的生存权保障的价值规范是有矛盾的。后来政府认识到这种政策的问题，试图有所调整，在房地产调控管理的政策目标之中加入了居住保障的政策目标，但问题是居住保障的政策目标和房地产经济发展相冲突时，政府又常常以牺牲居住保障的政策目标来促进房地产市场发展，放松对房地产投机的打击。这种摇摆不定的，与公法权利规范所建构的价值秩序相左的房地产调控政策不可能将公共政策引入到善治的轨道，而只可能离善治的方向越来越远。

（二）公法权利规范与规制法律和政策的解释和执行

1. 规制性法律的内容特点

在当代社会，行政法律法规承担着越来越重要的公共政策任务和功能的背景下，规制法律的解释在运用传统的法解释学的理论和方法的同时，还需注意在此背景下规制法解释自身所具有的特殊性。这种特殊性首先体现在其内容与传统的法律内容有所差别，即当代的规制法律具有众多的政策性条款。

美国著名法理学家德沃金仔细考察了政策与法律规范的区别。他认为，法律的规范可以分为原则和规则，规则是原则的具体化，原则和政策是两种容易混淆的行为标准。政策是为了某一共同体经济、政治或社会目标的实现或提升而设置的具体标准，而原则的目标不是为了提升或确保一个社会共同体的经济、政治或社会状况，而是一种正义、公平和其他道德维度的要求。例如，"降低交通事故的行为标准"是一种政策，而"任何人不能从其错误中获利"则是一种原则。在德沃金看来，政策不是法律规范，但他也不否认政策同样具有规范性的作用。不可否认的是，在规制性法律中，传统的法律规范（或德沃金所定义的经典的法律规范）只是其中的一种规范，政策性规范已经大量地出现在规制型法律中，甚至，在某些"促进型"法律中（如《可再生能源法》、《节约能源法》），政策性规范已经成为法律规范的主体，传统的体现一种正义、公平和其他道德维度的要求的法律条文已经难寻踪迹。从另一个角度来看，虽然在理论上德沃金对法律规范和政策的区分是可以成立的，但在实际上对法律条文的解释中，要明确地对法律条文是属于传统的体现一种正义、公平和其他道德维度的要求的法律条文还是政策性的法律条文进行区分在许多时候很难，因为一些法律条文既体现了道德价值规范的要求，也体现了公共政策的诉求。

2. 规制性法律或行政法规的解释方法

除立法机关的解释外，对规制性法律进行解释的主体主要是行政机关（包括其授权进行执法的机构）和法院，行政机关既是某些规制性法规的立法主体，也是国会制定的规制性立法的执法主体，其在执法的过程中必然涉及解释（包括一般性的解释和针对个案的解释），另外，法院在对行政机关执法活动进行司法审查时也必然涉及规制性法律的解释。立法机关、行政机关和司法机关对规制性法律法规的解释，由于解释主体和解释目的的差异，具有其各自的特点，但在解释方法上仍然有其共通之处。王旭博士把行政法的解释路径分为实用主义的政策路径和规范主义的原则路径两种解释路径，这一区分对规制性法律的解释具有重要的理论和实践意义。① 所谓实用主义的政策路径，指解释者"有比较强的政策思维，比较重视案件中具体的公共政策与社会目的的考量，比较重视案件的'社会效果'与后续反应，习惯将法律解释为政策允许范围内的结果"②。在解释中，此种解释路径强调对立法意图的一种想象性重构，即根据当下案件的具体政策考虑与社会效果来反向解释立法意图。③ 在司法审查的解释中，司法机关尽可能地尊重行政机关的解释，除非行政机关的解释明显不合理或不能得到理性的支持。④ 在中国的语境中，这种解释路径在行政解释和司法解释中都广为运用，法律解释不仅仅被作为实现立法目的的过程，而且作为妥善解决行政争议，化解相关社会纠纷，实现政策目的和最佳社会效果的过程。所谓规范主义的原则路径，指法官总是从法律规则本身的正义性（立法者的正义思想或者法律本身的客观含义）出发来解释法律，不能让带有明显社会目的衡量与实用倾向的政策思维进入行政法解释中。在司法审查中，法官具有独断解释法律的权力，行政机关的解释不需要被尊重。⑤ 这一规范主义的原则解释路径为德沃金所倡导，这一路径具体体现为以下几种思维过程：第一，立法原意的尊重，即当尽量探寻到法律的立法原意。第二，惯习主义的立场，即当没有明确的立法原意或不在乎这种立法原意的探究时，解释者则要用各种方法找到法律共同体内部积累下来的通常解释或先例。第三，当通常的解释无法获得或者不能诉诸先例式的解释准则时，法官应当从法律体系内部价值序列与目的出发来获得解释的答案，获得唯一正确的解释。⑥

按照王旭对"原则思维"和"政策思维"的理想类型的归纳，这两种

---

① 参见王旭：《行政法解释学研究：基本原理、实践技术与中国问题》，北京，中国法制出版社，2010，第 81 页以下。

② 王旭：《行政法解释学研究：基本原理、实践技术与中国问题》，北京，中国法制出版社，2010，第 107 页。

③⑤ 参见王旭：《行政法解释学研究：基本原理、实践技术与中国问题》，北京，中国法制出版社，2010，第 107 页。

④ 参见高秦伟：《行政法规范解释论》，北京，中国人民大学出版社，2008，第 186 页以下。

⑥ 参见〔美〕罗纳德·德沃金：《认真对待权利》，信春鹰、吴玉章译，上海，上海三联书店，2008，第 147 页以下；王旭：《行政法解释学研究：基本原理、实践技术与中国问题》，北京，中国法制出版社，2010，第 103～104 页。

类型的法律解释思维路径可以用下表来概括①:

比较项目	原则思维 (路径)	政策思维 (路径)
通常角色	法官	行政官员
首要目标	法律正义/权利	公共目的/利益
具体体现	理性推理	行政裁量
解释目标	立法者意志或法律客观目的	社会后果
思维类型	判断思维	权衡思维
追求效果	法律效果 (正确性)	社会效果 (效益性)
对理性的追求	价值理性	工具理性

　　按照王旭的类型归类,行政机关在执法中进行解释时,往往采取实用主义的政策思维路径,而法院在进行司法审查时,往往采取规范主义的原则思维路径。然而,这种划分方法只是一种理想的类型划分,在实践的法律解释和执法中,不管是行政机关还是司法机关,实际上在解释规制性法律时,都需要很好地协调政策和法律价值的双重要求,以达到法律效果和社会效果的最佳协调。因为,尽管行政机关的主要目的是通过执法实现其公共政策目的和最佳的社会效果,然而,通过其执法活动实现宪法规范和其他法律规范中的正义、权利等政治价值,也是其宪法的义务,从某种意义上讲,正是通过把规制性法律的立法和执行自觉地约束于宪法和法律所塑造的价值体系之内,公共政策才可能获得法律的正当性和实现长远的良好社会效果,而不至于因追求暂时的、短期的政策效果而使社会的根本价值受到威胁和损害,从而丧失了长远的社会利益和社会效果。此外,虽然司法机关的主要功能在于捍卫法律的规范价值,然而,其在解释法律时,也不可能不顾及其在公共政策上的效应和社会效果。在现代社会中,司法机关本身就是公共政策的一个参与主体,其虽然只参与个案的审判,然而,由于司法裁决的最终性,法院的判决必然会对公共政策产生影响。由于这种客观影响的存在,司法机关在进行法律解释时,也需要考量其解释的社会后果和公共政策效应,只有这样才能扮演好司法机关的社会角色。

　　总而言之,在解释规制性法律时,需要很好地协调政策和法律价值的双重要求,以达到法律效果和社会效果的最佳协调。行政机关和司法机关

---

①　参见王旭:《行政法解释学研究:基本原理、实践技术与中国问题》,北京,中国法制出版社,2010,第97页。

尽管其承担的主要任务不同，其在解释规制性法律时的偏好和倾向有所差异，然而，协调政策和法律价值的双重要求，却是其共同的解释准则。

3. 公法权利规范作为规制法律和政策解释的"背景"规范

在协调政策和法律价值的双重要求来解释规制法方面，美国公法学者桑斯坦规制法律的解释理论产生了深远的影响，具有重要的启发意义。桑斯坦认为，规制法律的解释，必须遵照现代规制国的基础性前提，落实宪法规范，保证机构有效地克服规制失灵。① 规制法律的解释，仅仅从规制法律体系内部寻找解释的最终根据和资源是远远不足的，还应当通过寻找解释的外部根据来保障解释法律方法的充分性。这种外部根据被桑斯坦称为背景规范。所谓背景规范，是指不存在于特定的规制法律文本，而来自特定的法律文化中的解释性原则，这些解释性原则能够为解释提供最终超越机械的文本含义或语境分析（立法历史、立法意图、法律体系）的外部解释准则。这些外部解释准则主要包括三个层次：以落实宪法规范为目的的解释准则，为保证机构有效运作而应遵循的制定法解释原则和为克服规制失灵而应遵循的制定法解释准则②：（1）以落实宪法规范为目的的解释原则包括：制定法解释应当贯彻联邦制，只有在国会明确声明时联邦法才优于州法；促进政治审议，法院应当限缩解释那些纯粹反应利益集团转移的制定法，法院还应发展出一些解释策略来促进政府中的审议；保证公共职责在不同机构之间的合理分配，促进政治问责；注意保护弱势群体的利益；保证私人的听证权、财产权、合同权和福利权，遵循法不溯及既往等法治原则，使行政裁量最小化等。（2）为保证机构有效运作而应遵循的制定法解释原则有：限缩解释拨款法，以控制利益集团的作用；推定立法机关没有排除司法审查，以控制行政机构等。（3）为克服规制失灵而应遵循的制定法解释原则可以分为四类：第一类是普遍地适用于整个规制法领域的一般原则；第二类针对那些意图克服市场失灵或者回应短期公共呼吁的制定法，为了抵制过度热情的制定法实施，法院在解释时应按照符合比例原则的要求，尽力保证成本与收益相称，并允许或者要求排除对琐事的规制；第三类针对那些旨在保护传统弱势群体和非商品价值的制定法，对其应当予以扩充解释，以抵制实施失灵；第四类针对那些体现了利益集团转

① 参见〔美〕凯斯·R·桑斯坦（Cass R. Sustein）：《权利革命之后：重塑规制国》，钟瑞华译，北京，中国人民大学出版社，2008，第9页。
② 参见〔美〕凯斯·R·桑斯坦（Cass R. Sustein）：《权利革命之后：重塑规制国》，钟瑞华译，北京，中国人民大学出版社，2008，第10页。

移的制定法，对其应当进行限缩解释，以抵制"交易"①。

从桑斯坦对规制法律的解释原则的论述可以看出，在规制法律的解释中，除了要从规制法律内部的条文去寻找解释的根据外，作为背景规范的外部依据也是不可忽视的解释根据。其论述的背景规范的内容非常广泛，包括以落实宪法规范为目的的解释准则，为保证机构有效运作而应遵循的制定法解释原则和为克服规制失灵而应遵循的制定法解释准则，而在这些解释准则中，公法权利规范无疑是最重要的，在解释中不可忽视的背景规范。因为，公法权利中的基本权利是宪法规范最重要的组成部分之一，而且是法律共同体所公认的重要的价值。公法权利规范是其第一层次的背景规范中的重要内容，而且，为克服规制失灵而应遵循的制定法解释原则中，如法院在解释时应按照符合比例原则的要求，尽力保证成本与收益相称，针对那些旨在保护传统弱势群体和非商品价值的制定法，对其应当予以扩充解释，也是典型的与公法权利规范密切相关的解释原则。

虽然美国的法律体制与中国有着天壤之别，不可同日而语。然而，桑斯坦规制法律的解释理论对中国规制法律的解释仍然具有重要的借鉴意义。规制法律的解释，一方面要保障规制国基础性价值的实现，另一方面要保障规制法律能有效地实现其政策功能，防止规制的失灵。这是解释规制法律的基本要求，而要满足这两个基本的要求，公法权利的规范不管是否出现在具体的规制法律中，都应当作为重要的背景规范在解释中作为解释的依据，只有这样，才可能达成法律价值和政策目标、法律效果和社会效果、短期效果和长期效应的良好协调。

4. 公法权利规范在规制法解释中的具体运用

公法权利规范作为价值规范影响政策执行，这是公法权利规范作为一个价值规范体系在政策执行过程中所具有的功能。政策执行过程涉及对法律法规和其他规范性文件的解释，还会涉及行政裁量。不管是对规范的解释，还是行政裁量，公法权利规范作为价值规范都应当作为解释规范和进行行政裁量的一个重要的考量因素，如果法律规范对公民是否具有相关的权利语焉不详，根据公法权利的价值规范就应当推定公民享有相应的自由权利。在行政裁量中，如果有对公民的公法权利实现更有效的措施可以选择，就应当选择更能促进公民的公法权利实现的措施，与之相反，在多项

---

① 〔美〕凯斯·R·桑斯坦（Cass R. Sustein）:《权利革命之后：重塑规制国》，钟瑞华译，北京，中国人民大学出版社，2008，第10页。

同样的能够达到政策目标的措施中，应当优先选择对公民的自由和权利限制最少的措施。

（三）公法权利规范与行政规制的评估

1. 公共政策评估的一般标准

（1）有效性（Effectiveness）

有效性或效能是判断政府公共政策是否成功最为重要的标准，也就是我们经常所说的社会效益。有效性表明一项公共政策达到了目的，虽然成本也将成为一个考虑的重要标准，但是有效性常常可以独立于成本。最好的公共政策就是能够解决公共问题，达到其预定目标的政策。[①]

（2）效率（Efficiency）

有效性关注的是结果，而效率关注的是结果和成本的比率，最有效的政策不一定是最有效率的公共政策。根据效率标准，一项好的公共政策需要在收益与成本之间取得最佳的平衡，以最小的成本获得最佳的政策效果，一项政策的成本不仅包括政府为执行此公共政策行动所付出的直接成本，还应当包括社会因此公共政策所付出的成本（即社会成本），例如规制对象因规制而导致的损失。[②] 在评估效率时，有两个重要的经济模型，一个是帕累托最优，另一个是卡尔多—希克斯改进模型。帕累托最优是指资源分配的一种状态，指在不使任何人境况变坏的情况下，使得至少一个人变得更好。而卡尔多—希克斯改进是指，尽管一项管制制度安排损害了一部分人的利益，但另一部分人因此而获得的收益大于受损人的损失，总体上还是合算的。帕累托最优是一种理论的理想模型，现实的规制行动往往涉及复杂的利益关系，主要依据卡尔多—希克斯改进的原理进行评估。[③]

（3）公平性

公平性是一个充满争议的评估维度，然而不可忽视的是，一项成功的规制政策的设计和安排必须以公平为基本的依据和出发点。一个社会的正常运转有赖于体系化的规则体系的存在，就制度的设计与安排而言，需要有基本的价值理念作为其依据，一个社会只有不断提升其公正的程度，那么，社会问题出现的种类与强度才会减少和减小，社会才可能实现和谐善治。何为公平性虽然争议很大，但仍然有一些为社会大多数人所公认的基本理念，

① 参见陈振明等：《政府工具导论》，北京，北京大学出版社，2009，第24页。
②③ 参见陈振明等：《政府工具导论》，北京，北京大学出版社，2009，第82页。

例如，收益应当与贡献相匹配的理念；又如，基本权利应当平均分配给社会上所有人，社会的机会应当向社会所有人开放。再如，再分配公平的理念，即应当将一些利益分配给那些最需要的人，以满足其基本的生存需求。

（4）适应性和可实施性

规制的适应性是指规制政策能够适应不断变化的环境和社会条件。正如诺贝尔奖获得者，著名的规制学者奥斯特洛姆所论述的，"如果制度安排不能对变化的环境作出反应，那么基础设施的可持续发展很可能遭受破坏"①，这就要求公共政策不仅能够适应当时的环境，而且能够随着环境的变化而作出调整。

可实施性是指公共政策能够在现实社会中付诸实践的操作，能够进行有效的推行和管理，公共政策所涉及的工具越是复杂，所涉及的参与者越多，管理的难度就越大。虽然有些公共政策在理论上或许会带来更大的利益，但是在实践上往往却会因为管理方面的原因而失效。

（5）合法性

在公共政策的选择中，合法性有两层含义，其一是政治意义上的合法性，其二是法律意义上的合法性。政治合法性指的是政治系统依据传统或公认的准则而得到公众的同意和支持。法律合法性是指公共政策应当符合法律的框架，即规制行动必须符合宪法和一般法律的规定，不能违反宪法、法律及其他法律规范。

（6）政治可行性

政治可行性指公共政策应当与国家的性质、基本政治原则、国家发展计划保持一致。在西方国家，主要涉及政策是否能被议会通过、是否能获得政党支持及预算可能性等。在我国主要指公共政策应当符合国家利益、人民利益，能够为决策者和人民群众所接受。

2. 公法权利规范与行政规制的评估标准

从以上公共政策的一般评估标准可以看出，公法权利规范对公共政策的评估具有重要的意义。第一，公共政策评估的首要标准是有效性标准，即评估公共政策是否能够实现其政策目标，而由于公法权利规范对于公共政策目标的正确确立具有重要的价值指引功能，内化于政策目标的公法权利规范，实际上在评估政策有效性方面具有重要的意义，而且，有许多公

---

① 〔美〕埃莉诺·奥斯特洛姆等：《制度激励与可持续发展》，上海，上海三联书店，2000，第133页。

共政策（例如平等促进政策、社会保障政策）本身的主要目标就是为了促进公法权利的实现，这样相应的公法权利本身实现与否就成为公共政策评价的最重要标准。第二，在法律的合法性评估中，必须进行公共政策是否符合公法权利规范的评估。如果一项公共政策侵犯了公民或法人的公法权利并且没有正当的依据，此项公共政策当然就不具备法律的合法性。由于权利的冲突和相互性，为实现某一特定公共政策目的的规制政策必须符合规制主体的合法性、规制程序的合法性和规制内容的合法性等与公法权利保护直接相关的维度，必须符合平等原则、比例原则等贯彻公法权利规范价值的基本原则。第三，其他评估标准中，也不可忽视公法权利规范在其中的意义和价值。例如，公共政策的效率评估往往要通过成本收益评估程序来进行保证，而成本收益的评估又往往简化为经济学的定量评估。这种经济学意义的成本收益定量评估往往对弱势群体的公法权利和利益，对环境资源和文化等无法定量的生态和文化等价值缺乏必要的考量，需要把公法权利规范等价值融合到成本收益分析中，在成本收益分析中实现定量分析和定性分析的最佳结合。再如，公平性评估首先须从公民的平等权出发来进行评估，因为不侵犯公民或法人的平等权是一项公共政策最起码的公平性要求，平等权的保护和实现是公共政策公平性的最低要求，如果此一要求都达不到，其他的公平性标准更是奢谈。

二、公法权利的过程塑造功能

（一）现代行政国家面临的新挑战和公法权利价值导向分析的不足

1. 现代行政国家面临的新挑战

（1）决策于未知的风险规制

现代社会是一个风险社会。[①] 现代社会是建立在高度社会分工和专业化基础上的社会，高度的社会分工和专业化在带来效率飞速提高的同时，也将社会带入了一个陌生人社会，人们的衣食住行等生活的需要都依赖于其并不认识的多个陌生人的相互协作来提供产品和服务，这引发了新的信用及社会风险。现代社会的风险还来自于科学技术的发展，科技发展在推动经济发展和人们福祉改善的同时，也带来了不确定的风险，特别是伴随着网络资讯的发达，风险会具有更大的扩散和放大效应。在当今社会，我们面对着越来越多的因环境、核能、医药、交通运输、消费品、化学品乃

---

① 参见〔德〕贝克：《风险社会》，何博闻译，南京，译林出版社，2003。

至基因工程所释放出来的危险，这些风险在度量上具有不确定性，它可能会带来无从弥补的损害，以及多米诺骨牌式的连锁反应。[1]

　　风险规制是现代行政法所必须面对的重要任务，风险规制也对现代行政法提出了新的挑战。这种新的挑战主要表现在以下三个方面：第一，"不确定性"的挑战。传统行政法所追求的行政决定和决策是有明确的事实认定、有较为确凿的证据支持、有较为确定的规则依据。然而，现代社会所面临的风险规制决策，由于受知识和认知有限性的约束，要求在不确定的情形下进行决策。风险是否存在、风险有多大、风险应该和可以控制在何种程度等问题[2]，不可能有一个确定的答案。风险往往是一个概率问题。这种面对不确定性的新的决策方式，对传统的决策方式提出了新的挑战。第二，"主观性"的挑战。[3] 风险不仅具有物质性和科学性，而且具有社会建构性和主观性。并非所有的风险都是可以计算的，而且，不同的文化和社会背景下，对同样的风险会有不同的理解和态度，也会采取不同的行动。[4] 第三，风险全球关联性的挑战。风险规制所涉及的许多问题，都具有全球的关联性——食品安全、空气污染、环境恶化、能源枯竭等风险问题，需要在全球的网络中进行治理。[5]

　　（2）多重的利益冲突

　　现代社会是一个利益多元的社会，行政规制是一个面对复杂的利益关系的利益衡量和利益整合过程，多重的利益冲突是行政规制所必须面对的一种现实，这种复杂的利益冲突主要有以下表现：

　　首先，现代的行政规制所要处理的社会关系不是简单的双方关系，而是复杂的三方关系或多方关系。例如，在具有双重效果的行政行为中，社会关系不是简单的行政机关和行政相对人的双方关系，而是行政机关、行政相对人、非直接行政相对人的一种三方关系，法律制度的建构和法律规定的解释就不仅涉及公共利益和直接行政相对人的个体利益，而且涉及第三方的个体利益。由于行政相对人的利益和第三方的利益可能处于冲突状态，这给法律制度的设计和法律规定的解释提出了新的课题。以环境许可的颁发为例，针对行政机关许可的一个排放污染物的项目，权益已经受到影响或将受到影响的附近居民是否可要求撤销此许可，如果项目已经开

---

　　① 　参见宋华琳：《风险规制与行政法学原理的转型》，载《国家行政学院学报》，2007（4）。

　　②③ 　参见〔英〕伊丽莎白·费雪：《风险规制与行政宪政主义》，沈岿译，北京，法律出版社，2012，第 3 页。

　　④⑤ 　参见杨雪冬：《全球化、风险社会和复合治理》，载《马克思主义与现实》，2004（4）。

工，作为第三方的附近居民可否申请撤销许可并要求恢复原状。如果第三方有权申请撤销许可，这种撤销许可的请求在何种具体的条件下能够实现。此类问题，不仅涉及公共利益和个体利益的平衡问题，而且涉及直接行政相对人的信赖保护利益和第三方相邻权益的衡平。

其次，在公法领域中广泛存在着权利冲突的现象。虽然有学者认为权利冲突是一个伪命题，因为权利是法律上和道德上的正当存在，不可能冲突，任何权利都有特定边界，权利边界通过立法技术、司法解释、法律原则、公序良俗等是可以划定的①；但是，这种权利冲突不存在的解释只是一种理想的状态，在现实的法律实践中，权利冲突的现象广泛存在，在行政规制的实践中，权利冲突的现象更是规制主体必须面对的一个问题。由于社会可供资源不足和人们需求的相互重叠竞合，而现代行政规制本身即是对社会可供资源的一种配置，因而权利冲突是不可避免的。②

再次，现代社会存在的国家与市场、公共领域与私人领域的交叉融合，导致了公私法界限的模糊化。在当今社会，政治国家和市民社会的界限已经被打破和超越。政治国家和市民社会既相互分工又相互渗透、合作及融合。在公共治理领域，自20世纪中后期以来，公私合作治理已经成为当今社会治理的重要形态和改革方向，私人参与、公私协商、公私共治为公共政策目标的实现作出了重要的贡献。在法律上，出现了"公法私法化"和"私法公法化"的法律现象。③ 一方面，私法承担了更多的公共政策和公共治理的目标，为了实现公共治理和公共政策的目标，私人的财产权和契约自由受到了更多的国家干预，民事赔偿责任中无过错责任扩大了其适用领域并与公法的补偿和社会保障制度交叉融合；另一方面，公法的制度构架也不再是命令控制型的公法制度的一枝独秀，私法的主体也承担起公共治理的任务，私法上的原则、理念、行为方式也渗透或移植到传统公法领域中。④ 例如，非行政主体（如行业协会、消费者协会）享有并行使公共权力，行政主体采用体现私法平等理念的契约、指导方式完成行政

---

① 参见郝铁川：《权利冲突：一个不成为问题的问题》，载《法学》，2004（9）。

② 参见何志鹏：《权利基本理论：反思与建构》，北京，北京大学出版社，2012，第129页以下。

③ 参见鲁鹏宇：《论行政法的观念革新——以公私法二元论的批判为视角》，载《当代法学》，2010（5）。

④ 关于以私法完成公共任务的具体论述，可参见王维达主编：《以私法完成公共任务》，上海，百家出版社，2003。

任务。①

（3）行政权力扩张和制约

在 20 世纪以前，社会、经济事务相对简单，行政权力主要扮演一个"夜警国家"的角色，其主要承担社会秩序和公共安全的维护任务。在 20 世纪以后，行政权力的扩张导致了全能行政国家的出现。首先，行政权力作用的领域进行了扩张。由于社会、经济的迅速发展和市场失灵现象的不断出现，政府不得不介入人们的社会、经济生活的方方面面，其权力作用的领域越来越宽，管理的事务更加复杂。② 其次，行政机关享有和承担起越来越多的立法和准司法的权力和任务。在现代行政规制的诸多领域中，授权式立法已经成为一种广泛的立法现象。行政机关所制定的行政法规和技术标准在行政规制中承担着越来越重要的角色。

行政权力的扩张，使得传统通过授权法和司法审查，以权力制约的方式来制约行政权力的机制面临着困境。如果进行严格的、僵硬的控权，会束缚行政机关的灵活性和活力，把行政机关为达到社会善治而进行的创新和行动也束缚了。因而，需要在传统的以权力制约权力的机制之外寻找新的对行政权力进行制约的机制。

2. 公法权利目标导向的局限性和不足

面对以上三个行政规制的新的挑战，以公法权利作为目标导向来分析行政规制虽然具有一定的功效，但也存在很大的局限性和不足。这种局限性和不足，主要表现在以下几个方面：

第一，促进公法权利的实现不是行政规制目标的全部。在当代社会，行政规制的种类五花八门、涉及经济社会生活的方方面面，在这种类繁多的行政规制中，不可否认，公法权利的促进是很多种类的行政规制的重要目标之一或首要的目标，例如，为稳定房价而进行的房地产市场的规制，居住保障就应当是其重要的政策目标之一；为保护弱势群体而制定的规制政策，其首要的目标就是为了促进弱势群体的生存权、发展权等公法权利。但是，公法权利的促进和实现并不是行政规制目标的全部，在许多情形下，行政规制最重要的目标是为了促进公共利益的最大化，而不仅仅是公法权利的促进和实现。例如，为降低生态环境风险而进行的环境规制，

---

① 参见鲁鹏宇：《论行政法的观念革新——以公私法二元论的批判为视角》，载《当代法学》，2010（5）。

② 参见姜明安主编：《行政程序研究》，北京，北京大学出版社，2006，第 3 页。

就不能简单地将公民的健康及环境权利的实现作为其唯一的规制目标,因为,如果环境规制仅仅以公民的健康和环境权利促进和实现为规制目标,会导致人们只注重其自身权利的实现而不是从根本上解决环境问题,促进人类公共利益的最大化实现。目前,环境规制领域广泛存在的一个现象就是污染从城市到乡村、从发达国家到发展中国家的转移,这种现象和规制过分强调环境权利的实现而忽视公共问题的真正解决有着密切的关系。

第二,在面对决策于未知的风险规制时,公法权利的目标导向分析对规制分析的贡献有很大的局限性。风险规制的目标是降低和减少特定的风险,然而,由于风险不是一个全有或全无的概念,而是一个概率问题,风险规制中的政策选择不能简单地以所要促进和保障的实体权利来进行权衡,从本质上讲,绝大部分的风险规制都与促进和保障公民的健康权和生命权相关。由于公共资源的有限性,风险规制中面临的最重要的政策选择是对何种风险进行规制,采取何种手段进行规制,诉诸实体公法权利的目标导向分析对此类问题的解决所提供的理论支撑非常有限。

第三,在面对复杂多重的利益冲突时,公法权利的目标导向分析在一些情形下面临着困局。面对复杂的利益冲突时,公法权利的目标导向分析能提供有效的分析框架,但这种分析框架不能解决所有的利益冲突问题。解决利益冲突的重要理论主要包括:(1)权利的位阶理论。这种理论认为,各种公法权利之间是存在价值位阶的,一些公法权利的价值位阶高,而另外一些的价值位阶低。当不同位阶的公法权利发生冲突时,应当优先保障价值位阶高的公法权利。[1] 通常情况下,宪法所规定的基本权利,其价值位阶高于行政法律法规中规定的行政法权利。如果冲突的公法权利同属于基本权利或同属于行政法权利,则要看公法权利所保护的法益。例如,当生命健康权和企业的营业自由权发生冲突时,生命健康权应当优先于企业的营业自由权。(2)具体权利优先于概括性权利。如果冲突的公法权利同属于宪法基本权利或同属于行政法权利,明确列举的具体权利优先于概括性的权利。(3)比例原则。作为公法的重要原则,比例原则要求规制目标和规制手段之间应当均衡,为促进和保障公法权利的规制行动与对其他主体公法权利的限制要成比例。(4)利益衡量。利益衡量又分为立法的利益衡量和个案中的利益衡量,前者指立法者通过制定法律解决利益冲突的问题,而后者指行政机关和司法机关在具体的个案中进行具体的利益

---

[1] 参见李震山:《基本权利之冲突》,载《月旦法学杂志》,1995(5),第60页。

衡量来解决利益冲突问题。以上解决利益冲突的理论，主要是从实体公法权利的路径进行考量，这些考量能够对利益冲突的解决作出有益的贡献，然而也有其局限性。首先，并非所有的公法权利之间都能够进行明确的权利位阶的划分或进行概括性权利与具体性权利的划分。例如，言论自由权和人格尊严权两种权利，在一种情形下是言论自由权优先，在另一种情形下可能是人格尊严权优先。其次，即使是在同一位阶或同一类型的公法权利之间，仍然存在着不同主体之间的公法权利的冲突问题。再次，面对不以公法权利冲突表现的其他复杂、多重的利益冲突情形时，以实体公法权利来解决利益冲突就难以发挥其功能。最后，被广为使用的比例原则和利益衡量的方法，其最终不得不诉诸法官的主观性，决策的理性和正当性是存在问题的。

　　第四，仅仅以公法权利为目标来约束行政权力具有局限性。公法权利对行政权力的制约主要体现在以下方面：其一，公法权利限定了行政规制的界限。行政权力具有扩张的冲动，行政权力的不当扩张而导致的过度规制，不仅有碍于公法权利的促进和实现，而且对公共利益的最大化有不利影响，因而，通过公法权利的确认来限定行政规制的界限，避免行政规制的过度扩张是行政最佳性的必要条件。其二，公法权利赋予了行政相对人对行政机关的请求权。给付行政中的行政给付就不仅仅是行政机关率性而为的一种慈善行动，而是具有法律约束力的一种法律义务，使行政给付权力的行使受到了权利的制约。以上公法权利对行政权力的制约，主要是从实体性公法权利的角度对行政权力的行使进行制约，这种制约的途径主要是通过立法和司法，即在立法中对公法权利进行确认，在司法中对侵犯公法权利进行救济。但是，这种目标导向的制约权力的方式，缺乏从行政过程本身入手对行政权力的制约，所以对防止规制俘获、权力寻租等不当规制行为具有局限性。

（二）公法参与权在行政领域的兴起及其对规制过程的塑造

1. 公法参与权在行政领域的兴起

　　如上文所述，公民权利的保护是行政程序的主旨之一，公法权利作为公民权利的一部分，也理所当然处于程序的保护当中。在规制分析的视野下，规制程序承担更为积极的功能。相应的，规制程序与公法权利之间的关系也不再是简单的"程序保权"关系，而是呈现为一种积极互动的关系：规制程序功能的实现依赖于公法权利（主要为参与权）的保障与实现，规制程序的发展也会促使新的公法权利的产生，而公法权利的发展也会要求规制程序进行相应的改革，以有利于公法权利的保障与行使，并且公法权利所建构的客观价值秩序也是评估规制程序的一个重要标准。

以公众参与机制为核心的规制程序对应着公法权利中的参与权，规制程序功能的发挥依赖于公众参与权的保护，规制程序的设计也应以保障和便利参与权的行使为导向。国家理论决定着行政法理论，国家理论由"自由法治国"转变为"社会法治国"，行政程序功能因此由保障个人权利的消极功能转而承担起实现最佳行政的积极功能。在行政程序功能发生转变的同时，作为行政法理论组成部分的公法权利理论也随着国家理论的转变而发生着变化，可以说，规制程序与公法权利的发展具有同步性。

伴随着授权立法和"积极行政"的兴起，传统的公法参与权也在行政法中得到发展。公民对公共意志形成的参与不再局限于选举权和被选举权，而是进一步体现在具体的行政管理活动中。"政治过程"也不再局限于议会活动和选举过程，而是延伸到行政活动之中。在具体制度的层面，行政相对人不再是行政程序的客体，而是行政程序一方积极的参与者。公民的行政参与权成为一种新型的公法权利，与传统的选举权和被选举权一起，组成了更加丰富的公民政治参与权系统。通过行政参与权的赋予，公民作为行政相对人能够有效地参与行政管理过程并能影响行政决定作成。①

公民的行政参与权的发展不仅使公法权利系统得到丰富，使政治参与权从宪法权利具体化为一种行政法权利，而且，这一权利的发展也在一定程度上弥补了"传送带"模式和"专家理性"模式解释行政活动正当合法性的缺陷。公众对行政活动的直接参与，避免了"传送带"模式在授权行政和积极行政中的民主合法性链条的断裂，也可对"规制俘获"进行制约，使规制活动更好地符合公众的利益。

参与权的发展不仅拓展了人民的实体权利的范围，而且引发和推动了行政程序的变革和程序性权利的发展。参与权（参政权）作为三种类型基础性公法权利的一种，既包括实体性权利，也包括程序性权利。在实体方面，人民在行政法层面的参与权的实现需要行政法律法规对选举权、被选举权、平等担任公职的权利、结社权等进行确认；在程序方面，需要行政法律法规对人民行政参与的程序以及程序性权利作出规定。

---

① 参见张晓光：《论行政相对人在行政程序中的参与权》，载《行政法学研究》，2000（3）。

在传统的行政法模式下，行政程序的功能主要体现为一种"控权"，即行政程序的主要任务是控制行政权力不对公民的公法权利产生侵害。公众参与模式下，行政程序的任务不仅仅局限于消极地"控权"，还要通过对公众行政参与程序的设计，积极地促进公共利益和行政管理目标的实现。因此，当代的行政程序法在公众参与理论的影响下得到了进一步的发展，公民的程序权利也得到进一步完善，除了传统的以控权为主要目的的行政程序权利外，以参与行政管理、行政决策为目的的行政程序权利也得到发展。这种发展主要体现在以下几个方面：

第一，程序性权利主体的扩展。在传统的权利保护程序模式下，享有程序性权利的主体主要是行政相对人和与行政行为有直接利害关系的第三人。而在公众参与程序模式下，享有程序权利的主体就不仅仅局限于行政相对人和有直接利害关系的第三人，而且扩展到与行政活动有间接关系的社会公众和利益群体。在公民社会理论的影响下，程序性权利的主体还扩展到了民间社会团体，由其代表特定社会群体的利益或公共利益参与到行政程序中。

第二，程序性权利适用范围的扩展。在传统的权利保护程序模式下，程序性权利的设置的主要目的在于保护人民的以私人利益为核心要义的实体权利，因而程序性权利主要适用于对个人权利有直接影响的具体行政行为。而在公众参与程序模式下，公众的参与还发挥着促进科学决策、促成公共利益最大化的功能，要求行政程序扩展到计划行为、立法行为等与公共利益密切相关的行政活动中，相应地，程序性权利的适用范围也就扩展到了这些行政活动中。

第三，新型程序性权利的产生。在传统的权利保护程序模式，行政相对人具有获得通知权和查阅卷宗权，以获取与自己有直接利害关系的行政行为的相关信息。在公众参与程序模式下，透明行政和阳光行政的理念要求相关行政信息能够对公众公开，因而信息公开请求权这一新型的程序权利得以诞生。与获得通知权和查阅卷宗权不同，信息公开请求权的权利主体可以是不特定的公民或市民中的任意一人或多人，甚至可以是社会团体或其他法人，信息公开后不仅仅是让请求权人知悉，而且可要求以特定的方式让公众知悉。

第四，程序性权利的权利构造和行使方式也有发展和变化。即使是同样的程序性权利，在公众参与程序中的构造和行使方式与权利保护程序中的也可能有别。例如，行政处罚中听证权（权利保护程序）的行使和构造与立法听证或公用事业价格变化听证权的行使和构造是不同的。行政处罚的听证是一种私益听证，由被处罚人行使听证申请权，以维护个人利益为目标。而立法听证或公用事业价格变化听证是一种公共听证，听证参与人不再限于特定个人，而是面向社会公众，权利的行使也不再以个人利益为取向，而是为了维护和实现公共利益。

当前我国公民参与权的权利内容并不能满足公众参与的需要，权利的匮乏已经成为制约公众参与机制发挥作用的重要因素。例如，社会组织化是公众参与的基础制度之一①，公民通过自由结社，有序参与，可以提高参与的有效性。而我国公民的结社权却受到严格的限制，对社团登记管理制度进行改革，赋予公民充分的结社权，已势在必行。另外，目前有关立法、公共事业价格等涉及公共利益的重大事项的听证的启动权主要垄断在政府手中，如果政府决定不进行听证，那么公众将无法行使参与权，更谈不上通过公众参与维护公共利益，因此应通过立法赋予公众在涉及重大公共利益事项上的听证启动权。此外，还需健全公众的信息公开请求权、受告知权、要求行政机关说明理由权等公法权利。赋予公民更广泛的参与权，并为参与权的行使提供切实的保障，是促进公众参与机制发挥更大作用的努力方向。

公法权利具有主观和客观两个面向，主观面向上，借助于以公众参与为核心的规制程序，公民通过参与权等具体权利的行使，发挥公众参与的作用，促进最佳规制的实现。而在客观面向上，公法权利所建构的客观价值秩序是评估规制程序的重要标准。公法权利客观价值秩序要求规制程序的设计应便于公民行使自己的公法权利，并最大限度地保护公民的公法权利。对规制的典型批评中包括规制程序的延迟②，如食品与药品管理局花了 10 年时间来为花生油中花生应占的百分比设定标准③；花费 7 年时间设定汽车刹车标准之类的例子，也是司空见惯。④此类低效率的规制程序显然与公法权利的客观价值秩序背道而驰。为了便利民众，更好地保障公民权利，行政程序的设计引入了新公共管理运动的"效率导向"与"顾客

---

① 参见王锡锌：《公众参与和中国法治变革的动力模式》，载《法学家》，2008 (6)。

②④ 参见〔美〕史蒂芬·布雷耶：《规制及其改革》，李洪雷、宋华琳等译，北京，北京大学出版社，2008，第 4 页。

③ See S. Breyer and R. Stewart, *Administrative Law and Regulatory Police*, pp. 138 - 144 (boston, 1979)，转引自〔美〕史蒂芬·布雷耶：《规制及其改革》，李洪雷、宋华琳等译，北京，北京大学出版社，2008，第 4 页。

思维"，以提升效率为目标制定或修订行政程序法，形成一些新的程序机制，如项目管理制与经理人制、并列型及星型行政程序建制、程序的特别加快机制、行政程序的集中化建制等。①

2. 公法参与权对行政规制过程的塑造及意义

(1) 通过风险规制程序的设计实现风险规制中科学和民主的统合

风险具有科学性和社会建构性的双重属性的特征，针对风险规制也有技术路径和民主路径两种不同的解决方案。主张技术路径的人认为：科学和专业知识是技术风险决策的主要依据，技术问题的解决方案就是推动和促进科学决策或专家决策。② 政府的风险规制的决策应当尽可能地客观，保证决策者是其专业领域的专家，虽然在风险规制中存在价值选择的问题，但是，只需要在恰当的风险评估完成之后，将价值选择融入决策之中即可。③ 主张民主路径的人认为，科学在风险规制中只是一个有限的决策工具，即使是风险评定本身，也必定是承载价值的。④ 国家应当采取更为民主的应对风险的进路，在风险规制中，伦理价值、自由自治、信任建设是非常重要的，因而，国家应该推动技术风险规制中的公众参与，以保证对特定技术风险所引起的价值冲突进行充分明白的讨论。

风险的科学性和社会建构性的特征决定了风险规制的民主和科学二分的路径是与风险的本质特征不符的。法律需要在促进风险规制的民主性和科学性方面作出积极的贡献，并针对具体的风险规制事项作出合理的规制以实现民主性和科学性的协调和有机的最佳配合。寻求风险规制中民主性和科学性的协调和有机组合是风险规制所追求的目标，也是一个正在探索的过程。商谈—建构范式是一种应对风险规制中科学民主分离问题的新的范式。在商谈—建构范式下，立法对风险规制机关规定的权限往往非常宽泛，因此，风险规制的过程塑造和问责程序就非常重要。商谈是政策制定者用来厘清问题、确定相关信息和专门知识及最终评定风险的手段，商谈可以有非常广泛的参与者，根据具体的风险问题，可以是一个很小的群体，也可以是大规模的群体。商谈是一个"向终结迈进的不断反复的过

① 参见唐明良：《新行政程序观的形成及其法理——多元社会中行政程序功能与基本建制之再认识》，载《行政法学研究》，2012 (4)。

②③ 参见〔英〕伊丽莎白·费雪：《风险规制与行政宪政主义》，沈岿译，北京，法律出版社，2007，第 14 页。

④ See R. Kennedy, "Risk, Democracy and the Environment" (2000) 20 *Risk Analysis* 306.

程"，不同的行动者从中学习并重新思考他们的观点。①

　　商谈不是应对风险规制中民主和科学分离的唯一模式，但是，它是集体共同解决问题的"优先"手段。② 而这一优先手段的实施，是以广泛的参与权为基础的风险规制程序（包括风险评估程序、风险交流程序、风险管理程序）的法律保障为前提的。通过广泛的公法参与权对风险规制程序的塑造，为良好的风险公共行政作出贡献。

　　（2）通过参与程序的设计协调和整合多重的利益冲突

　　当代行政法涉及公共利益与私人利益、私人利益与私人利益以及不同的公共利益的复杂的冲突和交叉关系。面对此种复杂的利益关系，行政法不能简单地控制行政权力以保护私人利益，也不能简单地以公共利益来压倒私人利益，而且在不同的私人利益和不同的公共利益之间也要取得平衡。行政法是一种社会关系的调节器，行政法应是"既制约行政主体滥用行政权，又制约相对方滥用权利，既激励行政主体积极行政，又激励相对方积极参与行政的平衡法"③。行政程序是实现各种利益平衡的一种制度化装置④，是当代行政法处理复杂利益关系的最重要的法学手段。面对复杂的利益冲突，为各种利益的表达和保障提供公开、公平和公正的程序和机会⑤，不仅是各种实体的利益平衡方法能够发挥其作用的前提，也是在实体利益平衡无法得出绝对合理的平衡方案情形下的一种相对合理的利益平衡方法。

　　（3）通过参与程序的设计实现对行政权力的制约

　　通过行政参与程序的设计，用行政程序规范和制约行政权力，是现代国家对行政权力进行制约的重要模式，这种权力制约已经成为当代国家不可替代的重要的权力制约模式。通过以广泛参与权为基础的行政程序的设计，其对行政权力的制约的意义主要表现在以下几个方面：

---

　　① See National Research Council, *Understanding Risk: Informing Decisions in a Democratic Society* (Washington DC, National Academy Press, 1996), at 74.

　　② See J. Steel, "Participation and Deliberation in Environmental Law: A Problem Solving Approach" (2001) 21*Oxford Journal of Legal Sudies* 415 at 432-3.

　　③ 罗豪才、宋功德：《行政法的失衡与平衡》，载《中国法学》，2001（2）。

　　④ 参见应松年主编：《行政程序法立法研究》，北京，中国法制出版社，2001，第38页。

　　⑤ 斯图尔特主张，要通过发展利益代表模式来推动利益代表的平衡性，这种利益代表模式包括政治的利益代表模式和行政法的利益代表模式。就行政法的利益代表模式扩展而言，包括起诉资格的扩展、行政程序参与权利的拓展和行政机关的适当考虑义务等，这些扩展主要都是通过行政程序和诉讼程序的改革来实现。参见〔美〕理查德·B·斯图尔特：《美国行政法的重构》，沈岿译，北京，商务印书馆，2003。

第一，实体性公法权利对行政权力的制约需要以程序性公法权利为基础的行政程序的支撑。现代行政需要公法权利的反向制约机制以保障个人的自由、尊严和个性。在现代国家，个人对行政的从属性和感受性都得以增加，法律关系呈现公私交错的复杂局面。在这种情形下，保障自由并维持个体与国家的距离，保障个体之间的差异，用以对抗集团的或团体的生活形态所生的各式各样的强制就具有重要的意义，按照当代德国著名公法学者阿斯曼的概括，此为公法权利"保障人格性和个体性作为反向机制的功能"。此种公法权利反向机制的功能的发挥，不仅以实体性公法权利的确认为前提，也离不开程序性行政程序的保障，行政程序的设计为实体公法权利的行使和保障提供机会、路径和平台，如果没有权利保障和行政参与为基础的公开、公平和公正的行政程序的保障，反向制约机制的功能也无从发挥。

第二，程序控权既可不过于束缚政府行为的手脚，又可防止政府实施行政行为的恣意、滥权。[1] 传统行政法控制行政权力的主要依赖是法律保留原则，即通过严格的行政立法授权的规制来制约行政权力的恣意和滥权。然而，这种对行政权力制约的模式已经不能适应现实的需要，在行政权力扩张和行政自由裁量权广泛运用的背景下，过分束缚行政权力不能完成现代行政回应性和灵活及时性的公法任务，但又不能放弃对行政权力的制约，以广泛参与权为基础的程序设计就成为制约行政权力的重要手段。

第三，通过公开、公平、公正的以广泛参与权为基础的程序设计，有利于事前、事中纠错，尽量避免给行政相对人和社会公众造成损失。通过广泛公法参与权为基础的行政程序对行政规制过程的塑造，公法权利的行使和功能的发挥能够贯彻行政规制的全过程，更能实现事前和事中的纠错，贯彻预防的原则。

（三）以公法参与权为基础的参与式规制模式及其功能

规制乃是为了实现公共的经济或社会政策目标而根据一定的规则，采取特定的手段，对企业和个人进行的调节和控制。传统的规制模式是一种以国家为轴心的行政规制模式，其具有对抗性、单向度、国家垄断、封闭性、形式主义等特征。这种与国家管理主义范式契合的传统规制模式，因为公共治理的兴起而越发不合时宜，并且存在严重的规制失灵问题。传统规制模式不再适应现实的需要，因而注定要为新的规制模式所取代。取代

---

[1]　参见姜明安主编：《行政程序研究》，北京，北京大学出版社，2006，第5页。

传统规制模式的是一种顺应公共治理需要的参与式治理模式。新的混合规制模式与传统规制模式有着很大的差别，其在功能上力求兼顾工具理性与目的理性，通过维护公共秩序，保障公共安全来维护和拓展公民自由；在利益取向上，混合规制试图在兼顾公益与私益的基础上实现社会整体利益的最大化；在主体上，混合规制应当从国家行政机关拓展至社会自治团体，实现政府规制与社会规制的分工与合作。① 这种混合规制模式具有知识上的开放性、主体间的合作性、规制效果的可接受性等特征。② 混合规制模式自身的三个特征，及其主张多主体合作治理，力求兼顾工具理性与目的理性的功能，实现社会整体利益最大化的利益取向，所指向的乃是维护和促进公共利益，实现最佳规制，这与行政最佳性分析模式③完全契合。

规制模式的改变并未能解决规制的所有问题。对规制的典型批评有以下五种：一是规制的巨大成本，包括政府用于规制的成本和社会遵从规制的成本。二是无效率与浪费，巨额的花费并没有带来多大的收益。三是规制程序不公平、复杂与迟延，公民参与度不够。四是规制过程不受民主控制，缺乏正当性。规制者是经任命而非选举产生的，但他们却行使着庞大的权力。五是规制过程的效果是不可预见的，甚至是随意的。规制过程可能被一个竞争者用来损害另一个竞争者。规制内容的复杂性使规制者不可能考虑到所有的相关因素或预见到规制的可能后果。④ 上述五种批评并不能否定规制的作用，因为我们同样可以举出规制所取得的各种成就，相反，批评对于我们发现规制的不足以及寻求改进方法有着巨大裨益，"说对规制的批评与规制本身一起成长，似乎是公平的"⑤。从对规制的批评当中，可以梳理出规制主要存在的三个问题：一是规制的合法性问题，即如何保证规制在民主控制之内，保证规制的合法正当性；二是规制的理性

---

① 混合规制模式除了在功能、价值取向、主题等方面与传统规制模式存在差别外，在规制范围、依据、对象、行为方式、结果等方面也与传统规制模式不同。参见宋功德：《行政规制的模式选择》，载《法制日报》，2009 - 07 - 01，第 12 版。

② 参见宋功德：《行政规制的模式选择》，载《法制日报》，2009 - 07 - 01，第 12 版。

③ 参见朱新力、唐明良：《法治政府建设的二维结构——合法性、最佳性及其互动》，载《浙江学刊》，2009（6）。

④ 参见〔美〕史蒂芬·布雷耶：《规制及其改革》，李洪雷、宋华琳等译，北京，北京大学出版社，2008，第 2～6 页。

⑤ 〔美〕史蒂芬·布雷耶：《规制及其改革》，李洪雷、宋华琳等译，北京，北京大学出版社，2008，第 6 页。

问题，即如何保证规制决策的正确性，主要包括规制成本、收益、效率等问题；三是规制的可接受性问题，即保障公民对规制本身及结果的接受。上述三个问题的解决是实现最佳规制的前提。

公众参与制度，"作为一种制度化的公众参与民主制度，应当是指公共权力在立法、制定公共政策、决定公共事务或进行公共治理时，由公共权力机构通过开放的途径从公众和利害相关的个人或组织获取信息，听取意见，并通过反馈互动对公共决策和治理行为产生影响的各种行为。它是公众通过直接与政府或其他公共机构互动的方式决定公共事务和参与公共治理的过程"[1]。尽管现实中各种公众参与制度的设计在参与程度上存在着差别，但在本质上，公众参与的主要目的在于"一是补强行政程序的民主正当性；二是促成理性决定的形成；三是获得行政决策的合法性"[2]。

在现代行政国家，立法授予行政机关广泛的自由裁量权[3]，在规则的执行过程中，也存在大量的"事实上的自由裁量"[4]，用传统的"传送带"理论[5] 来解释行政活动的合法性面临着困境，因为公意从议会到行政机关的实际执行的过程中发生了断裂和不一致。用"专家理性"[6] 来对行政

---

①　蔡定剑：《民主是一种现代生活》，北京，社会科学文献出版社，2010，第181页。

②　唐明良：《新行政程序观的形成及其法理——多元社会中行政程序功能与基本建制之再认识》，载《行政法学研究》，2012（4）。

③　如立法机关可能授权某个行政机关在特定领域承担完全责任，并且明确指出，在这个领域内，行政机关的选择完全是自由的；立法机关可能发布旨在控制行政机关的选择的指令，但是，由于这些指令的概括性、模棱两可性或含糊性，它们并没有明确限定针对具体情形应作出什么具体选择；立法机关也可能在立法中排除司法对行政的司法审查。

④　Kenneth Culp Davis, *Discretionary Justice: A Preliminary Inquiry*, University of Illinois Press 1971, pp. 16 - 17. 转引自王锡锌：《公众参与和行政过程——一个理念和制度分析的框架》，北京，中国民主法制出版社，2007，第14页。

⑤　在传统的三权分立模式下，直接体现公民政治参与的权利是选举权和被选举权。公共意志的形成主要在议会实现，而行政只是被视为对国会立法的机械执行，行政的正当合法化通过行政首脑的民主选举和依照议会制定的法律来开展行政得到实现。也就是说，虽然行政机关与公民之间没有直接的民主链条，但通过间接的、不断裂的民主合法性链条，行政机关的活动仍能获得合法性，这种传统行政法的合法性模式称为"传送带（transmission belt）"模式。传统的"传送带"理论要求立法机关的立法是具体、全面、明确和无所不包的，行政机关只须忠实地执行法律即可。然而，这种理论前提在行政范围不断扩张的当代社会已经与现实相去甚远。参见王锡锌：《公众参与和行政过程——一个理念和制度分析的框架》，北京，中国民主法制出版社，2007，第8～11页。

⑥　行政机关工作人员往往是对相关事务训练有素的专家，把较为复杂的事项交给受过训练的、有经验的或者比普通公民能够作出更好决定的专家去处理，能达到促进公共利益的目的，因此行政系统及其官员的工具理性能够成为广泛自由裁量行政活动的正当合法性依据。参见王锡锌：《公众参与和行政过程——一个理念和制度分析的框架》，北京，中国民主法制出版社，2007，第20页。

活动提供正当合法性依据也有其缺陷。因为专家可能以自己的价值判断代替立法者或大众的集体选择，因而会损害民主价值，危害到行政活动的正当合法性。① 行政官员作为相关领域的专家在技术问题的判断上具有专家理性，但这并不必然意味着其所采取的行政活动会促进公共利益的实现，行政官员往往不公正地偏向有组织的利益，而对人数众多的、组织化程度不高的社会弱者的利益保护不足，这就是所谓的"管制俘获"，即行政机关被那些受其管制的利益组织和集团所"俘获"，这种现象在国外和我国行政法制实践中都广为存在。② "如果通过'外在的'标准，例如传统依法行政模式中的'立法指令'或专家理性模式中的'公共利益客观标准'等，无法为现代国家中的行政活动提供充分有效的合法化资源，我们有必要考虑行政合法化的另一进路，那就是将行政过程视为一种'政治过程'，通过向这一过程注入更多的'民主化要素'，而使行政过程及其结果获得合法性。相对于传统的行政法依靠外部资源而实现合法化的机制而言，这种进路可以被理解为一种通过利益代表、公众参与等'制度过程'，而使行政过程在民主参与的基础上得到'自我合法化'的进路。"③

充分的信息是实现最佳规制的基础。在现代行政国家，面对复杂的规制任务，规制主体不可能掌握规制决策所需的全部信息，而且在风险社会的背景下，信息匮乏的问题显得更加突出。为了获取更为全面的信息以保障最佳规制的实现，通过公众参与机制，听取公众意见，汇聚公众理性，无疑是最为有效的措施。当然，公众参与在信息提供上应倾向于价值层面，而技术层面的处理则应交由更具优势的专家理性。

通过公众参与可提升规制政策和规制结果的可接受性。公众在参与规制政策的制定和实行过程中，通过沟通交流，表达自身利益诉求，互相妥协，并在最大限度内形成共识，增加对政府的信赖，从而接受规制政策。"现代社会缺乏客观的或被普遍认可的公正分配生活机会与风险的标准，因此在很多情况下，认同一个程序往往比认同分配结果来得容易"④，作为一种体现民主的程序制度，公众对于公众参与程序的认可已无须多言。

----

① 参见王锡锌：《公众参与和行政过程——一个理念和制度分析的框架》，北京，中国民主法制出版社，2007，第 23 页。

② 参见〔美〕理查德·B·斯图尔特：《美国行政法的重构》，沈岿译，北京，商务印书馆，2003，第 23 页。

③ 王锡锌：《依法行政的合法化逻辑及其现实情境》，载《中国法学》，2008 (5)。

④ 〔美〕塞缪尔·P·亨廷顿：《变化社会中的政治秩序》，王冠华、刘为等译，上海，上海世纪出版集团，2008 年，第 10 页。

公众参与不能保证规制政策的绝对正确，更无法保证规制结果的最佳，但是更多公众愿意接受有其参与形成的政策及其结果。

公众参与方式主要包括公开咨询、公开会议、公开听证等方式，其中以听证为核心，但在规制程序中的听证与传统听证有所不同，规制程序中的听证更多地体现为公共听证。传统听证是一种"私益听证"，作为传统行政程序的一部分，传统听证制度的主要功能也在于控制行政权力和保障个人权利。① 而公共听证不以维护个人权利为目的，而是为了保障公众之参与权、表达权，将听证由一种消极性的防御权转变为积极主动的参与权，并使听证成为行政主体、直接相对人、利益相关人和公众为实现特定行政目标而共同作用的开放性的程序装置。公共听证具有弥补行政过程的民主赤字、践行微观民主、提供作为决策基础之价值信息、提升行政绩效、推动合作治理、推动有序政治参与等价值。公共听证适应了现代行政的需要，符合行政程序功能转变的趋势，在公共治理中发挥着越来越大的作用，部分学者甚至主张以公共听证为核心建构现代行政程序制度。②

由于规制任务的复杂性与特殊性，规制程序也需要"因地制宜"，在具体规制领域当中结合具体规制目标、性质、形态等具体条件来进行匹配性设计③，才能实现最佳规制。公众参与在各国广泛发展的同时，也呈现多样化与专业化的趋势。各国在实践中创造了许多新的、丰富多彩的、各有特色的参与方式，如英国和许多国家采取的市民评审团（citizens juries）、焦点小组（focus groups）和市民意见征询组（citizens' panels）；法国的街区议事会、公共调查和公共辩论；意大利的公民城镇电子会议（E-town Meeting）和政府展示会。④

（四）公法参与权为基础的参与式治理模式的基本要素

按照长期致力于公众参与研究的王锡锌教授的概括，公众参与是一种

---

① "源于前现代行政的准司法性，正当程序主要以司法权为蓝本而构建，行政过程主要体现为一种'对抗式程序'，强调两造对抗、平等武装和居中裁判。听证程序的设置，旨在防止行政机关恣意行政，侵犯相对人的合法权益。"由于听证的功能在于保障个人权利，只有利益受侵犯或即将受侵犯的行政相对人才能申请听证，因而传统的听证可称为私益听证。私益听证的制度核心包括中立的听证主持人、听证代表人的遴选、案卷排他性制度等。参见许传玺、成协中：《以公共听证为核心的行政程序建构》，载《国家检察官学院学报》，2013（3）。

② 参见许传玺、成协中：《以公共听证为核心的行政程序建构》，载《国家检察官学院学报》，2013（3）。

③ 参见唐明良：《新行政程序观的形成及其法理——多元社会中行政程序功能与基本建制之再认识》，载《行政法学研究》，2012（4）。

④ 参见蔡定剑：《民主是一种现代生活》，北京，社会科学文献出版社，2010，第229页。

利益平衡的模式，这种模式是一种为实现各种利益充分表达、进行富有意义的交流以及协商妥协的制度过程。① 王锡锌教授对公众参与机制的机理作出了精要的概括②：

第一，确定特定行政过程涉及或者将要影响的各种利益，以便界定相应的参与强度；

第二，为各种利益的代表参与行政过程提供公开、公平和公正的程序；

第三，对通过参与过程而提出的各种方案，决定者应当在适当考虑各种利益诉求基础上进行协调，作出决定或选择，并说明理由；

第四，对参与各方是否获得了公平有效的参与机会以及参与活动是否遵循了规制进行有效的监督和审查。

美国学者雪莉·阿恩思坦（Sherry Arnstein）在其论文《市民参与的阶梯》（A Ladder of Citizen Participation）提出了八种梯度的参与，每一梯度都与公民拥有的最终决策的权力大小相适应：

1. 操纵（Manipulation）假参与

2. 训导（Therapy）假参与

3. 告知（Informing）表面参与

4. 咨询（Consultation）表面参与

5. 展示（Placation）高层次表面参与

6. 合作（Partnership）深度参与

7. 授权（Delegated Power）深度参与

8. 公众控制（Citizen Control）深度参与

在这八个梯度中，可以分为假参与、表面参与、高层次表面参与、深度参与四种类型：（1）假参与。包括操纵和训导，所谓操纵，是指组织者按照自己的目的和意图组织并操纵公众参与的过程；所谓训导，指组织者以公众参与的形式，以达到组织者支持自己的目的。（2）表面层次的参与，包括告知和咨询。所谓告知，是组织者把信息通知参与者，使参与者了解情况，"咨询"是组织者提供信息，公开听取参与者的意见。这两种

---

① 参见王锡锌：《公众参与和行政过程——一个理念和制度分析的框架》，北京，中国民主法制出版社，2007，第41页。

② 参见王锡锌：《公众参与和行政过程——一个理念和制度分析的框架》，北京，中国民主法制出版社，2007，第41～42页。

参与形式强调的是信息的单向流动，但公众没有任何获得反馈的渠道和与政府进行相互谈判的权力。（3）高层次的表面参与。这种类型的参与涉及"展示"，指把参与方案向公众展示并听取意见，但仍然保留组织者判断建议合法性与可行性的权力。（4）深度参与，包括合作、授权和公众控制。"合作"指公众可以和权力机构进行谈判并与权力机构进行协调，权力通过公民与决策者的谈判得到实质上的重新分配；"授权"和"公众控制"指在一些项目中公民与政府官员之间的谈判可以导致公民实现在特殊的项目方面支配决策机构的目的，参与者获得大多数决策者的席位或者完整的管理权力。

从公众参与的梯度理论可以看出，参与权行使的方式是很多的，参与权是否真正地实现，是看参与者是否获得了与特定事项或项目相适应的决策权或影响决策的权力，以及获得此种决策权及影响决策权力的程度，这决定了公众参与的有无以及层次的高低。为避免公众参与流于形式，需要建立相应的制度体系，而且，需要在法律和技术层面之外，通过综合的政治和社会体制的重建，方能促成公法参与权在行政法中的真正落实，参与式治理模式在现实中落地开花，否则很容易沦为低层次的参与类型。从法律制度的角度来看，以下制度支持对公法参与权的实现是基本的：

第一，公众参与的基础性制度，包括利益组织化制度和信息公开制度。利益的组织化制度为分散的大多数的利益组织和代表提供平台，有赖于公民结社权的落实和保障；信息公开制度在确立公共机构信息公开义务的同时，有赖于公民的信息请求权的落实和保障。

第二，公众参与的程序性制度。具体包括以下要素：（1）均衡的利益代表，即受到公共政策或行政决定影响的各方利益在过程中都应当得到代表；（2）平等、公开和有效的协商，这需要建立对压制、操纵、暗箱操作行为的预防和抑制机制；（3）理性和负责任的选择，这需要通过确立权力机关的对相关诉求、选择方案、利益的适当考虑义务来保障。

第三，公众参与的支持性制度。具体包括：（1）公益代表制度和公益诉讼制度；（2）为分散利益的组织化提供资源、信息、知识和技术上的支持；（3）司法审查制度，通过司法审查撤销违反参与程序的行政机关的行为或要求行政机关履行相应的行为。

第四节　公法权利规范在规制理论中的具体展开

一、规制组织理论与公法权利

(一) 多中心治理模式的兴起

公共管理的核心问题是治理模式。"治理是关于政府与其他社会组织的互动以及它们如何连接市民。"① "治理是指一系列的价值、政策和制度，通过这些，一个社会可以来管理它的经济、政治和社会进程。"② 政治学者俞可平分析了治理和传统的统治（government）两种不同的社会治理模式的区别：一是权威来源不同。治理虽然需要权威，但这个权威并不一定是政府，它可以是社会团体、自治组织；而统治的权威是政府。二是权力向度不同。政府统治的权力运行方向总是自上而下的，它运用政府的权威，通过发号施令、制定和实施政策，对社会公共事务实行单向度的管理；治理则是一个上下互动的管理过程，它主要通过合作、协商、伙伴关系、形成认同，确立共同目标等方式实施对公共事务的管理。③

我国的公共管理呈现高度行政化的特点，即公共管理的任务几乎由政府全部承担，这种高度行政化的公共管理模式，造成了效率低下、政府机构臃肿、社会活力下降等诸多问题，不符合公共管理的趋势，也不能满足新形势下社会对公共管理的要求。在此背景下，党和政府积极启动了社会管理体制改革。④由政府单一主体治理向多元主体治理转变⑤，不仅在学术界获得了公认，并且已经为官方所认可，是未来中国公共治理改革的一个总的方针。

(二) 治理组织的公法权利的保障与多中心治理模式的形成

多中心治理，其关键在于规制组织的再造和改革。一方面，要积极培

---

① Governance and Good Governance: International and Aboriginal Perspectives, Tim Plumptre & John Graham, Institute On Governance, December 3, 1999

② 丁元竹：《我国社会管理创新的重点与方向》，载《开放导报》，2010 (4)。

③ 参见俞可平：《权利政治与公益政治》，北京，社会科学文献出版社，2005，第 143～144 页。

④ 参见杨建顺：《行政规制与权利保障》，北京，中国人民大学出版社，2007，第 171 页以下。

⑤ 参见杨建顺：《行政法视野中的社会管理创新》，载《中国人民大学学报》，2011 (1)。

育社会组织（包括 NGO、NPO），政府要积极地为社会组织这一第三部门的发展创造条件，让其参与到公共治理中来，通过与政府的合作和伙伴关系来共同达到公共治理的目标，使社会组织成为重要的公共治理的主体；另一方面，需要对传统的行政机关和事业单位进行组织再造，推行和落实公法人制度，通过公法人人格化实现分权下的自治与民主治理，改变过分僵化的、低效率的治理组织结构。上述两个方面的组织再造，都必须通过公法权利的赋权和保障来推进，从某种意义上讲，我国规制组织再造的过程就是一个公法权利赋予和保障的过程，这种改革是一种赋权式的改革。

要积极地发挥社团的积极功能，就需要建立以保障权利为中心的社团管理体制和法律制度①，保障公民的结社权和社团的自治权和公共治理参与权。第一，在社团登记方式上，应当建立以"一元管理"为原则、"双重管理"为例外的登记管理原则。② 我国现行的社团管理法规的方针是"归口登记、双重负责、分级管理"，双重管理是现行社团管理体制的核心。所谓的双重管理，是指对社团的登记注册管理及日常性管理实行登记注册管理和业务主管单位双重负责的体制。③ 在双重管理体制下，申请成立社团的首先应向业务主管部门提出申请，经其审核同意后，才向登记机关申请筹备。如果找不到业务主管部门或得不到业务主管部门的批准，社会团体的登记注册就很难实现。这种登记管理体制的主要目的是确保社会政治稳定，防范社会团体的消极功能，然而，这样的制度设计已经落后于社会的需求，也不能适应现代社会治理的需求。根据世界各国社团管理的一般做法，采取"一元管理"为原则的制度，更符合保障公民结社权的要求。第二，建立和保障针对登记管理机关行为和业务主管部门行为的复议和诉讼。在现行的行政诉讼法律框架下，针对登记管理机关和业务主管部门的"责令限期停止活动"、"撤销登记"不能诉诸行政诉讼，这对社团的公法权利的保障是极其不利的。第三，通过制度确认和保障社会团体的自治权和公共政策的参与权。

除了保障以权利为中心的社团管理体制和法律制度外，对我国传统的行政机关和事业单位进行组织再造，建立公法人制度，落实公法人的自治权对于规制组织的再造也具有重要的意义。公法人一方面相对独立于行政

①②③　参见朱世海：《社团管理体制创新与公法应对》，载《华东政法大学学报》，2010
(5)。

机关，另一方面也与依照私法成立的私法人有所不同，具有主体性、权利能力和公共目的性三大法律特征。① 所谓主体性，指公法人具有独立的法人人格，具体表现为具有自己独立的意志、独立的财产并能够独立承担法律责任。统一、独立的意志是法人主体地位赖以存在的重要基础，也是法人独立人格的重要表征。所谓权利能力，指的是基于权利、义务主体的资格或地位。② 而公共目的性是把公法人与私法人区分开来的重要特征。创设公法人的目的，主要在于以独立的法人格的性质，在法律授权与设置目的的范围内，针对其所追求的特定公共目的，依其专业判断而享有决策与管理的自主空间，因此，公法人是出于履行特定的公共管理任务而创设的组织③，这与私法人基于私人目的有着本质区别。

公法人制度最重要和传统的功能是以人格化的方式实现行政分权下的自治。④ 公法人制度这一组织形态，背后是自治和分权的理念，独立人格化是自治和分权理念的法律表征。这种分权自治主要有两种形态：地方自治和功能自治。地方自治的典型形态是德国的乡镇自治，乡镇作为一个独立的公法人，对乡镇的公共事务具有独立的自治权，乡镇自治机构不是联邦或州政府行政系统的隶属机构，其有着独立的财权和意志能力，联邦和州政府如果需要通过乡镇自治机构执行联邦和州的法律，需要委托并提供预算支持。功能自治是为了履行某些特定公共服务和管理功能而设定的公法人，如为了执行高等教育功能而举办的大学，又如为了管理社保基金而设立的社保基金会等。以大学为例，欧洲的大学虽然主要由政府提供预算，但大学是独立的公法人，享有在校长和执行机构选举、课程设置、科研学术、教授聘用、招生等多方面的全面自治权，这种自治权确保了学术的独立、自由和活力。

为保证以人格化的方式实现行政分权下的自治这一传统公法人制度功

---

① 参见李昕：《作为组织手段的公法人制度研究》，北京，中国政法大学出版社，2009，第82~83页。

② 参见李昕：《作为组织手段的公法人制度研究》，北京，中国政法大学出版社，2009，第87页。

③ 参见李昕：《作为组织手段的公法人制度研究》，北京，中国政法大学出版社，2009，第94页。

④ 李昕认为，公法人制度主要有两大功能，其一是以法人人格化的方式实现行政分权下的自治，其二是以法人化的方式应对科层制的弊端。前者是公法人制度的传统功能，后者是公法人制度功能的现代延伸和发展，日本的独立行政法人制度是利用传统公法人制度对现代行政管理体制一种改革的产物，实现了新公共管理运动与传统公法人制度的结合。参见李昕：《作为组织手段的公法人制度研究》，北京，中国政法大学出版社，2009，第24页。

能的实现，保障公法人的自治权就成为其中的关键。公法人的自治权是一个包括公法人独立财产权、自我管理权（包括通过内部民主程序产生特定的代表机关、执行机构和监督机关等）两项重要权利的公法权利。为了确保这两项公法权利的实现，一方面需要相关法律对公法人组织结构、存在基础、治理模式的规定与公法人公法权利保障的价值规范保持一致并对公法人进行赋权；另一方面，当行政机关的行为限制或侵犯了公法人的自治权时，公法人应当有包括行政诉讼在内的救济机制进行救济。公法人作为自治权的主体并具有相应的诉权，是为保证公法人独立人格而作出的私人作为公法权利主体的一般原理的突破，对公法权利理论的发展具有重要的意义。

在我国，农村集体经济组织自治和城市居民委员会自治制度是具有中国特色的基层自治制度。这两个制度是体现分权与民主理念的组织制度。然而，要推动自治制度的发展，需要按照公法人制度来构建组织结构、存在基础、治理模式，还要切实保障自治组织的自治权，当行政机关侵犯其自治权时，自治组织应当被赋予诉权来保障其自治权。我国应当进一步推动的改革是功能性自治。以高等教育为例，我国大学目前基本上是作为教委或教育部的一个行政隶属单位在管理，在选举自身代表机构、执行机构和监督机构方面，在招生、课程设置等方面都缺乏自己独立的自治权，在正在进行的事业单位改革中，如何落实和保障功能性自治公法人的自治权是其中的关键。

（三）行政治理结构的改革与公法权利的促进和保障

行政权作为体制设计中最难予以安排的部分，在历史因素与内在属性的双重作用下呈现不断强化的态势，伴随规模的极具扩张与复杂性的空前提高，其在逐渐包裹政治的同时以行政国家的姿态引起世人的关注。Steven G. Calabresi Kevin H. Rhodes 透过行政权的发展轨迹与现代国家政治困境，指出行政权通过不断向其他权力进行渗透，吞噬裁判、决策之权事，并借助社会事务的复杂化、专业化而将行政活动触角伸向社会深处，从而在管理、政治和法律三个维度和视域膨胀和扩张。[①] 虽然威尔逊—韦伯所构建的行政体制通过自上而下的权威命令链条和专业分工来确保命令的有效执行与公共产品的效益化，但是不断膨胀的行政权正不断使西方宪

---

① See Steven G. Calabresi Kevin H. Rhodes, "The Structural Constitution Unitary Executive, Plural Judiciary", 105 *Harv. L. Rev.* 1165 (1992).

政体制被突破和受到冲击，并由于政府结构的复杂化而对整体协调与管理机制提出更高的要求，除此之外，过于强大而专业的行政权对于公民权利与自由也产生了一定了不利影响。此点对于行政权过于集中的我国表现尤甚，行政规制与改革势在必行。诚如学者所言，改革应有两个功能定位，其一为政府职能之转变，简化政府管理事务；其二为建立有效的权力制约机制，此机制又可分为外部制约机制与内部制约机制，在我国目前外部制约机制作用有限的现状之下，行政权内部分权制约或为上策。① 于是，行政三分制便进入国家行政体制改革语境和理论研究范式，为中央政策与诸多学者所倡导。这种权力的配置机制具有以下功能：

第一，权力配置。实行"行政三分制"改革，是解决传统政治体制中集权现象、削弱部门权力的必然要求。决策权与执行权的合一极容易导致权力运行的恣意，加之监督机制的缺失更易滋生腐败，权力三分制将行政权的决策、执行与监督职能分离，通过设立专门的决策机构将部门的过于膨胀的权力予以剥离，通过设立独立的监督机构加强对执行与决策的制约。

第二，内部优化。实行"行政三分制"改革，是实现行政管理科学化、专业化的必然要求，从而使决策慢下来，执行快起来。人类事务的管理与运行无不经历和依托决策、执行与监督之程序，该种三分方式已广泛运用于企业治理、政治权力建构等，从管理学角度分析，该种模式亦符合行政管理需要，通过专门决策机构提高决策的民主化和科学化，通过设置契约化的执行机构提高执行的效率与水平，通过设置独立的监督机构提高权力制约能力和保障行政合法性。

第三，职能重塑。现有体制下，政府职能与理念依旧积重难返，呈现出政府全能全知型、部门利益型，政府的主导作用和强势姿态十分明显。而行政三分制指导的新体制下，决策机构的设置分为支持首脑的内部决策部门与牵制首脑的外部决策部门，从而通过决策的听证、公示、民意调查、专家咨询等方式提高公众的广泛参与，促进决策的民主化、科学化，减少决策的任意性和错误率。通过准契约关系的执行机构提高社会团体的参与和行政执行的开放性、竞争性，促进公共管理的主体多元化和行政理念服务化的转变。并且，切断现有部门决策权与执行权的牵连，消除部门利益谋取可能，使之单纯执行公共服务职能，从而恢复社会公共服务的定

---

① 参见欧钦平：《深圳再度试水"行政三分制"》，载《京华时报》，2009 - 06 - 22。

位。通过建立独立的监督机制并配备相应的外部机制，吸收公众意见，促进决策与执行的合法合理运行。

行政三分制的模式推动了政府职能转型，有利于公法权利的实现。我国宪法规定公民享有知情权、参与权、监督权等公法权利，其中所谓的"参与权"，主要是指公民依法通过各种途径和形式，参与管理国家事务，管理经济和文化事业，管理社会事务的权利。主要的途径和方式包括选举、投票、协商、座谈会、论证会、听证会、批评、建议、通过平面媒体和网络讨论国家政务等。行政三分制能够有效地促进主体多元化，实现公民参与权。在原有体制下，公共管理领域仅存在政府单一主体，行政的恣意性较为浓厚，且传统模式的设计过于注重行政效率，通过高度集权和严格管控的方式加强对社会公共事务的管理。该种模式的政府主观性强，公众参与和利益诉求机制缺失，不强调回应性和责任，官僚主义越来越严重，公民的权利在行政垄断和追求所谓效率的理念之下变得异常脆弱。[①]而行政三分制通过外部决策机制与契约化执行机构的设置，将管理主体开放化，广泛吸收公众意见与能力，强调公共管理的回应性和责任感，实现公民参与权的充分实现。行政三分制就是要重新定位政府的职能，以公民权利和诉求为基本点，使政府从全知全能转变为"有限责任，从权威命令转变为科学决策，从人治管理转变为依法行政，从传统部门利益型政府转变为现代公共服务型政府"[②]。

行政三分制按照决策、执行、监督相互制约、相互协调的要求，通过整合现有工作部门，以大部门、大行业的方式予以统筹安排，以三个职能分离的主旨进行规制的组织权力分配。该种模式具体的内部构造主要是在事务整合、职责分离的基础上，以大行业、大系统的方式实现决策权的归拢，设立相对应的决策部门，该决策部门由内部机构与外部机构构成，负责各种决策事务；在大的决策机构之下设立契约性质的执行机构，执行机构的任务是执行决策机构的决策，以专门能力提高执行效益；在二者之外设立独立的监督机构，直接隶属于首脑，从而对二者实现有力、有效的监督。

我国在行政三分制试点中进行了权力内部构造的试探性改革，如深圳

---

① 参见鲍芳修：《行政国家视阈下行政运行机制的重塑》，载《山东省经济管理干部学院学报》，2010 (1)。

② 潘洪其：《"行政三分制"是政治文明的进步》，见 http://www.southcn.com/news/china/gdspcn/200301240962.htm，2013-08-29。

市的体制改革，其将政府机构统称为工作部门，分设数个专门化的机构，具体配置如下：委员会是主要承担制定政策、规划、标准等职能并监督执行的大部门，局主要承担执行和监管职能，各办公室则主要协助市长办理专门事项、不具有独立行使管理职能，委、局对市政府负责，委对局的重大政策、重要事项进行统筹协调，对执行情况实行监督和综合指导，局对委进行政策反馈和建议。① 其中在决策局方面，分别设立了由官员所构成的内部咨询机构和由专家、公众等组成的外部咨询机构，对市长分别予以支持和牵制；在监督局方面，深圳设立了较为独立的监察局与审计局，直接对市长负责，除此之外还设立了行政监察局和行政效能监察室。该模式对行政权本身进行职能分工，改变以往政府自我决策、自我执行、自我监督的状态。在行政三分制的具体制度设计中，要把握以下两个要点：

第一，实现决策与执行的相对分离。主要的途径是将现有的大部门领导机关改为决策部门，将其下属司局或所属二级局改为执行机构，并吸收社会公众参与设立外部决策机构。例如我国香港地区，其现有三大司均为决策机构，而下属 68 个局和署则全部为执行机构。英国等国家设置准契约性质的执行局，来对决策予以执行，执行局吸收社会自治机构或者半自治机构，该类组织一般人员众多、机构庞大，有专门业务的执行能力。执行局实行首长负责制，决策机构则定期对其进行考核和检查，通过所签署的协议予以管理，对于执行出现的问题由执行局承担法律责任，决策机构仅负担决策的政治责任。

第二，设立独立、统一的监督机构。现有体制下的监督机构受双重领导，财政、人员编制上均受制于地方各级政府，无法有效展开对执行和决策部门的监督与制约。故而应建立统一的监督系统，整合现有资源，统一行使对各部门的监督权，并只接受上级监督机构的单方领导，无须设置诸多点对点的各类监督机构。另外，应保持监督系统的独立性，通过独立的财政政策、人员编制配备等，实现人、财、物的独立性，摆脱各级政府、部门的钳制与束缚。例如随州的大纪检制度设计，抽调和整合现有各机构的监督力量，组成独立的大纪检，并分设各派出机构，使原有内部监督转换为有力有效的外部监督。

---

① 参见郑玉敏：《行政三分制——行政自制的制度化尝试》，载《理论探讨》，2010（5）。

二、规制手段的选择与公法权利

（一）规制手段的种类

规制手段，一般也称规制工具、政策工具、管制工具，也有学者称为"规制的法律形式"（Legal Form）①，是指政府或其他规制主体为实现特定的政策目标，采取的对企业和公民的活动进行干预的方式。根据不同的标准可对规制手段作出不同分类。以规制的领域为标准，可将规制手段划分为社会性规制手段和经济性规制手段，这种划分是目前学界的主流划分类型；根据规制手段的作用方式，可将规制手段划分为命令—控制型规制手段、协商型规制手段、激励型规制手段、指导型规制手段；以规制主体为标准，可将规制手段分为国家规制手段与自我规制手段；以程序要求的正式与否，可将规制手段划分为正式规制与非正式规制；以规制的阶段为标准，可将规制手段划分为政策性规制手段与执行性规制手段。此外，还可以按照规制的产业领域将规制手段划分为环境规制手段、交通规制手段、电力规制手段等，按照市场准入条件可将规制手段划分为事前规制和事后规制等。

由于规制手段是目标导向的，有时候连排队、彩票都可能成为规制手段，因而无法穷尽所有规制手段。"学者们对规制工具的描述常常处于一种'枚举而不胜枚举'甚至'挂一漏万'的尴尬境地。"② 在这样的知识背景下，对规制手段的描述，主要在于解释各主要规制手段的特征和使用规律，从而为进一步的政策选择提供知识积累。当前国际上流行的规制手段主要包括命令—控制型规制手段、协商型规制手段、激励型规制手段、信息规制手段、契约型规制手段、指导型规制手段、自我规制手段等。③本书并不打算对规制手段作任何全面而体系化的阐述，只求对主要规制手段作一种描述性的介绍，因此，以下仅从规制的作用方式出发，结合国家在规制活动中的介入程度，将规制手段划分为命令—控制型规制手段、志愿型规制手段、混合型规制手段三类，在此基础上对规制手段作进一步介绍。

① 〔英〕安东尼·奥格斯（Anthony I. Ogus）：《规制：法律形式与经济学理论》，骆梅英译，苏苗罕校，北京，中国人民大学出版社，2008，第4页。

② 朱新力、唐明良，《现代行政活动方式的开发性研究》，载《中国法学》，2007（2）。

③ 参见朱新力、唐明良，《现代行政活动方式的开发性研究》，载《中国法学》，2007（2）。

1. 传统命令—控制型规制手段

"命令—控制型"的规制手段是传统行政所赖以实现其目标的最重要工具，这种规制手段通过设定强制性的公法义务，并通过行政的权力和手段来监督和确保公法义务的实现。"命令—控制型"的规制手段的具体选择很多，包括设定禁止性法律义务、设定作为性法律义务、设定事前许可、实施事后的制裁（以行政处罚为典型）、通过行政强制性实施公法的义务性规范等。① 传统的行政法学总论的相关法律规则主要就是用于规范此种命令—控制型的规制手段，例如，德国行政法中的核心概念的"行政行为（Verwaltungsakt）"、我国台湾地区"行政法"中的核心概念"行政处分"和我国行政法中的核心概念"具体行政行为"，其重要的特征是义务设定单方性，即根据由行政机关的单方意思即设定了相应的权利义务关系，而且这种权利义务关系可以通过行政及司法的强制力来实施，这充分体现了命令—控制型规制手段的特征。这种命令—控制型的规制手段可以广泛地运用于许多领域，为解决环境污染的外部性问题，政府通过禁止性的行政命令禁止某些生产工艺和技术，可以强制性地要求企业使用最佳可得技术（设备）或某种技术，可以设定技术工艺标准或排放标准，可以设置许可制度严格控制进入行业的市场主体或设备，并可以通过行政强制、行政处罚等手段来确保为企业和个人所设定的法律义务的实施。

2. 志愿型规制手段

所谓志愿型规制手段，又称志愿型规制工具，这里的志愿更多的是与强制相对的概念，主要意指公共行政管理者运用信息提供（information provision）、平等协商（voluntary agreement）等非强制性工具实现公共行政目标的途径和方法。主要包括：（1）志愿协议：在多数情况下，由行业或单个企业发起，与政府就某一议题进行平等协商，以非正式协议或正式协议的形式将经过合议的条款确定下来。（2）信息诱导：信息手段有时也被称为信息提供或信息披露，是指政府以宣传、广告、劝诫指导（exhortation）等方式向公民或特定人群提供具有导向性的信息，以引导其达成政策目标。（3）志愿标准（voluntary standards）与志愿标识（voluntary labeling）。（4）行政指导。（5）行政奖励。

志愿型规制手段是完全建立在市场和社会的基础上，它们不需要或仅

---

① 参见朱新力、唐明良：《法治政府建设的二维结构——合法性、最佳性及其互动》，载《浙江学刊》，2009（6）。

有少量的政府介入，通过市场或社会民间志愿的力量来实现公共政策的目标。① 近年来，随着市场化、社会化、民营化的兴起，志愿型政策工具的作用日益增加，在某些特定的领域，完全通过政府来解决所有公共政策问题是不现实的，更多地利用家庭、社群关系等志愿型的社会资源来解决公共政策问题，已经成为当代社会公共政策（特别是社会政策）的重要手段，是国家政策的重要补充手段。②

3. 混合型规制手段

所谓混合型的规制工具（mixed instruments）是指混合志愿型和强制型两种因素的政策工具。③ 这种规制工具把国家的强制性规定和私人部门的自主行为结合在一起，虽然允许最终的决定权在私人部门，但政府可以通过不同程度的介入，以影响私人部门的决定。政府的介入可以采用多种方式，例如，可以强制性地要求企业披露信息，以纠正信息不对称从而使市场行为更加符合公共政策目标，可以通过政府的经济补贴或收费（税）行为建立一个符合公共政策目标的价格机制，也可以通过产权私有化把公共资源转化成私人产权以实现公共政策的目标。经济诱导性规制手段是混合型规制手段中被广泛运用的手段，因为人具有追求利益的趋利性特征，通过经济利益的诱导及市场的作用达成公共政策目标的政策手段成为现代国家不可或缺的重要依赖。扩大经济利益诱导类工具的运用也是当前我国公共行政改革的一个趋势。经济诱导型规制手段的具体选择很多，包括产权拍卖和产权私有化，收取税费及提供补贴，合同外包，特许经营，等等。

信息规制和经济诱导型规制手段在一些文献中④ 被归入志愿型规制工具的范畴，实际上信息规制和经济诱导型规制手段既可能是完全志愿型的规制工具，也有可能是混合型的规制工具，这取决于规制手段的具体设计。例如，政府以宣传、广告、劝诫指导（exhortation）等方式向公民或特定人群提供具有导向性的信息，以引导其达成政策目标，这样的信息规制工具属于志愿型的规制工具，但如果政府通过强制性的规范要求企业提供信息并以此引导市场行为达成公共政策目标，则这样的信息规制属于混合型的规制工具，因为，其中既有强制性的因素，也有志愿性的因素。又

---

① ②　参见陈潭主编：《公共政策学原理》，武汉，武汉大学出版社，2008，第35页。

③　参见陈潭主编：《公共政策学原理》，武汉，武汉大学出版社，2008，第40页。

④　参见陈振明等：《政府工具导论》，北京，北京大学出版社，2009，第82页。

如，在环境保护中广为运用的污染税费制度和排污权交易制度，也是混合型规制工具的典型。环境税费制度一方面规定了某种污染行为按照法律规定缴纳法定税费的法律义务，另一方面把排放多少污染物的决策权交与企业；排污权交易制度则以年度排放额度不超过由政府核定的额度为强制性法律义务，但企业有通过自己的减排行为实现排放不超额度或通过在市场上购买排放额度的选择权和自由。这两种规制手段都有强制性因素和志愿性因素并实现了二者的组合。

（二）规制手段选择的评估标准与公法权利

1. 规制手段选择的一般评估标准与公法权利

（1）规制手段选择的一般评估标准

规制手段的选择又称政策工具的选择或管制方法的选择，在公共政策的分析中扮演着核心的角色，因为政策手段的选择对公共政策目标的实现具有最直接的影响。有效性、效率性、公平性、适应性、可实施性、政治合法性及可行性、法律的合法性等评价公共政策的标准①，同时也是规制手段选择的一般评估标准，可以直接用于规制分析中规制手段选择的评估。

（2）公法权利对一般评估标准的渗透

公法权利通过对一般评估标准的渗透，发挥着作为规制手段选择评估标准的功能。例如，一般评估标准中的首要标准是有效性标准，即评估规制手段是否能够实现其政策目标，而由于公法权利规范对于政策目标的正确确立具有重要的价值指引功能，内化于政策目标的公法权利规范，实际上在评估规制手段有效性方面具有重要的意义，而且，有许多公共政策（例如平等促进政策、社会保障政策）本身的主要目标就是为了促进公法权利的实现，这样，相应的公法权利本身实现与否就成为公共政策中规制手段评价的最重要标准。又如，在法律的合法性评估中，必须进行规制手段是否符合公法权利规范的评估。如果一项规制手段侵犯了公民或法人的公法权利并且没有正当的依据，此项规制手段当然就不具备法律的合法性。由于权利的冲突和相互性，为实现某一特定公共政策目的的规制手段必须符合规制主体的合法性、规制程序的合法性和规制内容的合法性等与公法权利保护直接相关的维度，必须符合平等原则、比例原则等贯彻公法权利规范价值的基本原则。此外，在其他评估标准中，也不可忽视公法权利规范在其中的意义和价值。例如，规制手段的效率评估往往要通过成本

---

① 参见本书第五章第三节关于公共政策评估一般标准的论述。

收益评估程序来进行保证，而成本收益的评估又往往简化为经济学的定量评估。这种经济学意义的成本收益定量评估往往对弱势群体的公法权利和利益，对环境资源和文化等无法定量的生态和文化等价值缺乏必要的考量，需要把公法权利规范等价值融合到成本收益分析中，在成本收益分析中实现定量分析和定性分析的最佳结合。再如，公平性评估首先须从公民的平等权出发来进行评估，因为不侵犯公民或法人的平等权是一项规制手段最起码的公平性要求，平等权的保护和实现是规制手段公平性的最低要求，如果这一要求都达不到，其他的公平性标准是奢谈。

2. 规制手段选择的评估：以公法权利的最小侵害为标准

规制手段的选择需要满足有效性、效率性、公平性、适应性、可实施性、政治合法性及可行性、法律的合法性等一般评估标准的要求，同时也需要满足公法权利保障的要求。公法权利除了通过对一般评估标准的渗透发挥规制手段评估标准的功能，还可以沿着公法权利最小侵害的思考路径建构起一个独立的规制手段选择评估标准。

学者蒋红珍基于司法审查的视角，从手段类型、手段模式、手段要素和手段形成四个方面对建构最小侵害的司法审查标准进行了尝试。在手段类型方面，以权利限制的强度为径，指出在进行手段选择时，应选择对权利限制最小的手段；在手段模式方面，以权利限制的意志参与空间为径，在选择手段时应选择赋予相对人较大意志作用空间的手段；在手段要素方面，以权利限制的要素构成为径，在选择规制手段时，要充分考虑规制的对象要素（如规制对象范围、职业等），标的要素（如数额大小、标准的幅度等），时间要素（如期限的长短、期日与时刻的选择等）和空间要素；在手段形成方面，强调程序中的选择权。[①]

上述标准的建构虽出于司法审查的视角，但由于司法审查与规制手段选择都涉及规制手段本身的评估，其最小侵害的核心理念一致，只是适用的阶段不同而已，司法审查标准适用于司法阶段，而规制手段选择的评估标准适用于政策制定阶段，或者也可称为立法阶段（指广义的立法而言），因而上述标准总体上对于规制手段选择的评估而言也同样适用。

但是，由于在手段形成方面，程序中的选择权指的是在管制手段形成（政策制定）的过程中应赋予相对人选择权，这种选择权主要体现于规制

---

① 参见蒋红珍：《论比例原则——政府规制工具选择的司法评价》，北京，法律出版社，2010，第272～293页。

　　手段选择的决策过程，并不直接涉及规制手段本身的评估。司法审查居于手段形成阶段之后，因而从司法审查角度出发可以将手段形成程序中的选择权纳入审查范围，在时间上也是可行的。而规制手段的选择就处于手段形成阶段，因此对规制手段的评估标准中不包含手段形成方面的内容。以下将从手段类型、手段模式、手段要素三个方面对公法权利最小侵害标准进行介绍。值得注意的是，公法权利最小侵害标准的运用，是在实现政策目标同等效果的前提下进行的，即当存在多种手段都能够同等效果地实现特定政策目标时，应选择对公法权利侵害最小的规制手段。

　　（1）手段类型方面的评估标准。以权利限制的强度为标准，可对不同规制手段类型进行评估。在政策性规制手段层面，事后规制优于事前规制①，信息披露优于标准，而标准优于许可制，"保留特殊禁止的一般性许可"优于"保留特殊许可的一般性禁止"。在执行性规制手段层面，意思性强制优于实力性强制②，预防性处罚优于制裁性处罚，以名誉为规制客体的手段优于以财产为规制客体的手段，以财产为规制客体的手段优于以人身为规制客体的手段。此外，负担性措施优于禁止性措施，禁止性措施应作为最后手段使用。

　　（2）手段模式方面的评估标准。手段模式方面的评估标准的确立，以权利限制的意志参与空间为路径。非强制性手段优于强制性手段，而非强制性手段的典型代表则是行政指导，因而有学者提出"当'相同有效'的措施中存在强制性措施和指导性措施时，应以指导性措施代替强制性措施"③。此外，由于参与型规制手段更加强调受规制主体在规制活动中的作用，更符合公法权利侵害最小的标准，因而参与型规制手段优于单向型规制手段。自我规制在广义上也属于参与型规制，相较而言，其优于国家规制。④

---

　　①　例如，《中华人民共和国行政许可法》第13条第4项规定，行政机关采用事后监督等其他行政管理方式能够解决的，可以不设行政许可。

　　②　根据行为方式对意思行为与实力行为的区分，从执行工具以强制力贯彻的方式看，也可分为意思性强制与实力性强制。意思性强制是通过决议方式对相对人产生强制力的执行工具，如强行驱散的命令、强行拆除的决定；实力性强制是通过物理力的作用对相对人产生强制的方式，如暴力驱逐、强行扣押。参见蒋红珍：《论比例原则——政府规制工具选择的司法评价》，北京，法律出版社，2010，第274页。

　　③　郑春燕：《必要性原则内涵之重构》，载《政法论坛》，2004（6）。

　　④　例如，《中华人民共和国行政许可法》第13条第（1）、（2）、（3）项分别规定，公民、法人或者其他组织能够自主决定的，市场竞争机制能够有效调节的，行业组织或者中介机构能够自律管理的，可以不设行政许可。

（3）手段要素方面的评估标准。根据权利限制的要素构成不同，在对规制手段进行评估时需考虑到对象要素、标的要素、时间要素、空间要素等因素。就规制对象要素而言，"符合最小侵害标准，就是要求行政目的与权利限制主体之间存在'紧密的契合度'，不能随意放宽限制主体的范围"①，也不得违背平等原则等贯彻公法权利规范价值的基本原则。对于标的要素，要将最小侵害原则贯彻到标的数额大小的选择与确认、标准幅度的制定等当中。对于时间要素和空间要素，在实现规制目标的前提下，在期限长短、期日与时刻选择、空间范围等的选择过程中，要尽可能选择对公法权利侵害最小的方式。

（三）规制手段选择的决策与公法权利

公法权利在为规制手段的评估提供标准的同时，在规制手段选择的决策过程中也有着重要的作用。传统上，规制手段选择的决策权掌握在政府等各类规制机构手中，受规制主体并不能参与规制手段选择的决策过程。然而，伴随着公法权利的发展，特别是公民参与权的兴起与完善，受规制主体逐渐要求参与到规制手段选择的决策过程。换言之，受规制主体通过以参与权为主的公法权利的行使，与政府及其他规制机构共同分享规制手段选择的决策权。

规制手段选择的决策权分享主要体现于受规制主体对规制手段以及规制手段实施程序的选择，即在规制手段形成过程中赋予受规制者选择权。这种选择权的享有和行使本身就体现了公法权利的保障，此外，对于规制手段的评估而言也有极为重要的意义，因为个人的知识背景、认识能力、利益偏好等都存在差别，无论实体层面的评估标准如何全面细致，都很难满足所有人。通过选择权，尊重当事人的自由选择，能够使侵害在主观方面达成最小。② 因此，应强化对参与权的保障，尽可能让所有的利益主体参与规制决策的过程，这虽然也不能保证找到最匹配的规制手段，却可以避免不匹配手段的采用。③

---

① 蒋红珍：《论比例原则——政府规制工具选择的司法评价》，北京，法律出版社，2010，第286页。

② 参见蒋红珍：《论比例原则——政府规制工具选择的司法评价》，北京，法律出版社，2010，第293页。

③ 参见应飞虎：《规制工具的选择与运用》，载《法学论坛》，2011（2）。

三、监督制度与公法权利

(一) 监督问责体系

从行政规制的角度来说，建立一个有效的监督体系来确保规制政策的执行是公共政策能够达到其政策目标的必不可少的环节，也是最具有挑战性的环节。监督规制机构履行其职责的体系可分为内部监督和外部监督两种。内部监督，指的是行政机关在行政决策过程中的部门之间的监督和制约制度；外部监督，指的是行政部门以外的力量对行政行为的监督和制约制度，例如来自人民代表大会、法院、媒体、群众团体和公众的监督。①内部监督又分为一般监督和专门监督。一般监督主要指层级监督，是指国家行政机关在上、下级行政隶属关系上产生的一种相互监督的关系和活动。一般监督是行政机关内部监督体系中最重要的部分，也是最为广泛的一种监督，具有直接性、经常性和广泛性等特点。专门监督分为行政监察和审计机关对行政机关及其公务人员的审计监督。

近年来，为了保证国家政策的落实，我国强化和完善了内部监督机制。行政问责制、约谈制、上级督办和代办制度、审计监督制度等行政内部监督机制取得了突破性的进展。不可否认的是，内部监督在保证行政机关积极作为、依法行政方面仍然是一个不可或缺的重要力量。由于政府内部的监督具有信息相对及时、全面，对专业问题的了解更加科学的特点，所以内部监督具有高效、及时、专业、全面等有利条件。建立内部监督制度，发挥系统内部监督的作用，是促使政府积极作为、依法行政的一个重要手段，我国应当进一步建立和推动这一方面的制度建设。

但是，行政内部监督机制也有其局限性，由于监督主体和被监督对象之间或相互隶属或在同一系统，所以其客观性、公正性方面必然受到制约。因而，我国在强化和健全内部监督机制的同时，更应当下大力气强化和健全外部监督机制，外部监督机制包括舆论的监督、人大的监督、法院的监督、人民群众的监督和政党的监督几个方面。舆论的监督功能在近年来随着互联网的发展在执法方面已经彰显其巨大的威力，但是人大、法院的监督和人民群众的监督的相关机制的建设还有很长的路要走。

外部监督可以分为：以舆论制约权力、以权力制约权力和以权利制约

---

① 参见徐丰果：《把确保政府勤勉履行环保职能的"达摩克利斯之剑"挂起来》，载《绿叶》，2011 (1)。

权力三种路径。一方面，公民公法权利的切实保障是前两种监督路径实现其功能的前提。舆论对规制机关履行职责的有效监督的实现以公民和新闻媒体言论自由权的保障为前提。立法机关的有效监督以公民选举权的切实保障和落实为前提，法院的监督以公民诉权的赋予和保障为前提；另一方面，公民可以通过行政知情权、行政参与权和狭义的行政监督权的行使，直接对行政机关履行职责的行为进行监督。这三项公法权利的保障对监督规制机关履行职责制度体系的完善具有重要的意义。为了保障此三项公民的监督权利，需要建立和完善信息公开制度、行政参与制度和公民诉讼制度。

（二）司法审查对行政最佳性的促进

法院对行政活动的审查不仅具有合法性保障的功能，而且，其对行政最佳性促进方面也具有重要的功效。伴随着行政权的强盛，司法也需要积极地调整自己的功能地位，司法不能局限于对公法权利的保护和对合法性的审查，而是需要在承担传统功能的同时积极发挥出其公共政策方面的功能[1]，并进而推动行政最佳性的实现。司法审查对行政最佳性的促进，其典型的制度有三个，第一是公民诉讼制度，第二是司法对行政裁量的审查制度，第三是司法建议制度。

1. 公民诉讼制度

（1）公民诉讼的监督权基础

我国《宪法》对公民监督权进行了规定，其作为重要的公民权利，能够对行政权起到不可替代的制约作用，而公民诉讼制度则既是公民监督权的行使方式，又是其最佳的保障方式，能更有力地促进行政监督。从形式上来看，公民监督权可以分为对行政违法行为的监督和行政不合理行为的监督，前者如控告、举报，后者则如批评建议权。从具体内容上看，公民监督权则主要包括批评建议权、申诉权、罢免权、控告检举权等。[2]

首先，批评权是指公民享有对国家机关或者公职人员工作中存在的合

---

　　[1]　关于法院在公共政策方面功能的论述，参见丁以升、孙丽娟：《论我国法院公共政策创制功能的建构》，载《法学评论》，2005（5）；庞凌：《法院的公共政策功能分析》，载《当代法学》，2003（10）；刘萍：《环境公益诉讼中我国法院的公共政策形成功能》，载《理论导刊》，2010（12）。

　　[2]　我国《宪法》第41条规定，"中华人民共和国公民对于任何国家机关和国家工作人员，有提出批评和建议的权利；对于任何国家机关和国家工作人员的违法失职行为，有向有关国家机关提出申诉、控告或者检举的权利，但是不得捏造或者歪曲事实进行诬告陷害。对于公民的申诉、控告或者检举，有关国家机关必须查清事实，负责处理。任何人不得压制和打击报复。"

理或者合法性等问题提出批评的权利；而建议权则是公民对国家机关及其公职人员工作中的具体问题提出纠正性方案和意见的权利。其次，申诉权是指当公民的合法权益受到行政活动的不法侵害时，有权向行为作出机关或上级主管部门提出申诉，要求其改变原处理结果的权利；罢免权则指选民或选民单位依法撤销他们所选出的人员职务的权利。最后，控告权适用于公民发现国家机关及其公职人员的违法失职行为造成自身损害时，其有权向司法行政机关进行揭发或指控。检举权是指公民享有对于发现违法失职的国家机关及其公职人员对第三人权益或社会权益造成损害时，有权向检察机关或者有权管辖机关揭发事实真相，请求依法处理而维护国家利益的权利。前者是为了保护自己的权益而行使监督的权利，而后者一般是出于维护国家利益的正义感而对违法失职行为进行检举。

(2) 公民诉讼的理论根基

来自美国实用主义的进步主义思想是公民诉讼的开端，该思想繁荣发展于 19 世纪 90 年代后期到 20 世纪 20 年代早期，其认为法律并不是逻辑工具和死板原则，而是应当用于为社会追求福利，法律原则亦应当帮助决策者按照公共政策来解决社会问题。该思潮力图构建一种国家社群意识，通过实际行动来获得社会德性和公共精神。① 而后，更年轻的法律理论学家掀起了美国现代法理学上的第二次浪潮：法律现实主义，主张破除形式主义的束缚，利用法律来解决问题并推动社会发展，其不再将法律视为客观、中立的规则体系，而是将其作为一种社会变革工具，促进社会公共利益的维护。直到第二次世界大战，法律程序主义登上了历史舞台，该思想最显著的特点就是主张法治是民主的必要条件，并强调程序法的重要性，而非实体法。其不断推动立法、行政和司法三者之间的关系的调整，支持积极的能动司法，通过法治来实现积极司法，也就是司法审查，来监督行政权，促进社会正义的实现。②

公民诉讼实质上是公民共和主义对自由主义的超越，是人们对自由主义的反思和审视之后的公民共和主义的复兴。

1) 冷漠自私的市民

自由主义强调个人自由不可干涉，以此对抗他人和抗衡国家。得益于

① 参见〔美〕O. C. 麦克斯怀特：《公共行政的合法性》，吴琼译，北京，中国人民大学出版社，2002，第 118 页。

② See Alexander M. Bickel, "The Supreme Court and the Idea of Progress, 1970; Henry M. Hart, Jr., Forward: The Time Chart of the Justices", 73 *Harv. L. Rev.* 84, 1959.

自由主义的理论孕育，人们于启蒙时代之后开始生活于政治国家与市民社会的二元格局之中，人被同时预设为两种身份，即"公民"与"私人"。在自由主义下，人们更加强调国家的非干涉性，从而将自己锁入私的市民社会之中，过"私人"生活而非"公民"生活。在某种程度上，自由主义的重大成果就是市民社会的形成与私的"市民"的培育。黑格尔（Georg Wilhelm Friedrich Hegel）首次对市民社会进行了透彻论述，其指出在市民社会中，个别的人就是私人，都把本身的利益作为自己的目的，市民社会是一个"私人需要的体系"，"每个人都以自身为目的，其他一切在他看来都是虚无。但是为了达到他的全部目的，他需要和其他人发生关系，于是其他人变成为他达到目的的手段"①。可以说，黑格尔的市民社会中都是自私自利的私人，而市民社会则宛如一切人与一切人的战场。追求私利的特殊性本身是没有节制的，黑格尔看到市民社会不可避免的道德沦丧，"具体的道德在其中遭到瓦解，而代之以特殊性和自私自利或唯我主义"②。

在市民社会中，参与公共政治的城邦生活早已消逝，自由、正义、德性的"公民"被城市贪图蝇头小利的"市民"取代。其中伦理的东西被抽空，道德被沦丧，是个"冷漠无情的社会"。每个人都成为他人的"手段"，人变成了他人的"奴隶"，人格特征遭到剥夺，被降到物的地位。简言之，人被"物化"（Versachlichung）了。马克思敏锐地觉察到私有制基础上的秩序助长的是"对财产的爱"的虚假自由，人的道德、理性在这种制度下受到压制。卢梭所谓的"生而自由却无往不在枷锁之中"的人，在马克思的无产者这里得到了具体的形象，他们"除了枷锁一无所有"。国家秩序不仅应在法律条文上保障人的自由，而且应通过物质的、经济的保障来实现个人自由。马克思批判了康德的自己负责的自律的人，从自由的道德诉求出发，以社会代替国家，赋予了社会制度过重的道德功能，社会成为道德的承担者。真正的自由是以集体自由为目的，是一种"普遍之物"，是"自由的王国"。自由被社会化了，人是纯粹的社会存在，个体人要融入"类生活"，权利应被平等所取代，个体的人不复存在，而市民社会终将消失。

---

①　〔德〕黑格尔：《法哲学原理》，范扬、张企泰译，北京，商务印书馆，1962，第197页。
②　〔美〕列奥·施特劳斯、约瑟夫·克罗波西：《政治哲学史》，李天然等译，石家庄，河北人民出版社，1993，第860页。

2）共和主义的复兴

在自由主义模式中，诉讼当事人有权利用自己的权利进行诉讼，保护自身利益。但是如果公民个人利用自己的力量代表公众甚至他人进行诉讼，则超越了个人自主的范围，被认为是干预了司法程序的公正和公平。① 自由主义虽保障了个人的自由和权利，却越来越无法解决现代社会面临的问题，独立的个人往往对于公共事件无所适从，而且自由主义往往滋生的是自私自利的人，于是催生了新的理论——公民共和主义的发展和形成。作为公民共同行为有机组成部分的公益诉讼确立的意义，体现在公民的参与和行动推进了公共利益的发展，并借此保护了自身和第三人的利益。这也是现实情况的需要，是时代的必然要求。

与自由主义不同，公民共和主义强调政治社群的善，认为自由、民主的保存要求那些有美德的公民的积极参与，这样才能维持共和制度，并认为这是过上美好生活的关键。由此，公民共和主义十分重视公民及其共同体在现代社会中的责任和作用，认为公民的积极行为和积极参与是保持社会稳定、发展、有序的重要力量，而激发公民的责任感和社会意识，是制度设计的重要内容。哈马贝斯认为："公民的地位不能按照消极自由的模式来确定，因为消极自由是私人所享有的。公民权主要是政治参与权和政治交往权，因而更多的是积极自由。它们不仅确保公民不受外在的强制，还确保公民能参与共同的实践，而只有通过共同的实践，公民才能让自己成为自己希望成为的角色，即成为一个自由和平等的政治共同体中具有责任感的主体。因此，政治过程的目的不仅是要让公民来限制国家的行为——但这些公民必须在行使私人权利和享有政治自由的时候，已经获得稳定的自主性。"②

3）维护公共利益之必要性

公共利益的维护与个人权利关系甚巨，这也是之所以公民参与共同实践的原因。没有公共利益，个人权利无法实现其既定目标。拉兹指出："众多权利都是以捍卫个人自由的名义而提出的，但其实现却有赖于确保公共利益的社会背景。没有公共利益作支撑，这些个人权利将无法实现其既定目标。遗憾的是，由于这些公共利益的存在所营造的背景如此自然，

① See David Feldman, Public interest litigation and Constitutional Theory in Comparative Perspective, The Modern Law Review, Vol. 55, No. 1, 1992, pp. 47, 44-45.

② 〔德〕哈贝马斯：《民主的三种规范模式》，逢之译，载《文化研究》，2001（2）。

以至它在保障个人权利所实现的目标时的作用被模糊了，人们经常对此视而不见。"①

此外，不管是抽象行政行为还是具体行政行为，其均有可能危害不特定的人或者外在不自由的物，但是这都显然构成了对公共秩序、权利或者环境的破坏，在自由主义下的自私冷漠的私人无权亦无意进行诉讼，于是亟须被唤醒的"公民"迎来了共和主义的复兴，亦为公民诉讼奠定理论根基。

2. 司法对行政裁量权的审查制度

在现代行政法体系中，行政权源于法律授权，而法律的目的则借助行政权得以实现，二者的联结互动成就了现代行政法治的理论起点和价值终点。随着经济社会复杂性日益深化以及政府在管理经验、专业技能等方面难以替代的优势，社会对行政提出更多需求，从而使得政府表现得更为积极。行政裁量权的产生和发展就是对这段社会变迁最为生动的现实演绎。但由历史必然性所成就的制度合理性并不能完全掩盖行政裁量本身的痼疾，行政裁量的扩张及不当行使对公民公法权利来讲无疑是灾难性的。正如伯纳德·施瓦茨所说："自由裁量权是行政权的核心，行政法如果不是控制自由裁量权的法，那它是什么呢？"② 因此对行政裁量权的限制便成为各国行政规制的重点，主要有立法与司法规制两种途径，立法规制属源头控制，但行政裁量主要体现在个案处理上，而立法的概括和原则性在个案运用中往往鞭长莫及，因而在立法规制难以企及的微观层面，司法规制就显得尤为重要。司法机关通过受理行政案件与行政机关近距离接触，同时还能对行政权力的恣意进行最具权威的审查，并从深度上保证了公民权利以及公共政策在司法领域的贯彻，一定程度上实现了行政规制的最佳性。

（1）类型化考察

行政裁量司法审查就其性质而言，是司法对行政权审查的标准与深度问题。纵观大陆法系国家对行政裁量的司法审查，均体现出司法审查类型化趋势，目的在于能更为清晰地剖析行政裁量，使司法对行政权的规制保持在恰当的范围内。法国在1914年的"戈梅尔案"中确立了两级强度的司法审查，现今法国发展为三级审查强度。我国司法实践中对行政裁量的

---

① Joseph Raz，*The Morality of Freedom*，The Clarendon Press，1986，p. 251.

② 〔美〕伯纳德·施瓦茨：《行政法》，徐炳译，北京，群众出版社，1986，第566页。

审查也出现了类似审查强度分类：即最小审查、中等审查以及严格审查。但整体而言，我国注重最小司法审查，而相对忽略后两者。这对我国行政裁量滥用的控制以及对公民公法权利的保护都非常不利，因此有必要在比较法的基础上对我国的理论和实践提出改革建议。

1) 最小审查

法院对行政裁量的最小司法审查，主要针对效果行政裁量（意为行政主体在确定法律要件后，在选择行为的效果上享有裁量的自由）的实体性内容以及所有行政裁量程序性内容，其审查方法主要是行政裁量权超越、滥用论司法审查和正当程序论司法审查。整体而言，最小司法审查是我国法院运用较为娴熟的一种司法审查类型，故不作过多阐述，但法院不能仅满足于最小司法审查，而放弃了中等甚至严格司法审查，而后者往往涉及更多重大公共法益。

2) 中等审查

法院对行政裁量的中等审查主要针对要件行政裁量（指行政主体在认定法律要件时享有判断的空间）。英国一般认为，在确定法律要件时不存在行政裁量，而主要对效果行政裁量进行规制，仅例外对要件行政裁量进行审查。德国由于严格区分不确定概念和行政裁量，因而行政主体对法律要件的认定和不确定法律概念的解释，均要接受司法的完全审查；而效果行为裁量仅在逾越、滥用之际受审查。

中等审查主要审查行政裁量过程本身的合理性，方法有三：一是判断余地说司法审查，是指法院原则上对整个行政裁量进行审查，但行政机关对不确定法律概念存在判断余地时，法院应克制自我。原因在于"尽最大可能确定行政行为的合法前提"是法治国家的基本原则[1]，而强调给行政机关保留一定判断余地，则是由于行政裁量在现代法治生活中的不可替代性所决定的。德国对"判断余地"有专门界定，主要包括风险决定、计划决定、考试决定等。[2]"判断余地"并非司法审查的隔绝地带，法院仍有权对行政裁量的合法性、程序性等进行审查。二是补充要件型司法审查，是对法律要件空白和效果行政裁量进行限定解释的审查方法。法院可补充法律条文上没有的要件，又不至于以法官的判断代替行政机关的判断，这

---

① 参见〔德〕埃贝哈德·施密特·阿斯曼（*Eberhard Schmidt-Assmann*）等：《德国行政法读本》，于安等译，北京，高等教育出版社，2006，第347页。

② 参见〔德〕汉斯·J·沃尔夫、奥托·巴霍夫：《行政法》，高家伟译，北京，商务印书馆，2002，第352~357页。

是法院找法、续法的一个过程。三是判断过程型司法审查，是指法院居于中立立场对行政机关判断过程进行合理性审查。该审查与程序性审查有部分重合之处，但两者侧重点亦有所差异，后者重于行政裁量所要遵循的手续、时限等，而前者重于行政判断有没有考虑应该考虑的因素、是否考虑了不应该考虑的因素等；程序性审查只针对程序进行审查，而判断过程型司法审查实际是从过程着手对实体进行审查。

我国没有明确提出"判断余地"的概念，虽然对如某些专利和学术问题，法院也不予审查，但由于没有系统地对"判断余地"的类型进行归纳，导致司法审查随意性大，严重破坏了法律适用的统一性。而对于补充要件型与判断过程型审查方法，我国法院更是极少适用。这不仅给行政裁量的滥用创造条件侵犯公民监督权，使现代行政规制最佳性目标落空，更是司法监督与救济懈怠的表现。

3）严格审查

法院对行政裁量的严格审查主要是针对要件行政裁量和涉及重大法益保护的行政裁量，此时法院主要是对行政裁量的实体内容展开审查。方法有三：一是代为实体性判断司法审查，法院从实体法角度对行政裁量进行全面审查。这一方法是否有悖于分权原则一直饱受争议，但我们也应看到，该方法并不适用于所有的行政裁量，而只适用于要件行政裁量中很小一部分，若其适用领域并不属于"判断余地"，则法院对其进行实体性判断就是合法的。二是显失公正型司法审查，是指法院代替行政机关行使行政职权的审查方法。法院在判断显失公正时主要运用平等、比例等原则进行考察。三是行政裁量权收缩论司法审查，这是最严厉的审查方式。该方法首先承认行政裁量的价值，但又严格限制其使用。当公民的基本公法权利或社会公益受到威胁时，即使威胁不是来自行政机关，行政机关也负保护义务，这是对行政裁量权的极大压缩，看似严重侵犯了行政机关的自主性，却加强了对重大法益的保护。因此，重大法益是行政裁量权收缩的法规范上的压力，而迫切具体的威胁则是裁量权收缩的现实基础。①

但考察我国司法实践，法院一般不对行政裁量进行严格审查，而表现出极大尊重，唯恐冒犯行政威严。《行政诉讼法》第 54 条第 4 项规定，"行政处罚显失公正的，可以判决变更"，虽是严格审查的法律依据，但法院在适用该条规则时亦表现出过于保守的姿态，殊不知，这是法院对立法

---

① 　参见王贵松：《行政裁量收缩论的形成与展开》，载《法学家》，2008（4）。

所赋予之法定权限的懈怠。行政裁量虽在技术性、专门性等事务上有着不可替代的作用，但行政机关的经验也往往掺杂着官僚主义和行政利益，因此不能成为免受司法审查的正当理由。尊重不能演化为司法消极主义，否则就是对宪法基本精神和行政诉讼法二元目的的双重违背。因此，如何把握司法与行政的界限，最大限度上对公法权利和公共利益进行保护，扭转司法权懦弱姿态，在司法领域继续贯彻公共政策的有效施行，并最终达到行政规制的原始目标，以上审查方法或许能带给我们些许启示。

（三）司法建议制度

建立全面的公民诉讼，扩大主体资格，并从广度和深度两个层面，深化对抽象规范与行政裁量的审查，从而强化对公民公法权利的保护，并拓展公共政策在司法领域的实现，这无疑对我国行政诉讼的重构具有划时代的意义。然而，在当下行政规制理论以及司法能动主义兴起的时代背景下，社会要求法院在对公民权利保护和对行政权力监督的过程中，发挥更多的能动性以达到实质正义并促进行政最佳目标的实现的呼声越来越高。因此，在完善诉讼制度并克服诉讼形式正义缺陷的基础上，如何全面拓展行政审判的服务与促进功能、构建更为和谐的司法与行政良性互动机制，就成为理论与实践重要的议题之一。行政诉讼司法建议制度便是在这样的背景之下展开。

1. 司法建议制度正当性分析

行政诉讼司法建议是指，人民法院对在行政审判活动中发现与案件有关但不宜由法院直接处理的问题，向有关行政机关提出建议，要求其予以处理的活动。然对于行政诉讼中司法建议发挥能动司法理念、拓展行政审判的服务价值，学界亦有不同观点。其主要认为法院应遵从司法独立性和谦抑性，法院承担司法外职能将违反程序正义的要求，削弱司法公信力和权威。司法机关参与社会管理应通过行使司法职能间接进行，而非直接介入社会事务管理。因此，从长远来看，司法建议制度应当废止，法院对外发出的唯一具有司法权威的文书只能是裁判文书。①

这其实是能动司法主义与被动司法主义之争，不可否认上述观点有其合理性，但从短期内中国现状来看，在我国司法体制不健全、司法独立得不到保障、社会整体法治意识还有待提高的前提下，为促进行政机关依法行政，保障公民监督权利的实现，维护社会的和谐与经济发展的稳定，在

---

① 参见徐昕：《司法建议制度的改革与建议型司法的转型》，载《学习与探索》，2011（2）。

行政诉讼中通过司法建议与行政机关建立起良性互动的桥梁还是十分必要的。

2. 司法建议类型

从功能主义角度而言,司法建议主要分为四类:(1)裁判引导型,此类司法建议是在行政裁判正式作出前采取的,发挥着引导法院是否作出以及如何作出裁判的作用。该种司法建议体现了行政案件处理方式上的创新,但也存在架空行政诉讼法、排斥调解和规避合法性审查的危险,因此这种类司法建议应慎用,避免以司法建议取代行政审判。(2)裁判补充型,是指对那些在行政裁判文书之中难以表述但又与案件系争对象有关的问题,法院在作出裁判时提出司法建议,作为对行政裁判的有益补充,从而弥补行政裁判的不足、最大限度地保护行政相对人的合法权益。从审判实践来看,该类型主要适用于被诉具体行政行为存在合理性问题且实际影响到行政相对人合法权益、被诉具体行政行为依据的规范性文件存在违法等情形。(3)纠纷预防型,是指法院在作出裁判之余,应当发挥自身的信息资源优势,通过司法建议积极拓展行政审判的服务职能,有效预防类似行政纠纷的再度发生。(4)裁判执行型,由于我国"强行政,弱司法"的格局,导致这种司法建议的实效性大打折扣,因而针对该类司法建议困境,学者提出许多修改建议,如行政机关若拒不履行裁判时,法院可通知该行政机关的上级机关督促其履行,此外,法院还可在政府公报上发表公告,借此对其形成外部压力,督促其履行。

3. 司法建议保障机制建构

结合前述司法建议类型实施现状及司法建议"弱强制性"的特征来看,现行司法建议制度远没有发挥出该制度本身所具有的功能。因此,必须在强调司法建议制度地位重要性的基础上,建立相应配套机制,从而保证其功能的实现。纵观学界建议,主要有以下倡导:(1)分类机制,是指针对不同类型的司法建议建立不同的回访联动机制,为法院正确行使司法建议权提供制度保障,其中,裁判引导型和纠纷预防型司法建议的目的是善意指出行政活动存在的问题,期许行政机关主动加以改进,因而在法院提出司法建议之后就已达到预期目的。而裁判补充型司法建议与裁判执行型司法建议则需要规定行政机关的落实反馈义务,以此来监督行政机关的履行情况,否则,法院可以采取公告、向上级行政机关或同级党委、人民代表大会如实反映情况等敦促措施。(2)激励机制,激励机制倡导将行政诉讼司法建议纳入行政审判工作考核体系中,充分调动法官开展司法建议工作的积极性，从而为法院积极行使司法建议权提供制度保障，如建立司法建议考核标准，并确立考核主体和考核时间等。（3）公开机制，如前所述，行政司法建议的"弱强制性"决定了其必须寻求非强制的方式来增强其实效性，而公开机制则不失为一项好的制度，法院可针对类似行政案件所暴露的共性问题制作行政审判"白皮书"①，及时向行政机关提出司法建议，并在完善司法统计制度的基础上向社会逐步公开行政诉讼司法建议文本，并将不接收司法建议行政机关的情况予以公告等。

第五节　公法权利理论在司法对行政合法性审查和行政规制最佳性分析中的不同运用

尽管公法权利理论在司法审查中和规制分析中都具有重要的适用意义，但在司法对行政合法性审查和规制分析中的适用是有所不同的，在司法审查中，法院所要考量的核心问题是：当事人的公法权利是否因为行政机关的作为或不作为受到侵害？法院所承担的主要任务是对受侵害公法权利提供救济。而在规制分析中，行政机关所要考量的核心问题是：如何能够更有成效地促进公法权利的实现以促进善治。司法审查所起到的只是一种底线保护的功能，其只对提起诉讼的当事人的公法权利提供保护，而其他未提起诉讼的当事人或群体的公法权利的实现程度，不是其关注的重点，也超出了其所擅长的范围。在规制分析中，行政机关则应尽可能地促进公法权利的实现，以促进善治。因而，一种从司法审查的角度来看并没有侵犯公法权利的政策或措施，从规制分析的角度来看却仍有不足和完善的余地，因为，在规制分析中，公共政策是以善治为目标的，从公法权利理论的角度看，即公共政策应当尽可能地贯彻公法权利规范所建构的价值秩序，如果存在比现行的公共政策更好的公共政策，其能更好地实现公法权利规范所建构的价值秩序，则现行政策仍有改善的余地。下面以公法权利的两个重要原则——比例原则和平等原则在司法审查和规制分析中的不同运用为例来展开分析。

---

① 赵俊梅：《白皮书依法行政助推器》，载《人民法院报》，2010-03-12。

一、比例原则在司法审查和规制分析中的不同运用

比例原则被称为公法的帝王条款，在司法审查中具有普遍的适用价值。在司法审查中，如果行政机关的行为不符合比例性原则的要求，则行政机关的行为构成违法，因为比例性原则是行政活动实体合法性的核心要求之一。按照首创比例性原则的德国公法学界的普遍通行的解释，比例性原则包括以下三层含义：（1）适当性原则，指国家的行为或措施（在对行政的司法审查中指行政机关采取的行为或措施）必须能实现其所要达到的目的或有助于目的的实现。在此，首先，行政机关所设定的目要符合法律规范价值的要求，其次，行政机关所采取的行为或措施要能够促进规制目的的实现。（2）必要性原则，指行政机关应当采取对公民的权利或利益限制最小的措施或行为，如果有许多措施可同样地实现规制目的，则应当选择对公民或法人自由限制或负担最小的措施。（3）狭义的比例原则，指所采取的规制措施所带来的利益应当超过此措施带来的害处。

比例原则在规制分析中同样具有重要的适用价值。根据美国规制分析大师布雷耶的规制理论，匹配性分析是对一个政府的规制政策或措施进行法学分析的重要分析模式之一。匹配性分析分三个步骤[①]：

第一步：政府干预市场的目标和正当性基础，干预人的自由选择权的目标和正当性基础；

第二步：从理论上对各种规制手段进行分析；

第三步：评估实际选择的规制手段，问题和手段的匹配分析。

仔细分析不难发现，布雷耶的匹配性分析的理论与德国公法中的比例性原则可谓如出一辙，虽然在具体步骤和构架上有所区别，但其思路却是一致的，可以视为比例性原则在规制分析中的运用。

虽然比例性原则在司法审查与规制分析中都有着重要的适用价值，但其在司法审查中的运用和在规制分析中的运用有所不同，在司法审查中，法院对比例性原则的运用往往是比较谨慎的，除非规制措施明显地不符合比例性，否则法院往往会尊重行政机关的行政权力，不轻易地仅以违反比例性原则来撤销一项行政措施，因为最优的公共政策往往是在试错的过程中不断完善总结得来的，如果法院轻易地以违反比例性原则而撤销行政机

---

① 布雷耶在规制方面的力作《规制及其改革》就是按照匹配性分析思路展开的，具体参见〔美〕史蒂芬·布雷耶：《规制及其改革》，李洪雷、宋华琳等译，北京，北京大学出版社，2008。

关的措施，则会使行政机关过于小心而裹足不前。现实生活中存在着许多措施，其有违反比例性原则的嫌疑，此时法院在司法审查中往往会选择尊重行政机关的决策，这就是在司法审查中的合法性推定或合宪性推定原则。但在以善治为目标的规制分析中，那些不能说已经违反比例性原则，但具有违反比例性原则的嫌疑的措施，则具有完善和改进的余地，以更佳地符合比例性原则的要求，促进公法权利价值秩序的实现。

二、平等原则在司法审查和规制分析中的不同运用

平等原则的基本含义是要求国家机关在处理问题时遵循同样情况相同对待和不同情况差别对待的原则。平等具有相对性，它虽然强调平等的一般含义是要求不得任意区别对待，但允许针对不同情况作出差别待遇，其条件是要求差别待遇应当有合理性基础。与比例性原则类似，平等性原则在司法审查和规制分析中均具有重要的适用意义，但在司法审查和规制分析中的适用是有所区别的。例如，对公共交通中新能源汽车进行补贴但对私家车没有补贴，很难说违宪但并非一项好的公共政策。在司法审查中有所谓的强度审查、中度审查和合理性审查的区分。但公共政策分析的目的是如何更好地制定符合平等的政策，即使在司法审查中不违反平等原则的政策，仍然具有可以改进的余地。

平等原则的要义是本质相同的事物应同等对待，本质不同的事物要合理地差别对待，所以考察的核心在于：类型划分和公共政策目的之间的关系，差别待遇的程度是否合理。类型划分和公共政策目的之间的关系有以下几种情形：

1. 重合：类型划分与公共政策的目标完全重合。这是最理想的模式，在这种模式下，该纳入公共政策适用范围的都已经纳入，不该纳入的没有纳入。例如，为保障人的最低生存保障，根据当地生存成本测定收入 800 元可以维持生存，规定无收入来源的享受最低生存保障 800 元，有收入来源但其收入来源不足 400 元的享受最低生存保障 700 元，有收入来源但其收入来源不足 800 元的享受最低生存保障 600 元。这样的类型划分与差别待遇既保障了最低收入保障制度生存保障的政策目标，又达到了鼓励人们工作、避免培养懒惰精神的政策目标，类型划分和公共政策的目标完全重合。这种情形是最理想的情形，平等原则得到了最好的贯彻和实施。

2. 背离：类型划分与公共政策目的之间没有任何关系。平等原则要求类型划分与政府的政策目标之间具有相关性，如果类型划分和公共政策

的目的之间毫不相关，则政府的行为或措施违反了平等原则的要求。例如，环保局在招收公务员的政策对应聘人员设定身高限制的做法与招收公务员的目的就是毫不关联的，因为身高与环保局公务员履行职责的业务能力与政治素质没有任何关系。这样的招工政策明显违反了平等原则的要求。

3. 包含过少。在这种关系中，被纳入公共政策适用对象范围的类型符合公共政策的目的，但是并没有把其他也符合公共政策目的的类型纳入进去。

4. 包含过多。在这种关系中，被纳入规制或适用对象的只有一部分是符合公共政策目的的，把不符合公共政策目的的也纳入了适用范围。例如，清洁能源汽车补贴政策对所有电动汽车均提供高额的补贴，而不问蓄电池和电是如何生产的，这实际上把用煤生产电的电动汽车也纳入了高额补贴的范围，与清洁能源汽车补贴政策的环保目的已经不一致，这种政策存在着包含过多的问题。

5. 包含过少与包含过多同时并存，指第三种情形和第四种情形同时都存在的情形。

在司法审查中，只有第二种情形是确定违反平等原则的，在其他几种情形要根据不同的审查标准来审查，在规制分析中，只有第一种情形是最佳的，如果条件允许，应当完善公共政策的制定和实施，达到理想状态。

结　语

公法权利理论是与私法权利理论并列的重要权利理论。私法权利理论在我国的研究比较深入，已经形成了相对成熟的理论体系。与之相比，公法权利理论的研究在我国起步较晚，理论也还不成熟。目前国内对公法权利的理论研究主要以宪法理论层面的基本权利理论研究为重点；但是，对公法权利的另一重要的部门法形态的行政法领域中公法权利的专门性研究，在我国学界开展得还不够。通过对行政法领域中公法权利问题的系统研究，本书在公法权利的界定和类型分析，公法权利与司法对行政的合法性审查以及公法权利与行政最佳性分析中得出的基本结论如下：

一、公法权利的界定和类型分析

行政法的一般权利理论所涉及的研究对象是公法权利，但并非所有的公法权利都属于行政法的一般权利理论的研究对象。行政法的一般权利理论的研究对象所涉及的公法权利是基本权利和行政法权利。公法权利的概念来源于德国公法，其权利主体包括公民、法人及其他组织，义务主体包括立法机关、行政机关及承担了行政管理任务的组织和司法机关。与宪法基本权利不同，行政法权利并不总是以法律明确赋权的方式进行立法确认的，这就需要在法律没有明确赋权时借助保护规范理论来进行解释和确认。从行政法学的角度来看，公法权利具有客观价值规范建构、行政法主体塑造、启动行政诉讼、监督和制约行政权力四项基本功能，由行政法规范所确认的行政法权利还承担着基本权利具体化的功能。

从规范基础的角度，行政法所涉及的公法权利可分为宪法基本权利和行政法权利，基本权利对行政法权利的形成和解释具有重要的意义，而且，由于基本权利条款约束法院和行政机关，基本权利在行政管理和行政诉讼中具有适用效力。根据"禁止向一般条款逃窜"法律解释适用规则，基本权利的直接适用被限定为行政法律法规中无具体化的行政法权利时的情形。与此同时，行政法权利也并非完全被动地接受基本权利的影响，通过新型权利的发展，行政法权利也会反过来对基本权利的解释产生影响。

借鉴民法基础性权利和功能性权利的区分思路，可以把行政法学视野中的公法权利分为基础性权利和功能性权利。自由财产权、受益权（社会权）、参与权和平等权等权利属于基础性权利，请求权、支配权、形成权和抵抗权属于功能性权利；在功能性权利中，请求权在行政法学的权利体系中具有枢纽性重要地位，根据公法请求权所赖以产生和服务的基础性权利的不同，可以把公法请求权分为居于自由财产权的请求权、居于受益权的请求权、居于参与权的请求权和居于平等权的请求权。根据公法请求权的规范基础，可以将公法请求权分为法律法规规定的公法请求权、居于公法合同的请求权、行政承诺确认的公法请求权、类推适用民法相关规定的公法请求权和从宪法基本权利推导出的请求权。根据公法请求权与基础性权利的关系，可以把公法请求权分为原权型请求权和救济型请求权。

实体性权利和程序性权利是公法权利的另一种重要的类型划分。实体性权利是指以实体规范为基础，以赋予权利主体实体利益为要旨的权利。而程序性权利则是以程序性规范为基础，权利主体在实现实体权利的过程中所享有的权利。一方面，程序性权利服务于实体性权利；另一方面，程序性权利独立于实体性权利并影响实体性权利的发展。

二、公法权利与司法对行政的合法性审查

司法对行政活动的审查应当采取什么样的理念和策略问题，首先需研究中国的司法审查哲学问题，通过考察西方司法能动主义的经验和对中国国情的分析，中国的能动司法哲学应当秉承以下理念：第一，以能动适用成文法为特征的能动司法理念；第二，以回应当下中国对公法权利保护的迫切社会需求为目标的能动司法理念；第三，以恪守司法边界和对司法及法官能力弱点有清醒认识为前提的能动司法理念。我国司法对行政活动的审查，要积极回应社会对公法权利保障和实现的强烈需求，通过目的解释、扩张解释、体系解释、比较法解释等解释方法的运用，对公法权利提供有效和无漏洞的保护。在司法对行政活动的审查目标上，我国行政法学界对司法对行政活动审查目标的定位一直未达成一致意见，司法对行政活动的审查具有两大目标，其一是公法权利的保护，其二是公法秩序的维护。其中，前者是基础性的和首要的目标，因为公法权利的保护本身即是公法秩序维护的一个方面，如果连公法权利的保护都不能够实现，公法秩

序的维护更是无从谈起，公法权利的保护也是司法的长项所在。我国司法
对行政活动的审查，应当首先确保公法权利的无漏洞和有效保护，在此基
础上，根据自身的能力和社会条件，对客观公法秩序维护作出应有的
贡献。

公法权利的无漏洞和有效保护要通过一系列的具体制度的改革和原则
的实施去贯彻，例如，行政诉讼组织制度的改革、管辖制度改革、诉权最
大可能保障原则的落实、公法权利的全过程保护原则（包括预防性诉讼制
度和暂时权利保障制度）的实施，以及行政诉讼类型划分的科学化审查标
准的明晰化等。

三、公法权利与行政最佳性促进

公法权利在行政规制的最佳性促进中担当着重要的角色，这决定了公
法权利在行政规制分析中的重要功能。公法权利在规制分析中的重要功能
是价值导向功能和过程塑造功能。所谓公法权利的价值导向功能，指公法
权利规范作为重要的价值规范对行政规制法律及政策的制定、实施和评估
都具有价值目标导向的功能；所谓公法权利的过程塑造功能，指通过公法
参与权对行政规制过程进行塑造，从而促进行政规制的民主性和回应性。
公法权利的价值导向功能主要通过以下几个方面来实现：第一，公法权利
规范作为价值规范嵌入公共政策目标，并主导规制组织、规制手段、规制
程序、问责监督体系的分析。第二，公法权利规范作为规制法律和政策解
释的"背景"规范直接影响规制法律和政策的解释和执行。第三，在公共
政策的评估中，公法权利条款也具有重要的适用价值。公法权利的过程塑
造功能则通过公法参与权对行政决策、行政执行和行政监督的广泛参与，
建立起一个利益的平衡协调和风险的应对机制，通过行政过程的塑造来解
决行政规制的合法性危机、理性难题和防止权力滥用。

公法权利在司法审查和规制分析中都具有重要的适用价值，然而，公
法权利条款在司法审查和规制分析中的运用是有所区别的。在司法审查
中，法院所要考量的核心问题是：当事人的公法权利是否因为行政机关的
作为或不作为受到侵害？法院所承担的主要任务是对受侵害公法权利提供
救济。而在规制分析中，行政机关所要考量的核心问题是：如何能够更有
成效地促进公法权利的实现以促进善治。司法审查所起到的只是一种底线
保护的功能，其只对提起诉讼的当事人的公法权利提供保护，而其他未提
起诉讼的当事人或群体的公法权利的实现程度，不是其关注的重点，也超

出了其所擅长的范围。在规制分析中，行政机关则应尽可能地促进公法权利的实现，以促进善治。因而，一种从司法审查的角度来看并没有侵犯公法权利的政策或措施，从规制分析的角度来看却可能仍有不足和完善的余地，因为，在规制分析中，公共政策是以善治为目标的，从公法权利理论的角度看，即公共政策应当尽可能地贯彻公法权利规范所建构的价值秩序，如果存在比现行的公共政策更好的公共政策，其能更好地实现公法权利规范所建构的价值秩序，则现行政策仍有改善的余地。

参考文献

一、中文类参考文献

（一）著作类

[1] 蔡定剑．民主是一种现代生活．北京：社会科学文献出版社，2010

[2] 陈潭主编．公共政策学原理．武汉：武汉大学出版社，2008

[3] 陈振明等．政府工具导论．北京：北京大学出版社，2009

[4] 陈新民．公法学札记．北京：中国政法大学出版社，2001

[5] 陈新民．德国公法学基础理论．济南：山东人民出版社，2001

[6] 曹达全．行政诉讼制度功能研究．北京：中国社会科学出版社，2010

[7] 段厚省．民法请求权论．北京：人民法院出版社，2006

[8] 范进学．认真对待宪法解释．济南：山东人民出版社，2007

[9] 范履冰．受教育权的法律救济制度研究．北京：法律出版社，2008

[10] 方世荣．论行政相对人．北京：中国政法大学出版社，2000

[11] 高秦伟．行政法规范解释论．北京：中国人民大学出版社，2008

[12] 郭卫华．"找法"与"造法"——法官适用法律的方法．北京：法律出版社，2005

[13] 韩大元．宪法学基础理论．北京：中国政法大学出版社，2008

[14] 韩大元主编．比较宪法学．北京：高等教育出版社，2003

[15] 胡肖华．行政诉讼基本理论问题研究．长沙：湖南人民出版社，1999

[16] 何志鹏．权利基本理论：反思与建构．北京：北京大学出版社，2012

［17］姜明安主编．行政程序研究．北京：北京大学出版社，2006

［18］姜明安主编．公法理论研究与公法教学．北京：北京大学出版社，2009

［19］姜明安主编．行政法与行政诉讼法．北京：法律出版社，2003

［20］姜明安主编．行政法与行政诉讼法．北京：北京大学出版社，高等教育出版社，2005

［21］姜明安主编．行政法与行政诉讼法．2版．北京：法律出版社，2006

［22］江必新，梁凤云．行政诉讼法理论与实务（上卷）．北京：北京大学出版社，2009

［23］蒋红珍．论比例原则——政府规制工具选择的司法评价．北京：法律出版社，2010

［24］江利红．行政过程论研究——行政法学理论的变革与重构．北京：中国政法大学出版社，2012

［25］孔祥俊．行政行为可诉性、原告资格与司法审查．北京：人民法院出版社，2005

［26］孔繁华．行政诉讼性质研究．北京：人民出版社，2011

［27］罗豪才主编．中国司法审查制度．北京：北京大学出版社，1993

［28］罗豪才主编．现代行政法的平衡理论．北京：北京大学出版社，1997

［29］林来梵主编．宪法审查的原理与技术．北京：法律出版社，2009

［30］林纪东．比较宪法．台北：五南图书出版公司，1989

［31］林嘉．社会保障法的理念、实践和创新．北京：中国人民大学出版社，2002

［32］赖恒盈．行政法律关系论之研究——行政法学方法论评析．台北：元照出版公司，2003

［33］刘军宁．共和 民主 宪政——自由主义思想研究．上海：上海三联书店，1998

［34］刘东亮．行政诉讼程序的改革与完善：行政行为司法审查标准问题研究．北京：中国法制出版社，2010

［35］李昕．作为组织手段的公法人制度研究．北京：中国政法大学

出版社，2009

[36] 马怀德主编．行政诉讼原理．北京：法律出版社，2003

[37] 马怀德主编．行政法与行政诉讼法．北京：中国法制出版社，2000

[38] 马怀德．行政法制度建构与判例研究．北京：中国政法大学出版社，2000

[39] 马英娟．政府监管机构研究．北京：北京大学出版社，2007

[40] 苏永钦．合宪性控制的理论与实际．台北：月旦出版社，1994

[41] 宋功德．行政法哲学．北京：法律出版社，2000

[42] 沈岿．公法变迁与合法性．北京：法律出版社，2010

[43] 宋冰主编．程序、正义与现代化——外国法学家在华演讲录．北京：中国政法大学出版社，1998

[44] 石元康．当代西方自由主义理论．上海：上海三联书店，2000

[45] 孙琬钟，江必新主编．行政管理相对人的权益保护．北京：人民法院出版社，2003

[46] 孙选中．服务型政府及其服务行政机制的研究．北京：中国政法大学出版社，2009

[47] 桑本谦．理论法学的迷雾：以轰动案例为素材．北京：法律出版社，2009

[48] 汤德宗．行政程序法论．台北：元照出版公司，2001

[49] 谭宗泽．行政诉讼结构研究——以相对人权益保障为中心．北京：法律出版社，2009

[50] 翁岳生编．行政法．北京：中国法制出版社，2000

[51] 王泽鉴．法律思维与民法实例．北京：中国政法大学出版社，2001

[52] 王泽鉴．民法总则．北京：中国政法大学出版社，2001

[53] 王名扬．法国行政法．北京：北京出版社，2007

[54] 王俊豪．政府管制经济学导论——基本理论及其在政府管制实践中的运用．北京：商务印书馆，2008

[55] 王维达主编．以私法完成公共任务．上海：百家出版社，2003

[56] 王和雄．论行政不作为之权利保护．台北：三民书局股份有限公司，1994

[57] 王锡锌．公众参与和行政过程——一个理念和制度分析的框架．

北京：中国民主法制出版社，2007

［58］王旭．行政法解释学研究：基本原理、实践技术与中国问题．北京：中国法制出版社，2010

［59］王禹．中国宪法司法化——案例评析．北京：北京大学出版社，2005

［60］吴庚．行政法之理论与实用．北京：中国人民大学出版社，2005

［61］吴健．排污权交易——环境容量管理制度创新．北京：中国人民大学出版社，2005

［62］夏勇主编．法理讲义：关于法律的道理和学问．北京：北京大学出版社，2010

［63］薛刚凌．行政诉权研究．北京：华文出版社，1999

［64］薛小建．论社会保障权．北京：中国法制出版社，2007

［65］肖厚国．所有权的兴起和衰落．济南：山东人民出版社，2003

［66］许志雄等编．月旦法学教室（3）．台北：元照出版公司，2002

［67］应松年主编．行政程序法立法研究．北京：中国法制出版社，2001

［68］应松年主编．行政诉讼法学．北京：中国政法大学出版社，2002

［69］应松年主编．行政诉讼法学．北京：中国政法大学出版社，1994

［70］应奇．从自由主义到后自由主义．北京：生活·读书·新知三联书店，2003

［71］袁曙宏，宋功德．统一公法学原论．北京：中国人民大学出版社，2005

［72］袁曙宏等．公法学的分散与统一．北京：北京大学出版社，2007

［73］杨建顺．行政规制与权利保障．北京：中国人民大学出版社，2007

［74］杨海坤，黄学贤．行政诉讼：基本原理与制度研究．北京：中国人事出版社，2005

［75］杨海坤，章志远．中国行政法基本理论研究．北京：北京大学出版社，2004

[76] 杨解君，温晋锋．行政救济法基本内容及评析．南京：南京大学出版社，1997

[77] 杨伟东．行政行为司法审查强度研究—行政审判权纵向范围分析．北京：中国人民大学出版社，2003

[78] 俞可平．权利政治与公益政治．北京：社会科学文献出版社，2005

[79] 叶俊荣．行政法案例分析与研究方法．台北：三民书局，1999

[80] 叶必丰．行政行为效力研究．北京：中国人民大学出版社，2002

[81] 余凌云．行政法案例分析和研究方法．北京：中国人民大学出版社，2008

[82] 姚建宗等．新兴权利研究．北京：中国人民大学出版社，2011

[83] 张文显．法学基本范畴．北京：中国政法大学出版社，2001

[84] 张越．英国行政法．北京：中国政法大学出版社，2004

[85] 张树义主编．寻求行政诉讼制度发展的良性循环．北京：中国政法大学出版社，2000

[86] 张翔．基本权利的规范建构．北京：高等教育出版社，2008

[87] 郑永流．法律方法阶梯．北京：北京大学出版社，2008

[88] 朱新力主编．司法审查的基准．北京：法律出版社，2005

[89] 朱应平．论平等权的宪法保护．北京：北京大学出版社，2004

[90] 章志远．个案变迁中的行政法．北京：法律出版社，2010

[91] 章志远．行政诉讼类型构造研究．北京：法律出版社，2007

[92] 周金华．新公民论：当代中国个体社会政治身份建构引论．北京：中国社会科学出版社，2010

[93] 周佑勇．行政不作为判解．武汉：武汉大学出版社，2000

[94] 赵清林．行政诉讼类型研究．北京：法律出版社，2008

[95] 赵宏．法治国下的行政行为存续力．北京：法律出版社，2007

[96] 庄汉．正义与效率的契合：以行政诉讼中暂时权利保护制度为视角．北京：清华大学出版社，2010

[97]〔德〕格尔德·克莱因海尔，扬·施罗德主编．九百年来德意志及欧洲法学家．许兰译．北京：法律出版社，2005

[98]〔德〕迪特尔·梅迪库斯．德国民法总论．邵建东译．北京：法律出版社，2001

[99]〔德〕卡尔·拉伦茨.法学方法论.陈爱娥译.北京：商务印书馆，2005

[100]〔德〕艾博尔特·斯密特·阿斯曼（Eberhard Schmidt-Assmann）等.德国行政法读本.于安等译.北京：高等教育出版社，2006

[101]〔德〕哈特穆特·毛雷尔.行政法学总论.高家伟译.北京：法律出版社，2000

[102]〔德〕弗里德赫尔穆·胡芬.行政诉讼法.莫光华译.北京：法律出版社，2003

[103]〔德〕贝克.风险社会.何博闻译.南京：译林出版社，2003

[104]〔德〕黑格尔.法哲学原理.范扬，张企泰.译.北京：商务印书馆，1962

[105]〔德〕康拉德·黑塞.联邦德国宪法纲要.李辉译.北京：商务印书馆，2007

[106]〔德〕汉斯·J·沃尔夫，奥托·巴霍夫，罗尔夫·施托贝尔.行政法.第二卷.高家伟译.北京：商务印书馆，2002

[107]〔美〕玛丽·安·格伦敦.权利话语——穷途末路的政治言辞.周威译.北京：北京大学出版社，2006

[108]〔美〕凯斯·R·桑斯坦：权利革命之后：重塑规制国.钟瑞华译.北京：中国人民大学出版社，2008

[109]〔美〕Steven.J.Cann.行政法原理与案例.张梦中，曾二秀等译.广州：中山大学出版社，2004

[110]〔美〕查理德·A·波斯纳.道德和法律理论的疑问.苏力译.北京：中国政法大学出版社，2001

[111]〔美〕史蒂芬·布雷耶.规制及其改革.李洪雷、宋华琳等译.北京：北京大学出版社，2008

[112]〔美〕罗纳德·德沃金.认真对待权利.信春鹰，吴玉章译.上海：上海三联书店，2008

[113]〔美〕埃莉诺·奥斯特洛姆等.制度激励与可持续发展.上海：上海三联书店，2000

[114]〔美〕理查德·B·斯图尔特.美国行政法的重构.沈岿译.北京：商务印书馆，2003

[115]〔美〕塞缪尔·P·亨廷顿.变化社会中的政治秩序.王冠华，刘为等译.上海：上海世纪出版集团，2008

　　[116]〔美〕O. C. 麦克斯怀特. 公共行政的合法性. 吴琼译. 北京：中国人民大学出版社，2002

　　[117]〔美〕列奥·施特劳斯，约瑟夫·克罗波西. 政治哲学史. 李天然等译. 石家庄：河北人民出版社，1993

　　[118]〔美〕克里斯托弗·沃尔夫. 司法能动主义—自由的保障还是安全的威胁？. 黄金荣译. 北京：中国政法大学出版社，2004

　　[119]〔美〕伯纳德·施瓦茨. 行政法. 徐炳译. 北京：群众出版社，1986

　　[120]〔法〕勒内·达维德. 当代主要法律体系. 漆竹生译. 上海：上海译文出版社，1984

　　[121]〔法〕狄骥. 宪法论——法律规则和国家问题. 钱克新译. 北京：商务印书馆，1959

　　[122]〔法〕狄骥. 公法的变迁·法律与国家. 郑戈译. 沈阳：辽海出版社，春风文艺出版社，1999

　　[123]〔法〕让·里韦罗，让·瓦利纳. 法国行政法. 北京：商务印书馆，2008

　　[124]〔法〕古斯塔夫·佩泽尔. 法国行政法. 廖坤明，周洁译. 北京：国家行政学院出版社，2002

　　[125]〔英〕安东尼·奥格斯. 规制：法律形式与经济学理论. 骆梅英译. 苏苗罕校. 北京：中国人民大学出版社，2008

　　[126]〔英〕伯林. 自由论. 胡传胜译. 南京：译林出版社，2003

　　[127]〔英〕T. H. 马歇尔，安东尼·吉登斯. 公民身份与社会阶级. 郭忠华，刘训练译. 南京：江苏人民出版社，2008

　　[128]〔英〕伊丽莎白·费雪. 风险规制与行政宪政主义. 沈岿译. 北京：法律出版社，2012

　　[129]〔英〕A. J. M. 米尔思. 人的权利与人的多样性——人权哲学. 夏勇，张志铭译. 北京：中国百科全书出版社，1995

　　[130]〔日〕大桥洋一. 行政法学的结构性变革. 吕艳滨译. 北京：中国人民大学出版社，2008

　　[131]〔日〕芦部信喜. 宪法. 林来梵，凌维慈，龙绚丽译. 北京：北京大学出版社，2006

　　[132]〔日〕米丸恒治. 私人行政——法的统制的比较研究. 洪英，王丹红，凌维慈译. 北京：中国人民大学出版社，2010

［133］〔日〕亘理格．公益と行政裁量．东京：弘文堂，2002

［134］〔日〕小早川光郎．行政法讲义下Ⅱ．东京：弘文堂，2005

［135］〔日〕阿部泰隆．行政裁量と行政救济．东京：三省堂，1987

［136］〔日〕兼子一，竹下守夫．民事诉讼法．白绿铉译．北京：法律出版社，1995

［137］〔意〕莫诺·卡佩莱蒂．比较法视野中的司法程序．徐昕，王奕译．北京：清华大学出版社，2005

［138］〔印〕M. P. 赛夫．德国行政法——普通法的分析．周伟译．济南：山东出版社，2006

（二）论文类

［1］鲍芳修．行政国家视阈下行政运行机制的重塑．山东行政学院·山东省经济管理干部学院学报，2010（1）

［2］蔡定剑．宪法实施的概念与宪法施行之道．中国法学，2004（1）

［3］蔡定剑．中国宪法实施的私法化之路．中国社会科学，2004（2）

［4］陈雄．论诉讼中的中国宪法适用．甘肃政法学院院报，2001（2）

［5］陈金波．论我国实行预防性行政诉讼的必要性及其策略．云南行政学院学报，2001（5）

［6］曹海军．论公民身份的二重性．学海，2008（3）

［7］丁以升，孙丽娟．论我国法院公共政策创制功能的建构．法学评论，2005（5）

［8］丁元竹．我国社会管理创新的重点与方向．开放导报，2010（4）

［9］邓刚宏．论我国行政诉讼功能模式及其理论价值．中国法学，2009（5）

［10］董溯战．论作为社会保障法价值基础的人道主义．贵州师范大学学报（社会科学版），2008（3）

［11］戴治勇．选择性执法研究．法学研究，2008（4）

［12］方世荣．对当代行政法主体地位平等的认识——从行政相对人的角度．法商研究，2002（6）

［13］顾培东．能动司法若干问题研究．中国法学，2010（4）

［14］郭庆菊．相对人抵抗权的立法完善．学术交流，2009（11）

［15］葛大勇．行政相对人程序性权利初探．行政论坛，2006（5）

［16］高家伟．论行政诉讼原告资格．法商研究，1997（1）

［17］韩大元．以宪法第126条为基础寻求宪法适用的共识．法学，

2009（3）

　　［18］韩大元．中国宪法学上的基本权利体系．江汉大学学报（社会科学版），2008（1）

　　［19］胡建淼．"特别权力关系"理论与中国的行政立法．中国法学，2005（5）

　　［20］郝铁川．权利冲突：一个不成为问题的问题．法学，2004（9）

　　［21］胡肖华．论预防性行政诉讼．法学评论，1999（6）

　　［22］胡肖华．行政诉讼目的论．中国法学，2001（6）

　　［23］胡敏洁．论行政相对人的程序性权利．河海大学2003年硕士论文

　　［24］胡敏洁．论行政相对人程序性权利．公法研究，2005（1）

　　［25］胡敏洁．行政相对人程序性权利功能分析．江南大学学报（人文社会科学版），2002（2）

　　［26］胡敏洁．论社会权的可裁判性．法律科学，2006（5）

　　［27］胡卓然．行政诉讼目的新论．南京工业大学学报（社会科学版），2009（2）

　　［28］侯淑雯．司法衡平艺术与司法能动主义．法学研究，2007（1）

　　［29］季卫东．法律职业的定位．中国社会科学，1994（2）

　　［30］金可可．论温德沙伊德的请求权概念．比较法研究，2005（3）

　　［31］靳金桥．论社会权保障视角下我国公法上财产给付诉讼之完善．云南大学学报法学版，2007（3）

　　［32］罗豪才，宋功德．行政法的失衡与平衡．中国法学，2001（2）

　　［33］罗豪才，崔卓兰．论行政权、行政相对方权利及相互关系．中国法学，1998（3）

　　［34］罗文燕，徐亮亮．我国公务员权利救济司法化之语境及其进路．甘肃政法学院学报，2009（6）

　　［35］罗文燕．服务型政府与行政法转型．法商研究，2009（2）

　　［36］刘东亮．行政诉讼目的论．中国政法大学2004年博士论文

　　［37］刘萍．环境公益诉讼中我国法院的公共政策形成功能．理论导刊，2010（12）

　　［38］刘飞．行政诉讼类型探析：德国法的视角．法学，2004（3）

　　［39］李震山．基本权利之冲突．月旦法学杂志，1995（5）

　　［40］李磊．社会保障权的宪法保护问题研究．河北法学，2009（10）

［41］李建良．论环境保护与人权保障之关系．东吴法律学报，12
（2）

［42］鲁鹏宇．论行政法的观念革新——以公私法二元论的批判为视
角．当代法学，2010（5）

［43］鲁鹏宇．论行政法学的阿基米德支点——以德国行政法律关系
论为核心的考察．当代法学，2009（5）

［44］鲁鹏宇．日本行政法学理构造的变革——以行政过程论为观察
视角．当代法学，2006（4）

［45］庞凌．法院的公共政策功能分析．当代法学，2003（10）

［46］彭亚楠．谁才有资格违宪？——美国宪法的"政府行为"理论．
宪法与公民．上海：世纪出版集团，上海人民出版社，2004

［47］戚建刚，关保英．公民的拒绝权若干问题探析．法商研究，
2000（4）

［48］强世功．基本权利的宪法解释——以齐玉苓案中的受教育权为
例．宪法与公民．上海：世纪出版集团，上海人民出版社，2004

［49］沈岿．行政诉讼原告资格——司法裁量的空间和限度．中外法
学，2004（2）

［50］宋华琳．风险规制与行政法学原理的转型．国家行政学院学报，
2007（4）

［51］上官丕亮．中国宪法司法化的路径和方法．现代法学，2008
（2）

［52］上官丕亮．论宪法上的社会权．江苏社会科学，2010（2）

［53］上官丕亮．论公法与公权利．法治论丛，2007（3）

［54］上官丕亮．究竟什么是生存权．江苏警官学院学报，2003（6）

［55］谭宗泽．行政诉讼目的新论——以行政诉讼结构转换为维度．
现代法学，2010（4）

［56］谭宗泽．反思与超越：中国语境下行政抵抗权研究．行政法学
研究，2010（2）

［57］唐艳秋，于文豪．论行政相对人抵抗权的程序性与制度化．山
东社会科学，2010（7）

［58］唐明良．新行政程序观的形成及其法理——多元社会中行政程
序功能与基本建制之再认识．行政法学研究，2012（4）

［59］唐明良．行政法研究疆界的拓展——以案例分析为切入点，政

法论坛．2005（2）

　　［60］唐忠辉．财产权的环境保护功能研究．王树义主编．环境法系列专题研究．第二辑．北京：科学出版社，2006

　　［61］童之伟．宪法适用应依循宪法本身规定的路径．中国法学，2008（6）

　　［62］童之伟．宪法司法适用研究中的几个问题．法学，2001（11）

　　［63］王凯．行政法上请求权的体系及功能研究．现代法学，2012（5）

　　［64］王贵松．行政裁量收缩论的形成与展开．法学家，2008（4）

　　［65］王锡锌．依法行政的合法化逻辑及其现实情境．中国法学，2008（5）

　　［66］王锡锌．公众参与和中国法治变革的动力模式．法学家，2008（6）

　　［67］王锡锌．行政过程中相对人程序性权利研究．中国法学，2001（4）

　　［68］王雪松．论授益行政行为的撤销限制．政治与法律，2004（4）

　　［69］魏建新．国外宪法权利的司法实施研究——兼论行政诉讼在宪法实施中的作用．河北法学，2009（09）

　　［70］吴英姿．风险时代的秩序重建与法治信念——以"能动司法"为对象的讨论．法学论坛，2011（1）

　　［71］吴英姿．司法的限度：在司法能动与司法克制之间．法学研究，2007（1）

　　［72］徐显明．人权的体系与分类．中国社会科学，2000（6）

　　［73］徐丰果．把确保政府勤勉履行环保职能的"达摩克利斯之剑"挂起来．绿叶，2011（1）

　　［74］徐昕．司法建议制度的改革与建议型司法的转型．学习与探索，2011（2）

　　［75］许德风．论法教义学与价值判断：以民法方法为重点．中外法学，2008（2）

　　［76］许传玺，成协中．以公共听证为核心的行政程序建构．国家检察官学院学报，2013（3）

　　［77］薛军．私法立宪主义论．法学研究，2008（4）

　　［78］向忠诚．行政诉讼目的研究．河北法学，2004（12）

［79］解亘．法政策学——有关制度设计的学问．环球法律评论，2005（2）

［80］解志勇．预防性行政诉讼．法学研究，2010（4）

［81］谢维雁．"宪法间接适用论"的质疑．法商研究，2011（2）

［82］谢海定．我国学术自由权的法律保障．学术界，2005（2）

［83］于飞．基本权利与民事权利的区分及宪法对民法的影响．法学研究，2008（5）

［84］应飞虎．规制工具的选择与运用．法学论坛，2011（2）

［85］杨建顺．行政法视野中的社会管理创新．中国人民大学学报，2011（1）

［86］杨建顺．论"服务型政府"在行政法上的定位．河南省政法干部管理学报，2009（1）

［87］杨雪冬．全球化、风险社会和复合治理．马克思主义与现实，2004（4）

［88］杨海坤，朱中一．从行政诉讼走向宪法诉讼——中国实现宪政的必由之路．法制与社会发展，2002（1）

［89］杨海坤，黄学贤．违反行政程序法行为的法律责任比较研究．法学评论，1999（5）

［90］杨世建．行政诉讼目的新论．云南大学学报（法学版），2010（6）

［91］叶必丰，张辅伦．论行政行为的补正．法制与社会发展，1998（1）

［92］张千帆．论宪法的选择适用．中外法学，2012（5）

［93］张千帆．我国法院是否可以释宪．法学，2009（4）

［94］张翔．基本权利的双重性质．法学研究，2005（3）

［95］张翔．两种宪法案件：从合宪性解释看宪法对司法的可能影响．中国法学，2008（3）

［96］张翔．基本权利的受益权功能与国家的给付义务．中国法学，2006（1）

［97］张晓光．论行政相对人在行政程序中的参与权．行政法学研究，2000（3）

［98］张显伟．行政诉讼级别管辖制度之完善——基于行政诉讼目的的角度．河北法学，2009（6）

［99］朱新力，唐明良．法治政府建设的二维结构——合法性、最佳性及其互动．浙江学刊，2009（6）

［100］朱新力，唐明良．现代行政活动方式的开发性研究．中国法学，2007（2）

［101］朱新力，宋华琳．现代行政法学的建构与规制研究的兴起．法律科学，2005（5）

［102］朱新力．论行政不作为违法．法学研究，1998（2）

［103］朱世海．社团管理体制创新与公法应对．华东政法大学学报，2010（5）

［104］朱佳丹．行政相对人的行政法权利和宪法权利．广西大学梧州分校学报，2005（3）

［105］朱孔武．论"抵抗权"的三个维度．环球法律评论，2007（1）

［106］朱敏贤．公法上纸类推适用．法学业刊，第 187 期

［107］郑玉敏．"行政三分制"——行政自制的制度化尝试．理论探讨，2010（5）

［108］郑贤君．社会权利的司法救济．法制与社会发展，2003（6）

［109］郑磊．宪法救济的穷尽法律救济原则．现代法学，2009（1）

［110］郑春燕．必要性原则内涵之重构．政法论坛，2004（6）

［111］章志远．公交特许经营、规制改革与新行政法的兴起．中国法学，2009（2）

［112］章剑生．对违反法定程序的司法审查——以最高人民法院公布的典型案件 1985—2008 年为例．法学研究，2009（2）

［113］周赟．司法能动性与司法能动主义．政法论坛，2008（2）

［114］周佑勇．论行政不作为的救济和责任．法商研究，1997（4）

［115］周佑勇．论行政不作为构成要件的展开．中国法学，2001（5）

［116］邹玉政，邹成勇．略论行政相对人的程序性权利．淮阴师范学院学报（哲学社会科学版），2005（1）

［117］〔德〕哈贝马斯．民主的三种规范模式．逢之译．文化研究，2001（2）

［118］〔德〕瓦尔特·保里，马丁·斯德宾格尔．国家和个人——格奥尔格·耶里内克的国家学说．载安德里亚斯·安特主编．事实的规范力量——格奥尔格·耶里内克的国家观

［119］Robert Alexy．作为主观权利与客观规范之基本权．程明修译．

宪政时代，第 24 卷第 4 期

（三）其他类

[1] 欧钦平．深圳再度试水"行政三分制"．京华时报，2009 - 06 - 22.

[2] 宋功德．行政规制的模式选择．法制日报，2009 - 07 - 01，第 12 版

[3] 赵俊梅．白皮书依法行政助推器．人民法院报，2010 - 03 - 12

[4] 朱新力，唐明良．法治行政与政府"善治"的互动与耦合．法制日报，2007 - 04 - 29

[5] 潘洪其．"行政三分制"是政治文明的进步．http：//www. south-cn. com/news/china/gdspcn/200301240962. htm. 2013 - 08 - 29

二、外文类参考文献

[1] Arno Scherzberg, Subjektiv-öffentliche Rechte, in Erichsen/ Ehlers (Hrg.), Allgmeines Verwaltungsrecht, 13. Auflage, 2005

[2] Savigny, System des heutigen Römischen Rechts, 1840, Bd I, II

[3] Winscheid, Die Actio des römischen Civilrechts vom Standpunkt des heutigen Rechts，1856

[4] Jhering, Der Zweck im Recht，Bd 1，4. Auf 1904

[5] Sodan/Ziekow, Grundkurs Öffentliches Recht, Verlag C. H. Beck 2005

[6] Otto Bachof, Reflexwirkung und subjektive Rechte, in: Gedächtnisschrift fuer Walter Jellinek，1960

[7] Joachim Wolf, Umweltrecht, 2002

[8] Bauer, Altes und Neues zur Schutznormtheorie, AöR 1988

[9] Ottma Bühler, Die Subjektiven öffentlichen Rechte und ihr Schutz in der deutschen Verwaltungsrechtsprechung，1914

[10] Martin Nettesheim, Subjektive Rechte im Unionrecht, Archiv des öffentlichen Rechts, Band 132 (2007), S. 335

[11] Maurer, Allgemeine Verwaltungsrecht，§ 8Rn 2

[12] Schmidt-Aßmann, Das allgemeine Verwaltungsrecht als Ordnungsidee: Grundlagen und Aufgabe der Verwaltungsrechtlichen Systembildung，2. Auflage，2004

[13] Bodo Pieroth/ Bernhard Schlink, Grundrechte StaatsrechtII,

21. Auflage，2005

　　[14] Stern，StaatsrechtIII，2. Auflage，1984

　　[15] Schmidt-Bleibtreu/Klein，Kommentar zum Grundgesetz，9. Auflage，1999

　　[16] S. Meyer，Gemeinwohlauftrag und föderatives Zustimmungserfordernis-eine Antinomie der Verfassung? 2004

　　[17] Masing，Die Mobilisierung des Bürgers für die Durchsetzung des Rechts

　　[18] Rolf Schmidt，Grundrechte sowie Grundzüge der Verfassungsbeschwerde，Verlag Dr. Rolf Schmidt，7. Auf. 2005

　　[19] Pieroth/Schlink，Grundrechte Staatsrecht II，2005，S. 51ff

　　[20] Wolf-Rüdiger Schenke，Verwaltungsprozessrecht，1998

　　[21] Friedhelm Hufen，Verwaltungsprozeßrecht，4. Auf. ，2000，S. 229ff

　　[22] Jens Kersten，Georg Jellinek und die klassische Staatslehre，Mohr Siebeck 2000

　　[23] Georg Jellinek，System der subjektiven öffentlichen Recht，Neudruck der 2. Auflage Tübingen 1919，Scientia Verlag Aalen 1964

　　[24] Walter Pauly und Martin Stebinger，Staat und Individuum. Georg Jellineks Statuslehre，in：Andreas Anter（Hrsg.），Die normative Kraft des Faktischen：Das Staatsverständnis Georg Jellineks，Nomos Verlag 2004

　　[25] Robert Alexy，Grundrecht und Status，in：Stanley L. Paulson und Martin Schulte（Hrsg），Georg Jellinek：Beitrag zu Leben und Werk，Mohr Siebeck 2000

　　[26] Otto Mayer，Rezension von：Georg Jellinek，System der subjektiven öffentlichen Rechte，in：Archiv des öffentlichen Rechts9，1894

　　[27] Konrad Hesse，Grundzüge des Verfassungsrechts der Bundesrepublik Deutschland，19Auf

　　[28] Peter Häberle，Die Wissengehaltgarantie des Art. 19 Abs. 2 GG Zugleich ein Beitrag zum institutionellen Verständnis der Grundrechte und zur Lehre von Gesetzesvorbehalt，3. Auf. ，Heiderberg 1983

　　[29] Schmidt-Bleibtreu/Klein，Kommentar zum Grundgesetz，

Luchterhand 1999，9. Auf. ，SS. 369ff

［30］Rolf Schmidt，Verwaltungsprozessrecht，10. Auf. ，Verlag Dr.
Rolf Schmidt 2006

［31］Joachim Wolf，Umweltrecht，2002

［32］Karl-Eberhard Hain，Volker Schlette，Thomas Schmitz，Ermessen
und Ermessensreduktion—ein Problem im Schnittpunkt von Verfassungs-und
Verwaltungsrecht，in：Archiv des öffentlichen Rechts（1997）1，SS. 51ff

［33］Bruno Schmidt-Bleibtreu/Franz Klein，Kommentar zum Grundge-
setz，9. Auf. ，1999，SS. 124ff

［34］Wolf-Rüdiger Schenke，Verwaltungsprozessrecht，6. Auf. ，C.
F. Müller 1998，SS. 57ff

［35］Horst Wüstenbecker，Verwaltungsrencht AT1，Alpmann-Schmidt
Verlag2007，SS. 118ff

［36］Kenneth Culp Davis，Discretionary Justice：A Preliminary In-
quiry，University of Illinois Press，1971

［37］Ossenbühl，Zur Bedeutung von Verfahrensmängeln im Atom-
recht，NJW 1981，375

［38］v. Mutius，Grundrechtsschutz kontra Verwaltungseffizienz im
Verwaltungsverfahren? NJW 1982，2150

［39］Stelkens/Bonk/Sachs，Verwaltungsverfahrensgesetz Kommen-
tar，6. Auf. ，2001

［40］Morlok，Die Folgen von Verfahrensfehlern am Beispiel von
kommunalen Satzung，1998，S. 118ff

［41］Hennecke，VwVfG Kommentar，Carl Heymanns Verlag 2004，
§ 45 Rdn. 9—18

［42］Kopp/Ramsauer，§ 45Rdn. 13

［43］Barbara Remmert，Die behördliche Aufhebung von Verwal-
tungsakten mit Doppelwirkung. Zur Dogmatik des § 50 VwVfG，in：Ver-
wArch. Bd. 91（2000），S. 209 - 226

［44］Karl-Eberhard Hain，Volker Schlette，Thomas Schmitz，
Ermessen und Ermessensreduktion—ein Problem im Schnittpunkt von
Verfassungs-und Verwaltungsrecht，in：Archiv des öffentlichen Rechts
（1997）1，SS. 51ff

[45] Joan L. McGregor, Property Rights and Environmental Protection: Is this Land Made for You and Me?, 31 Arizona State Law Journal (Summer), 1999: 391－393

[46] Daryn McBeth, Public Need and Private Greed—Environmental Protection and Property Rights, 1 Drake Journal of Agricultural Law (Spring), 1996: 112－121

[47] Jonathan H. Adler, Back to the Future of Conservation: Changing Perceptions of Property Rights & Environmental Protection, 1 NYU Journal of Law & Liberty, 2005: 990－997

[48] Robert H. Cutting and Lawrence B. Cahoon, Thinking outside the Box: Property Rights as a Key to Environmental Protection, 22 Pace Environmental Law Review (Spring), 2005: 55－67

[49] Joseph L. Sax. Using Property Rights to Attack Environmental Protection, 19 Pace Environmental Law Review. 2002: 391

[50] James W. Ely JR. , The Guardian of Every Other right: a Constitutional History of Property Rights , Oxford University Press1992, p. 123f

[51] Gregory S. Alexander, Property as a Fundamental Constitutional right? The German Example, Cornell Law Review88, 2003: 733－778

[52] Rolf Schmidt, Allgemeine Verwaltungsrecht, Verlag Dr. Rolf Schmidt, 9. Auflage 2005, SS. 458－462

[53] Ekkehart Stein, Götz Frank, Staatsrecht, 17. Auflage, Mohr Siebeck 2000

[54] Rolf Schmidt, Allgemeine Verwaltungsrecht, Verlag Dr. Rolf Schmidt, 9. Auflage 2005, SS. 458－462